国家社会科学基金项目
项目批准号《云南城市民族关系调查研究（15XMZ008）》

云南城市民族关系
调查研究

王 俊 ◎ 著

中国社会科学出版社

图书在版编目(CIP)数据

云南城市民族关系调查研究／王俊著．—北京：中国社会科学出版社，2021.5（2021.12 重印）

ISBN 978-7-5203-8363-9

Ⅰ.①云… Ⅱ.①王… Ⅲ.①城市—民族关系—调查研究—云南 Ⅳ.①D633

中国版本图书馆 CIP 数据核字(2021)第 084360 号

出 版 人	赵剑英
责任编辑	任 明 周慧敏
责任校对	赵雪姣
责任印制	郝美娜

出 版	中国社会科学出版社
社 址	北京鼓楼西大街甲 158 号
邮 编	100720
网 址	http：//www.csspw.cn
发 行 部	010-84083685
门 市 部	010-84029450
经 销	新华书店及其他书店

印刷装订	北京君升印刷有限公司
版 次	2021 年 5 月第 1 版
印 次	2021 年 12 月第 2 次印刷

开 本	710×1000 1/16
印 张	17
插 页	2
字 数	279 千字
定 价	95.00 元

凡购买中国社会科学出版社图书，如有质量问题请与本社营销中心联系调换
电话：010-84083683
版权所有 侵权必究

前　言

云南是祖国多民族大家庭的缩影，有25个世居少数民族，少数民族人口占全省总人口的1/3；有8个自治州、29个自治县，共78个民族自治地方县，民族自治地方面积占全省总面积的70.2%；有8个边境州市、25个边境县，边界线长达4060公里；有15个特有民族、16个跨境民族、11个直过民族和人口较少民族；140个民族乡（原197个民族乡撤乡建镇、改办后为140个）；少数民族聚居的行政村有7088个，聚居着1271万名少数民族群众，占全省少数民族人口的80.3%；有18个少数民族实行了民族区域自治，是我国世居少数民族最多、特有民族最多、跨境民族最多、人口较少民族最多、民族自治地方最多、实行民族区域自治民族最多的省份。全省多宗教并存，五大宗教俱全，佛教中有汉传佛教、藏传佛教、南传佛教，其中南传佛教为云南独有，五大宗教信众近500万人。云南的客观省情决定了民族问题始终是必须处理好的重大问题，民族关系始终是最重要的社会关系，做好民族工作始终是关系全省改革发展稳定的大事，加快少数民族和民族地区发展始终是云南实现"两个一百年"奋斗目标的关键，示范区建设是云南民族工作的总任务。

云南省民族工作在全国一直走在前列，被中央领导肯定为"云南经验"和"云南现象"。习近平总书记考察云南时指出："云南民族关系亲密融洽，云南民族工作成绩突出，这是云南最可贵的财富。"[1] 云南省认真贯彻落实习近平总书记在云南考察时提出"希望云南努力成为民族团结进步示范区"的指示精神，不断深化各民族"交流、交往、交融"，形成了民族经济快速发展、民族文化多元共存、民族政策落实到位、民族关

---

[1] 中共云南省委宣传部编：《民族团结进步示范区建设》，人民出版社、云南人民出版社2017年版，第2页。

系和谐融洽、民族团结氛围良好局面。

但是，伴随着城镇化进程的快速推进，云南城乡区域经济结构、社会结构和人口结构发生的重大调整和变化，民族之间、地区之间经济文化发展差距依然存在，因城中村改造、棚户区改造、旧城改造、危旧房改造失地的少数民族，因务工、经商等原因进入城市的少数民族流动人口以及因建制改变产生的城市少数民族，还面临着就业、就医、就学、最低生活保障、优惠政策落实兑现等诸多生计模式转型、文化适应和城市融入问题。加之指导城市管理和城市民族工作政策法规制定、修订相对滞后，维护城市民族团结和社会稳定的长效机制还有待完善，城市民族关系协调的工作保障条件还亟须加强，经济利益、宗教信仰、民族认同、人口流动、风俗习惯、文化建设、突发情况及国际形势依然影响着云南城市民族关系发展和建构，必须引起高度重视。

面对新形势，只有切实转变对新形势下城市民族关系重要性的认识，通过全社会共同关心、共同参与、共同努力，加快城市少数民族和民族地区经济社会发展，健全完善民族法律法规体系，不断提高少数民族流动人员的服务管理水平，解决失地少数民族群体的可持续发展问题，推进转居后的政策衔接和配套工作，健全城市民族关系的监测、预警和调控机制，推动民族工作社会化工作机制的建立和完善，改善城市民族关系协调工作的条件，铸牢中华民族共同体意识，才能更好地保障城市少数民族权益，为构建"多元一体、美美与共"的城市民族关系创造良好的条件，最终实现城市各族人民交往交流交融和共建共治共享。

内容提要

　　随着国家大力推进工业化、城镇化、信息化，地区间人口流动日益频繁，各民族同胞进入城市的人数不断增加，民族间交往的内容和形式更加多样，民族关系逐渐深入城市生活的各个方面，影响城市民族关系的因素呈现出多样化、日常化、复杂化的特点。党的十八大以来，以习近平同志为核心的党中央站在实现中华民族伟大复兴的战略高度，把城市民族工作放在党和国家工作全局的重要位置，科学分析城市民族工作面临的形势，深刻阐释一系列重大理论和实践问题，对做好新形势下城市民族工作进行重点部署，不断完善城市民族工作顶层设计，为新时代城市民族工作指明了前进方向、提供了根本遵循。云南改革开放的深入发展和城市化进程的不断加快，使得城市少数民族人口将继续保持增势。大量少数民族人口转为城镇人口，或从农村、城郊到城市务工、经商，为城市发展注入了新的活力。但是，由于城市社会管理机制和公共服务体系功能尚未健全，理论界对城市民族工作和城市民族关系的研究还难以满足实践工作的需要，城市和谐发展及团结稳定还面临许多新问题。云南城市民族关系日趋多元化、复杂化，民族关系的协调难点已从农村逐渐转向城市。如何在新形势下进一步全面认识城市民族关系发展的新特征，做好城市民族关系协调工作，已成为事关城市民族工作和社会稳定发展全局的重要内容。

　　本书正是针对这一问题，通过多学科方法，主要围绕云南城市民族关系的历史基础与现实状况、主要做法与经验总结、存在问题与影响因素、对策建议与趋势展望等进行多维度探讨，主要内容如下。

　　综述相关学术文献并阐明本研究的意义和方法。本书对国内研究和国外研究进行学术文献综述，国内文献综述包括，一是民族关系研究的概念、功能、类型、影响因素、评价、预警机制、调控机制、发展态势、发展建议、区域和历史研究；二是城市民族关系研究的相关概念和特点、影响因素、调控机制、发展态势和个案研究;三是云南民族关系和城市民族关系研究。国外文献综述包括类型研究、理论和政策研究、影响因素研究和格局、趋势和经验研究。城市民族关系既关系着民族工作,又关系着城市工作,对云南省民族团结进步示范区建设也具有重要现实意义。本书理论分析与实践工作相结合,应用民族学等理论和方法,突出研究的原创性、创新性和应用性等特点。

分析云南城市民族关系的历史基础和现实状况。在当代云南民族关系发展的基础上,综合云南城市化发展的现实进程,分析城市化进程对云南民族关系的影响,概述云南城市少数民族分布结构和特点情况,分类分析不同城市民族社区在城市民族关系研究中的重点,总结云南城市民族关系的现状特点。云南城市民族关系的基本态势是平等、团结、互助、和谐的关系,主流是汉族和少数民族之间的关系,核心仍是利益问题,多发和表现在文化领域,又因民族内聚力增强而散居化突出变得更加敏感、复杂。

梳理云南城市民族关系协调的主要做法和主要经验。云南省各级党委、政府围绕各民族"共同团结奋斗、共同繁荣发展"的民族工作主题,高位推进城市民族关系协调工作,促进城市民族地区经济社会发展,加强法律法规体系建设,开展城市民族团结示范社区创建工作,建立社会化管理服务平台,提升城市少数民族流动人口服务管理水平,开展少数民族失地群众那些问题试点工作,改善城市民族工作条件,营造团结和谐的良好氛围,建立城市民族关系协调机制,提高矛盾预判、应对能力,有力地推动了云南城市民族关系协调工作的开展,为构建和谐城市民族关系打下了坚实的基础。总结主要经验,主要从全局和战略高度引导和构建城市民族关系,把共同发展共享成果作为构建城市民族关系的重要基础,严格区分和正确处理两类不同性质的矛盾;坚持引导和形成城市民族关系构建的理论认同和思想认同,发挥各民族精英在构建城市民族关系中的关键作用,把城市民族关系构建纳入法制层面,使党和政府成为少数民族群众的主心骨。

阐述云南城市民族关系发展中面临的主要问题和影响因素。在全省调研、专题调查和重点调研的基础上,对不同类型社区城市民族关系问题进行比较研究。提出当前云南在构建城市民族关系的过程中还存在认识不到位、经济社会发展不平衡、法规体系不健全、城市少数民族流动人口服务管理难度加大、失地少数民族社区群众民生问题突出、民族乡撤乡建镇、改办及"村"改"居"后过渡不畅、维护城市民族团结和社会稳定的任务繁重、城市民族工作条件有待进一步改善等问题。经济利益、宗教信仰、民族认同、人口流动、风俗习惯、文化建设、突发情况、国际形势等是影响城市民族关系的主要因素。

提出云南城市民族关系构建的对策建议和趋势展望。通过与政策制定，实施者及研究对象的沟通、对话，提出加强组织领导、加快城市少数民族和民族地区经济社会发展，健全完善民族法律法规体系，提高对少数民族流动人员的服务管理水平，解决少数民族失地人群的可持续发展问题，理顺民族乡撤乡建镇、改办及"村"改"居"地区的政策衔接，进一步加强和改善城市民族工作条件等，从而维护城市民族团结和社会稳定。云南城市民族关系的发展趋势，以各民族相互适应、相互涵化及友好相处为主流，但小范围矛盾和冲突可能有所增加，并多发于文化领域。国际关系会成为影响城市民族关系的不可忽视因素，网络和社交媒体中的民族舆情影响现实中的城市民族关系，一定的条件下可能转化。政府行政力量是构建城市民族关系的主导力量，社会组织和民间力量也将大有可为。

目 录

第一章 国内外研究综述及研究意义、方法 (1)

 第一节 国内研究综述 (1)

  一 民族关系的研究 (1)

  二 城市民族关系研究 (21)

  三 云南民族关系和城市民族关系研究 (35)

 第二节 国外研究综述 (47)

  一 类型研究 (47)

  二 理论和政策研究 (48)

  三 影响因素研究 (51)

  四 民族关系格局、趋势和经验研究 (53)

 第三节 研究意义和方法 (53)

  一 研究意义 (54)

  二 研究方法 (57)

第二章 云南城市民族关系的历史基础和现实状况 (60)

 第一节 当代云南民族关系发展的历程和启示 (60)

  一 当代云南民族关系发展的历程 (62)

  二 当代云南民族关系发展的启示 (76)

 第二节 云南城市民族关系的现实状况 (82)

  一 城市化与云南民族关系 (83)

  二 云南城市民族关系的现实状况 (88)

第三章 云南城市民族关系协调的主要做法和经验 (106)

 第一节 云南城市民族关系协调的主要做法 (106)

  一 强化组织领导,推进城市民族关系协调工作 (107)

二　促进城市少数民族和民族地区经济社会发展，缩小发展差距 ……………………………………………………………（110）
　　三　加强法律法规体系建设，保障城市少数民族合法权益 ……（120）
　　四　实施城市民族团结示范社区创建，建立社会化管理服务平台 ……………………………………………………………（125）
　　五　创新城市少数民族流动人口工作方式，提升服务管理水平 ……………………………………………………………（131）
　　六　开展少数民族失地群众试点工作，探索可持续发展机制 ……………………………………………………………（137）
　　七　改善城市民族工作条件，营造团结和谐的良好氛围 ………（143）
　　八　建立城市民族关系调控机制，提高矛盾预判应对能力 ……（146）
　第二节　云南城市民族关系协调的主要经验 ……………………（150）
　　一　坚持从全局和战略高度引导并建构城市民族关系 …………（150）
　　二　坚持把加快经济社会发展作为建构城市民族关系的重要基础 ……………………………………………………………（151）
　　三　坚持严格区分和正确处理两类不同性质的矛盾 ……………（152）
　　四　坚持引导形成城市民族关系建构的文化认同和精神家园 ……………………………………………………………（153）
　　五　坚持发挥各民族精英在建构城市民族关系中的关键作用 ……………………………………………………………（154）
　　六　坚持把城市民族关系建构纳入法治层面 ……………………（155）
　　七　坚持使党和政府成为少数民族群众的主心骨 ………………（156）

第四章　云南城市民族关系发展中的主要问题和影响因素 ………（157）
　第一节　云南城市民族关系发展中的主要问题 …………………（158）
　　一　对城市民族关系的理解认识不到位 …………………………（158）
　　二　部分城市少数民族之间和民族地区经济社会发展不平衡 ……………………………………………………………（161）
　　三　城市民族政策法规体系不健全 ………………………………（170）
　　四　少数民族流动人口融入适应城市难度大 ……………………（177）
　　五　失地少数民族群众民生问题突出 ……………………………（182）

六　民族乡撤乡建镇、改办及"村"改"居"后过渡不畅 …… (187)
　　七　维护城市民族团结和社会稳定的机制不完善 ………… (191)
　　八　开展城市民族关系协调工作的条件有待进一步改善 …… (196)
第二节　云南城市民族关系发展的影响因素 ……………………… (200)
　　一　经济利益因素 ………………………………………………… (201)
　　二　宗教信仰因素 ………………………………………………… (201)
　　三　民族意识因素 ………………………………………………… (202)
　　四　人口流动因素 ………………………………………………… (202)
　　五　风俗习惯因素 ………………………………………………… (203)
　　六　文化建设因素 ………………………………………………… (203)
　　七　突发情况因素 ………………………………………………… (204)
　　八　国际形势因素 ………………………………………………… (204)

第五章　云南城市民族关系构建的对策建议和趋势展望 …………… (206)
第一节　云南城市民族关系构建的对策建议 ……………………… (206)
　　一　提高对新形势下城市民族关系的理解和认识 ……………… (207)
　　二　加快城市少数民族和民族地区经济社会发展 ……………… (208)
　　三　健全完善民族法律法规体系 ………………………………… (215)
　　四　推动少数民族流动人口融入和适应城市 …………………… (221)
　　五　解决少数民族失地人群的可持续发展问题 ………………… (225)
　　六　推进民族乡撤乡建镇、改办及"村"转"居"后的
　　　　配套衔接工作 ………………………………………………… (229)
　　七　构建维护城市民族团结和社会稳定的长效机制 …………… (232)
　　八　进一步加强城市民族关系协调工作的条件保障 …………… (237)
第二节　云南城市民族关系构建的趋势展望 ……………………… (241)
　　一　各民族相互适应、相互涵化及友好相处是主流 …………… (242)
　　二　小范围民族矛盾和冲突增加 ………………………………… (242)
　　三　城市民族问题多发生于文化领域 …………………………… (243)
　　四　民族关系表现形式更为复杂化 ……………………………… (243)
　　五　问题的性质和规模在一定的条件下可能转化 ……………… (244)
　　六　国际关系成为影响民族关系的不可忽视因素 ……………… (245)

七 网络和社交媒体中的民族舆情与现实中的城市民族关系
联系紧密 ……………………………………………………（245）
八 国家力量和民间力量将形成更为有效的构建互补 ………（246）

主要参考文献 ……………………………………………………（247）
后记 ………………………………………………………………（260）

第一章　国内外研究综述及研究意义、方法

第一节　国内研究综述

21世纪以来,我国社会转型加速,城市少数民族人口迅速增加,民族散居化和跨区域流动的趋势愈加凸显。民族分布状态、民族交往格局、民族群体的社会结构和社会需求发生着深刻改变。受民族地区历史遗留问题、人文地理因素与市场机制的共同作用,云南民族间的社会经济地位差距所形成的民族分层,在某些维度上超过了全国平均水平。在一定时期内,随着城市少数民族人口继续高速增长,城市民族关系也将日趋复杂。研究云南城市民族关系问题,首先要对国内民族关系研究和城市民族关系研究的成果进行分类和梳理;其次要基于云南民族关系的研究,分析云南城市民族关系的既有理论和实证基础。国内有关民族关系的研究已经形成较为系统的理论体系,在城市化推进的过程中,有关城市民族关系的研究也已经形成研究热点。已有研究成果为云南城市民族关系的研究提供了丰富的理论和实证参考。相对城市化进程较快的地区,对云南城市民族关系的研究不足,从而难以较好地为在城市化进程中构建和谐城市民族关系服务,因此亟须加强相关问题的研究。

一　民族关系的研究

国内学界对民族关系进行了长期的研究和探索,不仅在民族关系的概念、功能、类型、影响因素、评价机制、预警机制、调控机制、发展态势等方面论著丰硕,也有在不同地域、不同民族、不同时期民族关系的实证

研究，并对构建和谐民族关系提出了有建设性、有前瞻性的对策建议，形成了较为系统的民族关系理论体系。

（一）民族关系的概念

我国1999年版《辞海》"民族关系"词条的解释是："民族与民族之间在政治、经济、文化和社会生活交往中形成的关系。在中国各民族之间已逐步形成平等、团结、互助的社会主义民族关系。"[①] 2009年版的《辞海》，关于"民族关系"词条的解释是："民族之间在政治、经济、文化和社会生活交往中形成的联系。"[②]

金炳镐指出，民族关系是具有特定内涵的特殊的社会关系，是民族发展过程中相关民族之间的相互交往、联系和作用、影响的关系，是双向的、动态的。[③] 廖杨、覃卫国认为，民族关系是一个民族共同体在其形成和发展的过程中与其他民族共同体因交往而形成的一种特殊的社会关系，是在带有明确的民族意识的交往主体之间产生和实现的，实质上是民族共同体通过交往以满足于自身需要的一种认同选择和行为关系。[④] 徐黎丽认为，民族关系是指民族内部、民族之间、多民族及跨国（跨地区）民族在政治、经济、文化等方面所表现出来的和平、战争或和平与矛盾并存的交往关系。[⑤] 都永浩认为，民族关系就是指民族与民族之间的交往关系，主要包括政治关系（政治上的对抗、隶属、结盟、联邦、平等、民主等关系）、文化关系（宗教、科技、文艺的交流、风俗习惯的相容性、语

---

① 辞海编辑委员会：《辞海》（普及版下），上海辞书出版社1999年版，第5122页。
② 辞海编辑委员会：《辞海》（第六版彩图本），上海辞书出版社2009年版，第1583页。
③ 金炳镐：《民族关系通论》，中央民族大学出版社2007年版，第166页。
不同民族的人们以一般社会成员如工人、农民的身份发生关系时，不属于民族关系；不同民族的人们以民族成员的身份出现在社会生活中所形成的交往和联系的关系，才属于民族关系。因为这种关系不仅具有社会性，而且具有民族性。观察不同民族的成员之间发生的关系是否能构成民族关系时，关键是这种关系中是否具有民族性的内容。参见金炳镐、陈丽明《民族关系本质特征——民族关系理论研究之三》，载《黑龙江民族丛刊》（双月刊）2008年第3期。
④ 民族关系是一种特殊的社会关系，但社会关系不一定都构成民族关系。两个不同民族中的某一支系或民系的个体交往时带有一定的民族情感，或意识到个体交往对于民族共同体发展的意义，则这样的个体交往所形成的关系已转变为一种特殊的社会关系即民族关系。参见廖杨、覃卫国《关于族群关系、民族关系与社会关系的关系》，载《黑龙江民族丛刊》（双月刊）2006年第3期。
⑤ 徐黎丽：《再论民族关系含义》，载《甘肃社会科学》2001年第3期。

言的相互影响)、民族体的交融关系(民族体之间的同化、融合关系)等。①

以上对民族关系概念的解释,表明民族关系既有社会属性,又有民族属性,核心问题是民族利益、民族权利和民族发展,具有历史继承性和延续性、现实反映性和折射性、利益平衡性和合理性等特点。②

(二) 民族关系的功能

李红杰认为,民族关系功能的内涵就相关民族的成员而言,在于实现个体的民族化;就民族发展而言,在于向有关的民族提供其生存和发展所需的"能量"以及促进多民族社会的有序化和一体化。③ 民族关系功能的特点是主体的民族性、综合性、多样性及客观"效益"的两重性。④ 民族关系功能的类型,第一,具体的民族关系的功能,在空间上、时间上都是具体的。第二,根据民族关系功能的内容,可分为不同领域的民族关系功能,如民族关系的政治功能、经济功能、社会功能和文化功能等。第三,根据各种民族关系在社会上所起的作用不同,可分为整合功能和分化功能。第四,根据对民族关系功能"效益"的评价,可分为正功能和负功能。这种对民族关系功能"效益"的评价,因评价主体"价值观"的不同而有区别,有时还可能针锋相对。第五,根据表现形式的不同,还可以分成显功能和潜功能。⑤

(三) 民族关系的类型

民族关系的类型是多样的。既有国际间的民族关系,又有国内民族之

---

① 都永浩:《论民族关系与民族发展》,载《民族理论研究》1990年第1期。
② 张兴堂、中和:《民族关系核心问题——民族关系理论研究之四》,载《黑龙江民族丛刊》(双月刊) 2008年第3期。
③ 李红杰:《试论民族关系的功能》,载《民族研究》1997年第2期。
④ 民族性:对民族关系的内涵而言的,它们并不意味着具体的数量,因此与构成这种主体的具体人数无关。综合性:涉及政治、经济、文化等几乎社会生活的所有方面。多样性:民族关系的主体可能是民族整体,也可能是局部,还可能是个体;既有单一民族为一主体的,也有几个民族作为复合体而充当主体的;既有现实的民族,也有已成为历史的、过去的民族,还有纯理论意义上的民族。客观"效益"的两重性:对整个多民族历史进程来说,它可能是积极的,如和谐的民族关系等,有时却会导致一个时期的破坏,甚至是暂时的历史倒退。参见李红杰《试论民族关系的功能》,载《民族研究》1997年第2期。
⑤ 李红杰:《试论民族关系的功能》,载《民族研究》1997年第2期。

间的关系。在多民族国家中，国内的民族关系分类是多种多样的。关于国际民族关系的类型见本章第二节。

金炳镐在《民族关系通论》一书中对国内民族关系进行了分类，参照该书的分类，简要摘录民族聚居地区民族关系、民族散居地区民族关系、城市民族关系的内容如下。

国内民族关系首先是汉族与少数民族的关系，其次是少数民族与少数民族的关系，还可以分为城市民族关系与乡村民族关系，又可分为民族聚居地区民族关系与民族杂散居地区民族关系，也可分为民族自治地方的民族关系与一般行政区域的民族关系，再可分为农业地区的民族关系、畜牧业地区的民族关系与渔猎地区的民族关系等。

我国国内某一类型的民族关系还可再仔细分类。比如，我国民族自治地方的民族关系，可分为自治民族与非自治民族的关系、（这一）自治民族与（那一）自治民族的关系；自治民族与非自治民族汉族的关系；自治民族与非自治民族的少数民族的关系等。根据金炳镐所著《民族关系通论》的划分，可以分为以下几种。

1. 民族聚居地区民族关系

聚居地区的少数民族因其居住地域集中、人口集中等因素以及历史和现实的原因，具有比较明显的特点。一是少数民族人口集中，居住历史悠久；二是经济特点明显，社会生产发展有特殊性；三是文化特点鲜明，传统文化较浓；四是民族性格突出，民族意识较强；五是宗教影响较大。这些特点又对聚居地区的民族关系、民族问题产生重要的影响。

聚居地区的民族关系，主要是汉族和少数民族的关系。这里的少数民族，一部分是作为自治民族，另一部分是作为非自治民族与汉族交往联系。另一层是少数民族之间的关系。既包括自治民族与自治民族的关系，又包括自治民族与非自治的少数民族的关系。

聚居地区民族关系的另一种形式，是以民族自治地方与上级国家机关的某些关系的形式表现出来的民族关系。

聚居地区民族关系的特点集中表现在自治权问题上，重点体现在开发利用民族自治地方自然资源问题上，在保持和发展民族文化问题上比较明显地反映出来，还表现在人口控制和人口流动问题上，国家统一、民族团结与反对民族分裂的问题上，表现在民族问题往往和宗教问题交织等方面。①

2. 民族散居地区民族关系

中国散居少数民族因其历史、人口、分布、文化等原因，具有"广、多、杂、散"的特点。如果从地区和民族及其结合角度考察，具有多层次性、不平衡性、包容性、可变性的特点，这些特点对散居地区民族关系产生着重要影响。

散居地区民族关系的特点：一是民族关系问题的"全方位"特点②；二是民族平等权利问题是首要问题；三是民族同类化问题是突出问题；四是问题大量地发生在民族风俗习惯、宗教信仰问题上；五是民族乡的民族关系问题主要是民族自主自治的问题；六是农村散居地区民族关系问题主要以经济利益矛盾为主。③

3. 城市民族关系

城市民族关系问题是我国民族关系问题的一部分，城市本身的特点决定了城市民族关系问题具有敏感性、辐射性、连锁反应性等特点。从一定意义上讲，城市属于民族散居地区，因此民族散居地区民族关系的三个方面也可作为城市民族关系的特点，一是城市少数民族的历史和现实发展特点，决定了城市民族问题首要的是民族平等权利问题；二是城市少数民族的居住形式决定了城市民族问题，突出的是民族同类化问题；三是城市少数民族的自身固有特点，决定了城市民族问题大量地发生在民族风俗习惯、宗教信仰问题上；四是城市少数民族结构特点，决定了城市民族关系问题主要不以本地民族关系问题为主，而是以整个本民族的问题为主；五是城市的辐射功能，决定了城市民族问题反应快、连锁性大；六是城市的中心功能，决定了城市民族关系问题是我国民族关系问题的窗口，敏感性强；七是城市的中心作用，决定了城市民族关系是我国民族关系的晴雨

---

① 金炳镐：《民族关系通论》，中央民族大学出版社 2007 年版，第 210—215 页。
② 既涉及汉族和少数民族的关系问题，又涉及少数民族和少数民族的关系问题。既涉及城市民族关系，也涉及农村地区民族关系。既涉及未建立民族自治地方的 11 个少数民族的民族问题，又涉及建有民族自治地方但有不少人口处于杂散居状态的 44 个少数民族的民族关系。既涉及政治上的平等权利问题，又涉及经济文化发展权利问题，以及语言文字、风俗习惯、宗教信仰方面的自由权利问题。参见金炳镐《民族关系通论》，中央民族大学出版社 2007 年版，第 218 页。
③ 金炳镐：《民族关系通论》，中央民族大学出版社 2007 年版，第 215—220 页。

表、测量表；八是城市少数民族人口素质较高的特点，决定了在城市民族关系问题中，少数民族知识分子的影响很大。①

（四）民族关系的影响因素

金炳镐、雷振扬认为，民族关系发展受到民族自身、社会、自然和国际等因素的制约和影响。民族自身因素、社会因素、自然因素和国际因素是影响民族关系的基本因素，在特定的历史环境下，这些基本因素的合力使民族关系呈现出不同的面貌，发挥着不同的历史作用。②

马戎把影响民族关系变化的因素划分为 15 类：体质因素、人口因素、社会制度差异、经济结构因素、社会结构因素、文化因素、宗教因素、心理因素、人文生态因素、历史因素、偶发事件、政策因素、传媒因素、外部势力的影响、主流族群对待其他族群的宽容度。③

路宪民认为，总体社会模式决定民族关系的格局和性质，直接群体及其文化形塑民族关系的基本状态，建立于生产力发展基础上的经济类型和依赖状况决定民族关系的广度和密度，而交往赖以进行的手段则对民族交往的范围和方式有着重要的影响。④

唐志君认为，民族关系的发展本质上是相关民族的内生变量与其外在的各种制约因素相互影响、相互作用的动态过程。内因是变化的根据。相关民族自身的经济状况、政治文明程度、文化样态、人口结构、民族素质、民族意识等是制约民族关系发展的决定因素。⑤

---

① 金炳镐：《民族关系通论》，中央民族大学出版社 2007 年版，第 220—228 页。
② 民族自身因素包括民族内部结构、民族素质、民族意识等。社会因素是决定民族共同体发展变化的外在根据，主要包括社会形态、社会制度、社会交往、社会矛盾等宏观因素。自然因素是民族居住的自然环境，能够影响民族间交往，从而对民族关系起影响作用的自然环境或自然环境某一要素，包括自然地理环境、自然资源、气候等。国际因素，是指国际关系中能够影响一个国家内民族关系的言行、活动等因素。参见金炳镐《民族关系通论》，中央民族大学出版社 2007 年版，第 243 页；雷振扬《民族利益与民族关系初探》，载《中南民族大学学报》（人文社会科学版）2006 年第 6 期。
③ 马戎：《民族社会学——社会学的族群关系研究》，北京大学出版社 2004 年版，第 475—491 页。
④ 路宪民：《民族关系的结构性因素分析》，载《中南民族大学学报》（人文社会科学版）2012 年第 2 期。
⑤ 唐志君：《民族关系发展的内生变量及其优化》，载《贵州民族研究》2011 年第 5 期。

袁年兴指出，我国民族学理论界对民族关系的影响因素归纳起来，从时间上来划分，包括历史因素和现实因素；从社会结构的基本内容来划分，包括政治因素、经济因素、文化因素以及自然因素①；从民族关系的影响对象来划分，包括民族自身因素以及其他民族的影响因素。②

吴月刚、中和认为，影响民族关系的因素，既有历史因素，又有现实因素；既有国际大环境因素，又有国内小环境的因素；既有物质的、经济文化的因素，又有人的（主要是决策者、领导者）、政治的因素，是民族自身因素、民族存在的社会因素、自然因素和国际因素综合作用的结果。③

还有一些学者分类分析了影响民族关系的因素，马燕从民族与地理因素的关系上阐述影响。④ 何生海也指出，地理因素不是产生不同民族关系的唯一因素，但应该是至关重要的因素。⑤ 徐黎丽、陈建军分析了风俗习惯与民族关系之间的正负面影响。⑥ 徐黎丽认为，民族文化、民族心理和民族认同意识也是民族关系的影响因素。⑦ 洪伟指出，网络民族舆情对民族关系可能产生有利和不利的影响。⑧ 贺琳凯分析了民族政策和民族

---

① 首先，社会性质、法律法规、民族政策等具有时空特性的政治因素决定了民族关系的性质。其次，经济因素是一个民族整体发展状况、水平的主要标志。再次，影响民族关系的自然因素包括自然地理环境、自然资源、气候等，自然因素在一定程度上影响民族关系的程度。参见袁年兴《试论民族关系的概念及内涵——对民族关系理论框架的共生学考察》，载《黑龙江民族丛刊》（双月刊）2009年第4期。

② 袁年兴：《试论民族关系的概念及内涵——对民族关系理论框架的共生学考察》，载《黑龙江民族丛刊》（双月刊）2009年第4期。

③ 吴月刚、中和：《民族关系影响因素——民族关系理论研究之五》，载《黑龙江民族丛刊》（双月刊）2008年第3期。

④ 马燕：《地理环境对民族文化形成及民族关系发展的影响——以青藏地区为例》，载《青海民族大学学报》（社会科学版）2012年第4期。

⑤ 何生海：《论地理因素与民族关系》，载《中央民族大学学报》（哲学社会科学版）2009年第1期。

⑥ 徐黎丽、陈建军：《论风俗习惯与民族关系的互动影响》，载《新疆大学学报》2005年第2期。

⑦ 徐黎丽：《论民族文化与民族关系的互动影响》，载《西北师范大学学报》（社会科学版）2005年第2期；徐黎丽《论民族心理对民族关系的影响》，载《青海社会科学》2005年第4期；徐黎丽《论民族意识对民族关系的影响》，载《广西民族研究》2005年第2期。

⑧ 洪伟：《网络民族舆情与网络民族关系刍议》，载《广西民族研究》2017年第6期。

关系的互动。① 田锋指出，来自超级大国的霸权主义和强权政治以及境外民族分裂主义、宗教极端主义、恐怖主义势力，是影响我国民族关系和谐发展的三大国际因素。②

(五) 民族关系的评价

马戎在"衡量民族关系的变量"中提出了集中反映民族关系的几个指标：语言使用、人口迁移、居住格局、族际通婚、民族意识等。③ 吴钦敏从评价类型和评价对象的确定以及评价指标体系选定的基本原则入手，从政治、经济、文化和社会生活四个方面，选定评价指标，建立指标评价体系。④ 宁亚芳根据现有关于测量民族关系发展状况的研究成果，并结合问卷题目内容确定测量民族关系的具体指标，选择从族际交往、民族身份遭受歧视情况、民族认同和国家认同、本地民族关系状况评价四个大的方面对民族关系状况进行研究。⑤

(六) 民族关系的预警机制

张劲松提出，民族关系的监测预警不仅是一个技术问题，更是一个复杂而且涉及面广的系统工程。其从民族关系监测预警的主要功能分析入手，提出监测预警实施所面临的若干问题，主要包括信息收集、信息公开、预警方案执行、组织保障以及制度保障五个方面，从实施工具、核心

---

① 贺琳凯：《新中国民族关系与民族政策的互动研究》，博士学位论文，云南大学，2010年。

② 田锋：《影响我国民族关系的国际因素论析》，载《广播电视大学学报》（哲学社会科学版）2008年第4期。

③ 马戎：《民族与社会发展》，民族出版社2000年版，第64—65页。

④ 政治主要是民族区域自治权保障指数、少数民族干部培养使用指数；经济主要是人均国内生产总值指数、财政转移支付指数、资源有偿使用和补偿指数、对口支援指数、民族特需用品生产销售指数；文化主要是教育公平指数、少数民族语言文字保护指数、民族地区科技发展指数、民族地区信息通达指数、民族地区健康指数；社会生活主要是城镇居民可支配收入指数、农村居民人均收入指数、民族地区社会保障覆盖面指数、尊重少数民族风俗习惯指数、宗教因素指数、环境质量指数。参见吴钦敏《构建新型民族关系评价指标体系之初探》，载《贵州民族研究》2007年第4期。

⑤ 族际交往主要指其他民族朋友个数、主动交往意愿、对外来人员的欢迎度；民族认同和国家认同主要指国家认同与民族认同排序、民族身份、公民身份和本地人身份的重要性评价、当前民族意识发展趋势评价。参见宁亚芳《我国民族关系现状评价及其影响因素——基于7341份问卷的实证检验》，载《贵州民族研究》2016年第8期。

工作及预警目标等方面给出了监测预警策略。① 根据信息收集渠道得到的监测信息，建立民族关系监测预警的基本流程，形成以信息采集、信息处理为基础的民族关系监测预警机制。② 建立以民族关系评价指标体系为基础的民族关系监测预警机制，应用信息组织的相关方法，建立民族关系监测信息的采集模型和处理模型，保证监测评价过程的信息畅通；应用层次分析法得出各评价指标的权重因子，进而得到民族关系和谐度指数。③ 民族关系监测预警的信息管理包括民族关系信息的来源及采集、民族关系信息的加工处理、民族关系评价指标权重的确定和民族关系监测预警的实施。④

范振军、温军指出，民族关系预警是对未来一个国家或地区民族关系发展变化及面临的问题进行的科学判断、分析评估、趋势预测和预警防控，在继续完善理论体系和方法论的基础上，为我国民族关系发展提供理论支撑和实践指导。民族关系评估体系、民族关系预警机制、民族关系调控对策三个方面应是研究的重点。⑤

（七）民族关系的调控

金炳镐在《民族关系通论》中系统分析了民族关系的调控，有关民族关系调控及其意义、调控类型、调控原则、调控政策、调控措施、调控机制等主要观点摘录如下。

1. 民族关系调控及其意义

民族关系调控是多民族国家的一种特殊的社会调控，具有特定的主

---

① 张劲松：《民族关系监测预警的实践策略和保障机制研究》，载《贵州民族研究》2010年第4期。

② 张劲松：《民族关系监测评价模型及其信息处理研究》，载《中南民族大学学报》（人文社会科学版）2010年第3期。

③ 郑双怡、张劲松：《民族关系评价指标体系构建及监测预警机制研究》，载《民族研究》2009年第1期。

④ 民族关系信息来源及采集是指横向、纵向信息采集传递；民族关系信息的加工处理是指信息预处理、标引分类、数字化加工处理；民族关系评价指标权重的确定是指建立专家评分模型、层次单排序、层次总排序；民族关系监测预警的实施是指实时监测、定时监测。参见郑双怡、张劲松《民族关系评价指标体系构建及监测预警机制研究》，载《民族研究》2009年第1期。

⑤ 范振军、温军：《民族关系预警研究述评》，载《民族研究》2007年第5期。

体、客体、手段和方法，实质上是一种利益调控。

民族关系调控的主体即调控工作的实施者，既可以是国家机关（包括权力机关、行政机关、司法机关）、政党、社会组织和团体，也可以是代表组织、群体和团体的个体成员。民族关系调控的主体是多层次、多元的，在调控目标设定、调控手段和方法的选用等方面具有主动性。

民族关系调控的客体是指调控的客观对象，即民族关系。民族关系是一种客观的社会关系，它既是一个各环节有机地联系的自我发展的历时过程，也是一个由各民族之间的政治关系、经济关系、文化关系、社会关系组成的共时格局。

民族关系调控就是要通过采取必要的政策措施，调整利益格局，解决民族间政治、社会领域的民族权利、地位等的矛盾问题，解决经济、教育领域的发展利益等的矛盾问题以及文化领域里的发展权利、利益和感情问题，从而实现民族关系调控主体的调控目标。

民族关系调控主体一般要通过综合运用法律手段、政策手段、制度手段、舆论手段等来完成对客体的调控，通常采用系统、科学、综合、灵活的调控方法。民族关系调控的主体、客体、手段、方法和环境构成了民族关系调控系统。

2. 民族关系调控类型

（1）民族关系的类型不同，民族关系的调控类型不同

民族关系的类型是多样的。根据不同的分类标准，可以把民族关系分为国际间的民族关系、国内民族之间的关系。与此相对应，民族关系调控可以分为对外的民族关系调控和对内的民族关系调控。多民族国家国内的民族关系分类也可以是多种多样的[1]，某一类型的民族关系层次下也还可再仔细分类。[2] 与此相对应，可把民族关系调控分为民族关系的整体调控

---

[1] 可分为整体民族关系和区域民族关系、城市民族关系与乡村民族关系、民族聚居地区民族关系与民族杂散居地区民族关系、民族自治地方的民族关系与一般行政区域的民族关系等。参见金炳镐《民族关系通论》，中央民族大学出版社2007年版，第328页。

[2] 我国民族自治地方的民族关系，可分为自治民族与非自治民族的关系、一个自治民族与另一个自治民族的关系、自治民族与非自治民族的汉族的关系、自治民族与非自治民族的少数民族的关系等。参见金炳镐《民族关系通论》，中央民族大学出版社2007年版，第328页。

和民族关系的局部调控、民族关系的一般调控、民族关系的特定调控等类型。

（2）分析考察的视角不同，民族关系的调控类型不同

根据民族关系调控主要领域，可以将民族关系调控分为正作用调控和反作用调控[①]；根据民族关系调控的层面和效力不同，可把民族关系调控分为民族关系的宏观调控[②]和民族关系的微观调控[③]；根据民族关系的调控手段不同，可把民族关系调控分为民族关系法律调控、民族关系政策调控、民族关系舆论调控等类型；根据民族关系的调控主体不同，可把民族关系调控分为民族关系行政调控、民族关系社团调控和民族关系民间调控；根据民族关系调控的方式可以分为直接调控与间接调控、常规调控与紧急调控等。

3. 民族关系调控原则

民族关系调控必须坚持的一般性原则是坚持实效原则、坚持时效原则、坚持合力原则。我国民族关系调控应该坚持的基本原则：要以国家法律和党的民族政策为依据，坚持"四个维护"的原则；坚持严格区分两类不同性质的矛盾，处理好人民内部矛盾的原则；坚持运用法律手段处理问题的原则；坚持早着手，把问题解决在萌芽状态的原则；坚持民族平等团结和疏导教育的原则；要坚持充分相信、依靠各民族人民群众和干部的原则；要坚持正确的舆论导向的原则；要坚持不得伤害民族感情和宗教感

[①] 以主要调控经济关系来协调政治、文化关系的民族关系调控叫正调控。以主要调控政治（或文化）关系来协调经济（文化或政治）关系的民族关系调控叫反作用调控。

[②] 民族关系的宏观调控一般是指国家层面的，针对全社会的民族关系调控。具体就我国而言，民族关系的宏观调控是法律调控、政策调控和社会调控，是以党的路线、方针、政策和国家的法律法规来调控，是以经济发展为本，各方面协调发展的治本性的、基础的调控，是为实现一定的战略目标而实施的调控。参见金炳镐《民族关系通论》，中央民族大学出版社2007年版，第329页。

[③] 民族关系的微观调控是政策调控、社会调控和行政调控，是以政策、法律为依据和手段的调控，是以政策协调、社会协调、行政协调或处置为手段的调控，是为达到具体目标或处理具体事件的调控。在我国现阶段，做好民族关系微观调控工作要建立有效的工作机制，党委统一领导，党政齐抓共管，有关部门各司其职，积极配合；深入调查研究，定期排除不安定因素，做好处理突发事件的准备工作，制定及时化解矛盾苗头的预警和防范措施；建立完善的责任机制；在解决有关的民族纠纷中，要注意发挥民族工作部门的作用，发挥少数民族干部的作用，发挥群众中骨干分子的作用。参见金炳镐《民族关系通论》，中央民族大学出版社2007年版，第329页。

情的原则。

4. 民族关系调控政策

民族关系调控政策，是指国家或政党制定和实施的用来调控民族关系，促进民族关系发展的法令、条例、方法、办法、准则。民族关系调控政策不等同于民族政策。民族政策是指国家和政党为调节民族关系，处理民族问题而采取的相关措施、规定等的总和。

民族关系调控政策从属于民族政策体系，是民族政策整体的组成部分，民族关系调控政策的特定对象是民族关系，而民族政策的包含范围则更为广泛，可以说，民族政策中用于调控民族关系的部分就是民族关系调控政策。

民族关系调控政策是民族关系调控的基本手段，是多民族国家处理民族关系的特殊手段和方式，一般都以国家意志的形式表现出来，并通过国家行政权力来加以实施，它是一种民族关系调控的方略，有着自身的静态层次体系，有着自身的动态过程。

民族关系调控政策体系构成，从纵向来讲具有层次性，由总政策、基本政策和具体政策组成。民族平等、民族团结是我国民族政策和民族关系调控政策的总政策，也是体系的支柱。民族区域自治是我国民族政策和民族关系调控政策的基本政策。民族关系调控的具体政策包括政治关系调控政策、经济关系调控政策、文化关系调控政策等。从横向来讲，民族关系调控政策由社会领域中各方面的关系调控政策组成，涉及政治、经济、文化、社会发展等各个方面。

民族关系调控政策过程，由制定、执行、评估、监控、终结或周期运行等阶段或环节组成。

5. 民族关系调控措施

民族关系调控措施是指民族关系调控主体为了实现调控目标或落实调控政策而采取的方式、方法、步骤和手段，是实现调控目标和贯彻落实调控政策的途径和保障。

民族关系调控政策是以文件的形式确定的规范指向和目标制定，是制度和意识层面的界定。而民族关系调控措施强调的是实施目标或政策的方式、方法、步骤和手段，是将目标和政策物化为现实的保障和途径，更为强调的是可操作性、实践性。

根据民族关系调控措施的层次可分为宏观战略措施和微观具体措施；根据民族关系调控措施的主题可分为经济调控措施、文化调控措施等；根据民族关系调控措施的时限可分为长期措施和短期措施；根据民族关系调控措施的主次可分为重点措施和辅助措施。①

6. 民族关系调控机制

民族关系调控机制是带有规律性的民族关系调控模式，是由调控主体、手段、对象等构成。民族关系调控是通过机制的有效运行来实现的。影响民族关系调控机制的因素是多方面的。民族关系调控机制有宏观与微观调控机制、正作用与反作用调控机制、政策与法律调控机制、社会协调调控机制等。②

金炳镐在《民族关系通论》一书中从不同的角度论述了民族关系调控机制，主要内容如下。

民族关系宏观调控与微观调控机制：宏观调控机制是高层级的调控机制，以整个国家或整个社会为运行环境，以执政党或国家权力机关为决策主体，以国内总的民族关系为作用对象，以国家法律、政策和整个范围内的社会调控为调控手段的机制。民族关系微观调控机制是基层或局部性的调控机制，以局部的市情、区情、社情为运行环境，以基层民族关系调控网络为主体，以局部的、具体的民族关系为作用对象，以政策、法律为依据和手段，以社会协调、行政协调或处置为调控手段的机制。民族关系微观调控工作机制进行分解，可以建立和完善以下子机制：责任明确的组织领导机制、顺畅和谐的协调沟通机制、健全高效的工作网络机制、严密主动的防范排查机制、有力有效的应急处置机制、保真快捷的信息报送机制、效应显著的奖惩机制。

民族关系的正作用与反作用调控机制：民族关系的正作用调控机制，是以调控民族经济交往关系为主来调控民族政治、文化等交往关系的机制。民族关系的反作用调控机制，是以调控民族政治或文化交往关系为主来调控民族经济和文化（或政治）交往关系的机制。

---

① 上述有关民族关系调控及其意义、调控类型、调控原则、调控政策、调控措施的主要观点参见金炳镐《民族关系通论》，中央民族大学出版社 2007 年版，第 321—358 页。

② 亚州、中和、栾爱峰：《民族关系调控机制——民族关系理论研究之八》，载《黑龙江民族丛刊》（双月刊）2008 年第 4 期。

民族关系的政策与法律调控机制：以政策和法律为主要调控手段来调控民族关系的机制。通过民族关系政策与法律调控机制的运行，可实现对民族关系的倡导性调控、规范性调控和惩戒性调控。

民族关系的社会协调调控机制：是指依靠社会协调手段进行民族关系调控的机制，是依据社会协调的原理、过程和功能完成民族关系调控的机制。民族关系的社会协调调控机制的主体主要有：少数民族社会团体和民间组织、宗教团体、民族研究机构和社团以及其他社会力量。民族关系的社会协调调控机制的方式方法以思想工作为主。社会协调调控机制的作用对象一般是基层的、具体的、局部的民族关系。①

民族关系调控机制的完善，一是完善民族政策；二是建立健全民族法律体系；三是加强社会环境建设；四是完善工作机构建设；五是强化工作人员培训。②

除上述金炳镐在《民族关系通论》对民族关系调控机制的系统论述外，亚州、中和、栾爱峰认为民族关系调控手段包括法律、政策、制度、舆论宣传调控以及社会调控。③ 田孟清认为，行政调节、社会调节和法律调节是调节民族关系的三种主要方式。④ 熊坤新、胡琦认为，政策调控既是民族关系调控的基本手段，又是多民族国家处理民族关系的必要手段和基本方式。⑤ 岳天明、魏冰对调适民族关系的基本前提、原则、基础进行了分析，提出调适民族关系时要深入开展民族理论、民族政策法规和民族知识的宣传教育活动，加快少数民族和民族地区经济的发展，建立健全调适我国民族关系的法律法规体系，坚持和加强民族关系的政策调适，加强民族工作的管理和服务。⑥

---

① 上述有关民族关系调控机制的主要观点，参见金炳镐《民族关系通论》，中央民族大学出版社2007年版，第359—398页。
② 金炳镐：《民族关系通论》，中央民族大学出版社2007年版，第399—435页。
③ 亚州、中和、栾爱峰：《民族关系调控机制——民族关系理论研究之八》，载《黑龙江民族丛刊》（双月刊）2008年第4期。
④ 田孟清：《试论民族关系的调节方式》，载《黑龙江民族丛刊》2001年第1期。
⑤ 熊坤新、胡琦：《试论民族关系调控中的政策调控》，载《西藏民族学院学报》（哲学社会科学版）2010年第5期。
⑥ 岳天明、魏冰：《现代化进程中调适我国民族关系的几个基本问题》，载《内蒙古社会科学》（汉文版）2010年第3期。

（八）民族关系的发展态势

青觉认为，目前我国正处于社会转型时期，各种社会矛盾往往在此间得以释放，并会反映到民族问题上来，从而增加民族关系的处理难度。市场经济发展、城市化进程的加快以及民族散居化将是一个不可逆转的大趋势，在增进各民族间的亲近和了解的同时，也必然会产生大量的摩擦和冲突。此外，诸如民族平等与市场竞争的矛盾、民族交往需求和民族心理隔阂的矛盾等将会普遍存在。这些都将是维持民族关系健康、和谐发展的重大挑战。①

金炳镐认为，党和国家出台了一系列政策措施，不断完善民族区域自治制度和《民族区域自治法》，为我国民族关系发展提供了政策、制度和法律保障；少数民族和民族地区得到全面发展，为我国民族关系发展奠定了坚实的物质基础，社会主义民族关系不断巩固与发展。在全面建设小康社会过程中，少数民族在充分发展过程中与其他民族共同性因素将不断增加，各民族文化的多元性特点将得到充分彰显，各民族文化在相互学习、吸收的同时长期共存；体现各民族文化、历史、民族性格的风俗习惯还将长期存在；因民族差异和差距引起的摩擦纠纷在局部会呈增多趋势。②

毛公宁认为，现阶段我国民族关系在总体和谐的情况下，发展差距拉大可能影响到民族关系的和谐。由于风俗习惯、宗教信仰、民族心理、文化背景方面的差异，民族之间缺乏应有的尊重和理解，往往产生一些有损于民族团结的问题。随着城市化进程的加快，大批少数民族人口进入城市和散杂居地区，因利益、管理等方面的问题和他们的合法权益得不到很好的保障而引发的矛盾近几年有增多的趋势。少数民族干部和知识分子的政治诉求（包括在政治权利、自治权利和民族发展等方面的要求）将日益强烈，这方面的问题如果得不到很好的解决，也会影响到民族关系。国内外敌对势力的破坏，也会对民族关系产生负面的影响。③

周竞红认为，中国社会的民族关系有着良好的发展基础，但也要面对

---

① 青觉：《当前我国民族关系的主要内涵和发展趋势》，载《中南民族大学学报》（人文社会科学版）2005年第5期。
② 金炳镐：《民族关系通论》，中央民族大学出版社2007年版，第305—320页。
③ 毛公宁：《对当代中国民族关系的几点认识》，载《西北民族研究》2006年第2期。

更为复杂的问题和严峻的挑战,和谐的民族关系也将在应对问题和挑战进程中实现。各民族杂居面扩大,杂居程度加深,少数民族人口分布分散化态势增强,各民族政治、经济、文化、教育等水平都得到提高,进入共同发展历史轨道,民族交往范围扩大、频次提高、层次加深,民族利益表达常态化、各种利益具体化和民族意识强化,使小范围民族矛盾和冲突增加。① 同时,人口分布的分散性态势与少数民族权益保障基本制度的聚居特性之间的矛盾、民族地区发展步伐加快与少数民族群体发展步伐缓慢的矛盾、经济目标凸显与社会其他目标难以达成的矛盾、民族意识的强化与民族关系如何良性协调,都对少数民族权益保障机制、民族关系调整机制提出了新的要求。②

徐杰舜认为,站在世界民族发展史的高度,在一个长时段内去观察中国民族关系发展的趋势,可以很清晰地看到中国民族关系发展所经历过的从多元融合到华夏一体的大趋势、从民族互化到以汉化成为民族融合主流的大趋势,也应该可以很清晰地看到当下中华民族认同已成为中国民族关系发展的大趋势。与前两个大趋势相比,这第三个大趋势虽然是刚刚开始,运行的时间也只有近100年,但作为大趋势的方向性运动,这个趋势是不可逆转的。③

(九) 民族关系协调的对策建议

学界对协调、巩固和发展健康和谐的民族关系,从不同的视角和层面提出了很多理性的建议,包括政治、经济、文化、社会、法制、政策等多个方面。

徐杰舜认为,要加快民族地区经济、社会发展,加强民族法制建设,正确对待文化差异,大力培养少数民族人才,妥善处理民族关系问题。④

---

① 周竞红:《改革开放三十年中国民族关系观察》,载《北方民族大学学报》(哲学社会科学版) 2009 年第 1 期。
② 周竞红:《历史与现实:当代中国民族关系的基本态势》,载《满族研究》2007 年第 3 期。
③ 徐杰舜:《中国民族关系发展大趋势论》,载《学术探索》2011 年第 10 期。
④ 青觉:《当前我国民族关系的主要内涵和发展趋势》,载《中南民族大学学报》(人文社会科学版) 2005 年第 5 期。

青觉认为，要全面贯彻党的民族政策，深化民族团结进步教育，铸牢中华民族共同体意识，加强各民族交往交流交融，促进各民族像石榴籽一样紧紧抱在一起。①

毛公宁认为，进一步巩固和发展我国社会主义民族关系，要切实加快少数民族和民族地区经济和社会的发展，坚持和完善民族区域自治制度，加强民族团结，为巩固和发展我国的社会主义民族关系营造更加良好的社会环境。②

金炳镐认为，发展和谐民族关系，构建民族地区和谐社会，一是要保障各民族平等地位和平等权利，实现社会公平、社会和谐，即坚持和完善民族区域自治制度，保障各民族政治、经济、文化的平等权利，加快民族地区的经济发展，缩小地区经济差距，实现共同繁荣。二是要加强各民族的团结，实现民族友爱合作、社会团结和睦。三是要加强各民族互助互利，实现社会对口支援、互动共进。③

李静认为，发展和谐的民族关系，要在政治领域发展参与政府治理模式；在经济领域发展市场合作模式；在文化领域发展文化交融模式；在民生领域发展全面行动模式。④

赵野春、马太江认为，社会主义民族关系和谐发展，一是要顺应时代发展潮流，抓住历史发展机遇，为民族关系和谐发展创造良好的外部环境；二是要积极推进各民族现代化进程，促进民族地区和谐社会建设，为社会主义民族关系和谐发展奠定牢固的根基；三是要推动多元文化共同发展，充分展示各民族共同繁荣风貌，为社会主义民族关系和谐发展搭建彼此的欣赏平台；四是要建构中华民族核心价值观，强化各民族共同价值认同，为社会主义民族关系和谐发展创造相应的心理条件；五是要完善民族政策法律体系，构筑政治力量推动机制，为社会主义关系和谐发展提供强

---

① 束锡红、聂君：《党的十九大报告为构建和谐民族关系提供了根本遵循》，载《中国民族报》2017年12月22日第006版。

② 毛公宁：《对当代中国民族关系的几点认识》，载《西北民族研究》2006年第2期。

③ 金炳镐：《和谐民族关系与和谐社会构建》，载《西南民族大学学报》（人文社会科学版）2007年第9期。

④ 李静：《和谐民族关系与社会参与》，载《贵州大学学报》（社会科学版）2018年第1期。

劲的内在动力。①

周竞红认为，以改善民生为重点的社会建设，将在多个层面推进民族关系的和谐，成为平等、团结、互助、和谐民族关系的重要保障。推进教育公平，贯彻积极的就业政策、增收政策和建立完善城乡基本社会保障制度，以改善和保障基本民生为先导，在民族地区推行基本公共服务均等化、以改善民生为重点的社会管理对民族平等和民族关系和谐意义重大。②

李大健认为，发展和完善我国和谐民族政策，要促进少数民族发展、发展少数民族的文化事业、确保少数民族的根本利益。③同时，国家政府部门应牵头，积极协调发达地区与民族地区之间的互助合作关系，完善民族区域自治制度。④

何晓薇、于海峰认为，少数民族文化发展与民族关系和谐互动，加快少数民族文化产业化发展，构建公共文化服务体系，保障少数民族群众的基本文化权益，重视少数民族文化多样性发展，加强各民族的交流与交融，推动少数民族文化大发展大繁荣，可以促进社会主义新型民族关系的进一步发展。⑤

（十）民族关系的区域和历史研究

马仲荣以甘南藏族自治州为例，从民族社会学的角度，考察社会转型期的甘南州社会矛盾与民族关系的相互作用问题及其现实表现和深层机制，并以社会主义矛盾论的视角阐述对策建议。⑥

---

① 赵野春、马太江：《民族关系和谐发展的实现条件》，载《中央民族大学学报》（哲学社会科学版）2008年第3期。

② 周竞红：《民族关系和谐的保障：加快推进以改善民生为重点的社会建设》，载《民族研究》2008年第5期。

③ 李大健：《发展和谐的民族关系与完善民族政策的和谐取向》，载《民族研究》2006年第4期。

④ 李大健：《论民族关系与民族经济》，载《黑龙江民族丛刊》（双月刊）2007年第1期。

⑤ 何晓薇、于海峰：《论少数民族文化发展与民族关系和谐的互动》，载《民族论坛》2012年第2期。

⑥ 马仲荣：《社会转型期的甘肃藏区社会矛盾与民族关系相互作用问题研究——以甘南藏族自治州为例》，博士学位论文，兰州大学，2012年。

路宪民将我国西部的民族和民族关系置于历史的进程中，以近现代社会变迁为背景，通过对这一变迁引发的国家性质和民族社会内外结构的变化分析，探讨了近现代以来，尤其是改革开放以来西部民族关系的发展、变化。提出以人与自然的和谐为基础，以人与社会、民族与民族、民族与国家关系的和谐为核心，通过发展经济、保障权益、尊重文化、共享成果、共同繁荣来解决当代中国西部民族关系问题。①

束锡红、聂君基于西部12个省份调查数据资料，从族际交往、居住格局、族际通婚、文化适应、族际认知、民族冲突、政府作用七个方面对西部地区的民族关系进行了描述与评价，展现其发展现状，揭示其发展动态和走向，为推动西部地区民族关系的和谐发展与边疆的安定繁荣提供现实依据。②

马戎指出，随着中国经济社会发展速度的持续加快，国内的区域关系、民族关系、社会结构等将继续发生深刻变化，建议从以下三个方面开展学科建设和相关研究：在西部地区组织开展广泛深入的基层社区田野调查；对国内各地区民族关系的历史演变进程开展文献档案分析和口述史调查；对其他国家在民族关系、民族制度与政策方面的理论探讨和社会实践中的成功经验和失败教训进行分析与借鉴。同时应注意在研究与讨论中坚持实事求是的科学态度。③

高志英、徐俊在对元明清"藏彝走廊"西端滇、藏、缅交界地带民族关系发展研究中指出，由于此境地处滇、藏和缅交界地，属于汉文化、藏文化、缅文化圈的边缘地带，同时又是傈僳、怒、独龙、普米、白等文化圈的重合交叠区，历史上民族众多，民族关系复杂；而且其民族关系随时代发展而变迁，在不同的历史时期具有不同的表现形式、发展特点及规律；在廓清元明清时期"藏彝走廊"西端滇、藏、缅交界地带民族关系发展变迁的基础上，探究其特点、规律与趋势，为今天妥善处理民族关系

---

① 路宪民：《社会文化变迁中的西部民族关系》，博士学位论文，兰州大学，2008年。
② 束锡红、聂君：《西部地区民族关系的实证研究》，载《民族研究》2012年第5期。
③ 马戎：《研究新形势下中国边疆地区的民族关系问题——2017年12月17日在教育部政治学-社会学-民族学学部"深入学习贯彻党的十九大精神，加快推进中国政治学社会学民族学发展"研讨会上的发言》，载《中央民族大学学报》（哲学社会科学版）2018年第2期。

提供借鉴和思考。①

石硕从宏观视野和较为综合的角度，对中国的民族特点、中国西部民族的分布及特点、中国西部的民族宗教格局、当前民族关系变化的新趋势等问题进行了论述与探讨。②

蒋立松认为，西南地区民族关系主体结构包含西南地区民族社会与国家权力之间的关系、西南地区各民族之间的关系，以及汉民族与西南地区少数民族之间的关系。分析了影响西南地区民族关系的若干具体的、基础性的因素，探讨了不同历史时期国家权力与西南地区民族社会之间的互动，提出了在新的历史时期如何调适民族关系的若干政策建议。③

王文光、龙晓燕在民族史研究中，对民族关系主流的问题有"友好合作说"和"战争压迫说"，他们认为，中国西南民族关系的主流问题，表现出各民族在长期的历史发展中，既和平友好、相互吸收，又矛盾冲突、相互排斥这样一个辩证的历史运动过程。就民族融合而言，西南历史上的民族融合在元代以前表现为以同源异流为主，元代以后则既有同源异流，也有多源合流和异源异流。此外，整个西南民族关系主要由政治关系、经济关系、文化关系表现出来。④

周竞红在对中华人民共和国民族关系史的研究中，认为民族关系是多民族国家社会关系的一个重要组成部分，有特定的发展轨迹。中华人民共和国50年来的民族关系发展继承了原有民族关系历史基础，并在全新的政治、经济基础之上发展为新型民族关系，即平等、团结、互助成为新型民族关系发展的总体目标。⑤

柳建文通过对新疆伊宁市的调查，从民族交往、民族通婚、民族迁徙和民族意识等方面考察了社会经济转型时期新疆民族关系的变化及其影响

---

① 高志英、徐俊：《元明清"藏彝走廊"西端滇、藏、缅交界地带民族关系发展研究》，载《民族研究》2008年第6期。
② 石硕：《中国西部民族宗教格局与民族关系新趋势》，载《西部发展研究》2013年第00期。
③ 蒋立松：《中国西南地区民族关系基础结构及影响因素分析》，博士学位论文，中央民族大学，2004年。
④ 王文光、龙晓燕：《中国西南民族关系研究散论》，载《思想战线》2001年第2期。
⑤ 周竞红：《中华人民共和国民族关系史研究》，博士学位论文，中国社会科学院研究生院，2002年。

因素，从政策安排和制度设计的角度提出了相应的调控对策，同时对一些国内外相关研究结论进行了必要的补充和修正。①

崔明德认为，中国民族关系思想是各个时期、各个民族的各类人物对中国民族关系的认识，是统治者制定民族政策、处理民族关系的理论基础。重视和研究中国古代民族关系思想具有较强的现实意义和学术价值。② 其对民族关系思想史的发展历程、研究范围和方法进行了探讨，试图建立起民族关系思想的发展谱系，构建民族关系思想史的研究和理论框架。③

二 城市民族关系研究

随着城市少数民族人口继续高速增长，城市民族关系也将日趋复杂。作为民族关系研究重要的组成部分，城市民族关系研究的重要性已日益受到关注，主要研究领域是城市民族关系概念和特点、影响因素、调控机制、发展态势等理论研究，通过丰富多样的个案研究，提出调整城市民族关系的思路，建立健全城市民族关系协调机制等，主要集中在以下几个方面。

（一）城市民族关系的相关概念和特点

城市少数民族、城市民族关系、城市社区民族工作是在这一研究领域的重要概念。

1. 城市少数民族

1993 年 8 月 29 日由国务院批准、经国家民委发布的《城市民族工作条例》第一次在国家行政法规中明确提出"城市少数民族"的概念，"城市少数民族"正式成为我国城市民族工作中的一个常用术语。从城市民族工作的角度看，城市少数民族一般包括行政区域内所辖城市市区的少数民族和城市所辖农村的少数民族；从户籍制度讲，不仅包括城市户籍人口中的少

---

① 柳建文：《转型时期的新疆民族关系：现状及相关研究的实证检视》，载《西北民族大学学报》（哲学社会科学版）2009 年第 3 期。

② 崔明德：《中国民族关系思想的有关问题》，载《烟台大学学报》（哲学社会科学版）2012 年第 4 期。

③ 崔明德：《中国民族关系思想史研究范围和方法的探讨》，载《民族研究》2006 年第 2 期。

数民族，也包括非当地户籍少数民族，通常称之为城市少数民族流动人口；从其来源和居住城市时间的长短来看，又可分为城市世居少数民族（主要指中华人民共和国成立前就居住在城市的少数民族）、城市迁入少数民族（中华人民共和国成立后迁入城市的户籍少数民族）和城市流动少数民族（改革开放后随着中国城市化进程进入城市的少数民族流动人口）。①

蒋连华在《当代中国城市民族关系研究》一书中，分析了城市世居少数民族、城市迁入少数民族和城市流动少数民族，摘录如下。

（1）城市世居少数民族

我国世居少数民族主要集中于回、满、蒙古等民族特别是回族中。这一类型的城市少数民族因少数民族的风俗习惯、宗教信仰等原因，大都"围寺而居"，在城市中形成了相对集聚而居的少数民族聚落，由于长期生活在城市，已经十分适应城市的社会文化环境，成为城市生产、生活方式和价值观传承的人群之一，与城市历史的发展已融为一体，并具有经济生活的适应性、文化生活的互融性、社会生活的包容性特点。

（2）城市迁入少数民族

城市迁入少数民族主要是指中华人民共和国成立以来迁入城市的户籍少数民族。这一类型的城市少数民族，从其进入城市的渠道及形式看，主要由以下几种类型构成。一是进入各级政府机关企事业单位的少数民族，这一群体除了具有如城市世居少数民族那样在经济、文化、社会生活方面的适应性、互融性和包容性特点外，更多的是具有"两高"和"一多一少"的特点。② 二是改革开放以来，从国内外引进的少数民

---

① 金炳镐：《民族关系通论》，中央民族大学出版社2007年版，第220—228页。

林钧昌也认为，一般来说，我国城市少数民族，如果按其来源和迁入城市时间的长短，通常可划分为城市世居少数民族、城市迁入少数民族和城市流动少数民族三种类型。参见林钧昌《城市化进程中的城市民族问题研究》，中央民族大学出版社2009年版，第118页。

② 所谓"两高"，一是指政治觉悟高，他（她）们绝大多数受党多年的培养，是国家统一、领土完整、民族团结的自觉维护者，具有高度的政治觉悟；二是指文化程度高，他们大多都是各个方面的领导干部、专家学者及科技人员，有较好的文化修养。所谓"一多一少"，"一多"指代表人士多，大多是本民族的杰出人物，是各方面的管理、艺术、研究和技术人才，社会身份多是人大代表和政协委员，有较大影响力；"一少"是指在实际民族工作中这一群体通常被看作民族工作者，就目前来看，还很少被看成是民族工作对象。参见蒋连华《当代中国城市民族关系研究》，民族出版社2011年版，第64—75页。

族科技人员，这一群体主要具有以下特点：以中青年为主，独立思考能力强；思想活跃，联系广泛；利益诉求意识强。这一群体对城市生活不是被动适应，而是主动选择。三是由婚嫁和国家重点工程移民进入城市的少数民族。

（3）城市流动少数民族

城市流动少数民族如果按其进入城市的渠道及形式划分，主要包括以下几类人群，进城务工经商的少数民族人群，其在城市的生活方式和社会交往都具有明显的本土性特征；因民族教育发展而进入城市的少数民族学生群体，具有这样的特点：积极进取，有强烈的社会和民族责任感；民族地区各级政府在东部城市设立办事机构和某些特色旅游景点的建立而形成的少数民族群体以及无务工证、无居住证、无身份证的"三无"人员中的少数民族群体。[1]

"少数民族流动人口"的概念在学术界还有以下几种看法：汤夺先认为，少数民族流动人口，主要是指从农村、牧区、城镇流入城市且不改变户籍的、作为民族文化携带者存在的少数民族人口，基于城市而言主要指流入人口[2]；段成荣、迟松剑指出，少数民族流动人口是那些经常性居住地与户口登记地不相一致的人口，并且排除那些经常性居住地与户籍登记地虽然不相一致，但属同一城市市区范围内的人口[3]；高向东、余运江和黄祖宏认为，少数民族流动人口是指在城市居住或停留半年以上的无本市户籍的外省市少数民族人口，包括少数民族农民工群体及其子女群体、少数民族高校大学生群体等，不包括港澳台地区人口。[4] 张幸琪、杜皓、冯建新认为是为改善生活条件而进入城市谋生计，且在城市居住较久的非当地市民的特定少数民族群体。[5]

---

[1] 城市世居少数民族、城市迁入少数民族、城市流动少数民族的内容参见蒋连华《当代中国城市民族关系研究》，民族出版社2011年版，第64—75页。

[2] 汤夺先：《城市少数民族流动人口问题论析》，载《中南民族大学学报》（人文社会科学版）2009年第2期。

[3] 段成荣、迟松剑：《我国少数民族流动人口状况研究》，载《人口学刊》2011年第3期。

[4] 高向东、余运江、黄祖宏：《少数民族流动人口城市适应研究——基于民族因素与制度因素比较》，载《中南民族大学学报》（人文社会科学版）2012年第2期。

[5] 张幸琪、杜皓、冯建新：《少数民族流动人口与城市民族关系探究》，载《内蒙古民族大学学报》（社会科学版）2017年第4期。

金炳镐、林钧昌认为，城市少数民族的特点，一是城市少数民族成分不断增加；二是城市少数民族人口增长快；三是民族散居地区的城市少数民族人口数量的分布趋于分散、不平衡；四是城市少数民族的居住呈"大分散，小聚居"；五是城市少数民族人口素质较高；六是城市的民族通婚，主要是少数民族与汉族的通婚现象明显；七是城市少数民族差异性较大；八是城市少数民族人口流动性大。[1]

李吉和认为，中、东部地区城市少数民族具有大分散、小集中特点弱化、散居化趋势明显的特点。他们来源广泛、成分增多，人口增长较快，流动人口成为其重要组成部分，具有城市化率高、受教育程度高、民族显形特点逐渐弱化而民族认同意识逐渐增强、从业多样化、分层现象明显等特点。[2]

尹素琴、史界认为少数民族流动人口的特点是总体上滞后于汉族，但呈迅速增长的态势；不同的民族有较大差异；流动类别比较集中，主要有普通务工型、特色经营型、盲目流动型；除了一般的因素如经济收入、生活成本、交通成本等之外，少数民族流动人口受民族文化和民族心理的影响相当严重。[3]

郑信哲、周竞红认为，少数民族人口流动的特点：一是少数民族人口流动量总体落后于汉族；二是少数民族流动人口的从业范围具有鲜明特点；三是一些城市已形成颇具特色的少数民族流动人口聚落；四是西部地区少数民族妇女婚嫁而迁至东部地区的现象增多；五是少数民族流动人口面临更多挑战。[4]

2. 城市民族关系

根据以上对城市少数民族的界定，当代中国城市民族关系不仅包括城市汉族与少数民族之间的关系、城市少数民族之间的关系，而且还包括城

---

[1] 金炳镐：《民族关系通论》，中央民族大学出版社 2007 年版，第 220—228 页；林钧昌《城市化进程中的城市民族问题研究》，中央民族大学出版社 2009 年版，第 122—126 页。

[2] 李吉和：《我国中、东部地区城市少数民族特点探析》，载《云南民族大学学报》（哲学社会科学版）2008 年第 1 期。

[3] 尹素琴、史界：《流动的力量——和谐民族关系视野下的少数民族流动人口探析》，载《黑龙江民族丛刊》（双月刊）2011 年第 5 期。

[4] 郑信哲、周竞红：《少数民族人口流动与城市民族关系研究》，载《中南民族大学学报》（人文社会科学版）2002 年第 4 期。

市少数民族与民族地区少数民族之间的关系、城市与民族地区之间的关系等。①

城市民族关系的主要特点：一是差异性，城市的多民族构成就是城市文化多样性的原因之一；二是互融性，表现于城市居民的多民族构成上及居住格局和文化交流互融上；三是敏感性，为争取社会生活中的平等权利可能发生失当或过激的行为②；四是复杂性，发展状况与整个国家民族关系的发展状况相联系、与宗教关系相联系、民族之间的交往程度与各民族在国家中的地位相联系。③

李忠斌认为，城市民族关系的特点一是多民族性日益明显；二是居住的聚落特征较突出；三是文化的多样性更加鲜明；四是民族意识的觉醒与泛化；五是社会分工对族际关系的强力整合；六是经济利益的至高性；七是主流吸附与主动融入。④

李吉和、周彩云认为，随着我国城市化进程步伐的加快，中、东部地区的城市少数民族成分增加，人口增多，城市民族关系呈现出利益性、复杂性、敏感性、影响的广泛性和转化性等特点，把握这些特点，有利于建立和发展和谐的社会主义城市民族关系。⑤

张劲松认为，城市民族关系的主要特点：一是城市少数民族的民族意识逐渐增强；二是城市民族关系的敏感性强而且辐射范围广；三是城市民族关系中的经济利益因素逐渐突出。⑥

3. 城市社区民族工作

（1）城市社区

在我国城市，由于各种经济社会因素的长期作用，形成了特有的行政区——社区模式，这种区域性"社区"应包括三个层次，即对应城市辖区管辖范围的城市社区、对应城市街道办事处管辖范围的城市社区、对应

---

① 蒋连华：《当代中国城市民族关系研究》，民族出版社2011年版，第14、46、48页。
② 杨侯第主编：《散杂居民族工作概论》，民族出版社2001年版，第94页。
③ 蒋连华：《当代中国城市民族关系研究》，民族出版社2011年版，第83—88页。
④ 李忠斌：《论城市民族关系的特点、结构与功能》，载《贵州民族研究》2003年第2期。
⑤ 李吉和、周彩云：《我国中、东部地区城市民族关系特点刍议》，载《中南民族大学学报》（人文社会科学版）2007年第4期。
⑥ 张劲松：《经济转型期城市民族关系的影响因素及预警调控研究》，载《广西民族研究》2010年第2期。

居民委员会管辖范围的城市社区。因此，加强社区民族工作，是城市民族关系和谐发展的客观要求，建设社区文化是城市民族工作的重要内容。所以，研究当代中国城市民族关系离不开对这三个层面及其相互关系的分析，城市民族关系的和谐与否也受这三个层面制约。① 社区文化的多元并存是城市社区的显著特点。②

（2）城市社区民族工作

城市社区民族工作既是社区建设的重要内容，也是城市民族工作的重要组成部分，是指以城市少数民族问题为主要对象的民族工作以及与城市功能相联系的民族工作。加强城市社区民族工作已成为我国城市社区建设的重要内容和促进城市民族关系和谐发展的客观要求。③ 社区民族工作法制化、工作管理社会化及文化建设是城市社区民族工作的重要任务。④

(二) 城市民族关系的影响因素

城市民族关系的影响因素众多，主要包括以下几方面。

1. 人口迁移

我国 56 个民族的形成和我国城市少数民族类型特点的形成都与人口迁移有关；人口迁移对迁入地城市人口结构和资源配置存在影响；人口迁移对迁入地城市社会政策有影响。⑤

汤夺先认为，少数民族人口的流入致使城市民族关系的发生主体与涉及范围增加，从两个层面系统解析了少数民族流动人口问题对城市民族关系的具体影响。⑥

周竞红提出，改革开放后，城市少数民族流动迁移人口大量增加，改变了原先较为单纯的城市民族关系，它既为城市及各少数民族地区的发展注入活力，也给城市民族工作带来挑战。⑦

---

① 蒋连华：《当代中国城市民族关系研究》，民族出版社 2011 年版，第 6 页。
② 蒋连华：《当代中国城市民族关系研究》，第 88—92 页。
③ 蒋连华：《当代中国城市民族关系研究》，第 182—194 页。
④ 蒋连华：《当代中国城市民族关系研究》，第 182—194 页。
⑤ 蒋连华：《当代中国城市民族关系研究》，第 72—83 页。
⑥ 汤夺先：《城市少数民族流动人口问题与城市民族关系》，载《黑龙江民族丛刊》（双月刊）2008 年第 1 期。
⑦ 周竞红：《民族关系的结构变化与调整》，载《中央民族大学学报》（哲学社会科学版）2001 年第 6 期。

2. 居住格局

孙乔婧、李佳金认为，居住格局对民族关系有积极影响也有消极影响，在城市散居民族更加分散，以及更多民族民众向城市流动等各种居住变迁时，不同民族之间增加了了解，同时民族交往也有更多便利，但是民族关系也更加复杂，形成了更多民族冲突的隐患。[①]

3. 语言使用

城市区域内各民族成员语言的应用与演变情况，可以展示各民族在城市中的演变和同其他民族的交往历史、文化传统、经济水平以及各民族的互融度，从而把握城市民族关系的状况和发展走向。

4. 族际通婚

跨越族内婚姻的壁垒而发生族际婚姻，被国内外研究者视为衡量民族关系的重要尺度。汤夺先以兰州市为例，通过人口普查数据与田野调查资料分析城市民族通婚的现状，认为较低的民族通婚率不能说明城市民族关系不融洽，需要其他变量来互证；由结婚反映出的民族关系多为夫妻、家庭、亲戚等关系掩盖，民族离婚现象则会对局部民族关系带来一定损害。[②]

5. 民族认同

通常情况下，当民族成员对本民族身份的认同意识弱化时，自然就更容易与其他民族成员交往和融合；反之，当民族成员强化对本民族身份的认同时，就会妨碍与其他民族成员的交往和融合。同时，民族认同意识的强或弱本身与社会制度和来自其他民族成员是接纳还是排斥的态度又有直接的关系。[③]

6. 宗教因素

宗教虽然不是构成每一个民族的核心要素，但无疑是最敏感的因素。注意宗教的特殊重要性，把宗教与其他语言、习俗等文化因素区别开来，单独列为影响民族关系的重要因素之一。薛莉认为，当前我国正值城市化的高峰期，在城市多民族的交往过程中城市外来人口数量逐年攀升，以民

[①] 孙乔婧、李佳金：《居住格局：当代民族关系建构的重要因素》，载《贵州民族研究》2018年第3期。

[②] 汤夺先：《论城市民族通婚与城市民族关系——以兰州市为例》，载《中南民族大学学报》（人文社会科学版）2007年第4期。

[③] 蒋连华：《当代中国城市民族关系研究》，民族出版社2011年版，第72—83页。

族宗教为导火索的民族摩擦问题不断。①

7. 饮食习惯

饮食习惯在其他国家可能不会是影响城市民族关系的主要因素之一，但在我国则是不容忽视的重要因素之一。②

8. 制度因素

范锋亮认为，制度不仅赋予社会关系以合法性、稳定性和普遍性，而且也成为人的本体存在方式和发展方式，制度建设和制度创新是构建和谐民族关系的关键所在。在对制度变迁理论和制度遵约理论进行必要阐释的基础上，剖析了和谐民族关系构建中制度建设滞后的现实表现（制度短缺、制度错位、制度悬置、正式制度时有流失及"潜规则"不同程度地存在）及其成因，并从透明度、公平与效率、遵约能力建设、制度惩罚力和社会文化氛围方面提出完善制度建设的若干思考。③

9. 社区文化

李晟赟认为，社区居民都不同程度地存在着角色失调、社区参与障碍、社区互动不畅等情形，给社区族际交往和发展新型族际关系带来了很大的障碍。构建各民族认同的社区文化是多民族社区和谐发展的重要纽带，对于构建现代化背景下新型民族关系具有重要的现实意义，从三个方面提出了构建多民族社区文化的可行性途径。④

10. 经济因素

在深化体制改革和社会主义市场经济发展过程中，我国各地城乡之间的人口流动，西部民族地区与东部、中部地区之间的人口流动十分普遍，这些变化推动西部少数民族地区的经济发展与社会变迁迈上一个新台阶，也使发生在各地区、各层面的民族交往无论在规模上还是在深度上都进入了一个全新的历史时期。马戎对如何理解当前流动人口大潮中出现的城市

---

① 薛莉：《宗教视阈下论思想政治教育对城市民族关系的调和作用》，载《云南社会主义学院学报》2014年第1期。

② 蒋连华：《当代中国城市民族关系研究》，民族出版社2011年版，第72—83页。

③ 范锋亮：《城镇化进程中和谐民族关系的构建：一种制度分析的路径》，载《广东省社会主义学院学报》2017年第1期。

④ 李晟赟：《共同社区文化：城市多民族社区和谐的纽带》，载《昌吉学院学报》2012年第2期。

民族关系进行了初步的分析,要从国家发展战略的高度来看待跨地域的各族人口流动,提出各族劳动者在全国经济结构中的均布和相互"嵌入",逐步建立一个全国范围的劳动力市场,提出对今后城市民族工作的几项建议。①

除了以上一些因素外,林钧昌认为,城市民族关系中的不协调因素包括:大民族主义和地方民族主义、经济因素、文化因素、居民的心理。②张劲松认为,城市民族关系的静态因素包括民族宗教因素、民族心理及民族意识因素、地理环境因素、民族文化及历史因素、政治结构因素;城市民族关系的动态因素包括经济结构因素、外部影响因素、民族迁移因素、民族政策因素、突发事件因素。③汤夺先认为,影响我国城市民族关系的因素主要有以下四个,即:城市少数民族流动人口问题,全球化背景下的媒体宣传问题,清真饮食业的清真不清或者假清真问题,城市少数民族职工下岗问题。④高永辉、陈纪、贾东海认为,少数民族人口城市化进程正在深刻地影响着城市民族关系,既为构建和谐民族关系提供了良好契机,又给民族关系稳定带来了挑战。⑤

(三) 城市民族关系的调控机制

汤夺先提出,构建应对城市少数民族流动人口问题的城市民族关系调控新机制,应由事前防范预警机制、事中排解应对机制、事后处理弥补机制组成,尤其应重视事前防范预警机制的作用。⑥

蒋连华认为,城市民族关系调控的基本原则是把握民族关系调控的

---

① 马戎:《关于当前中国城市民族关系的几点思考》,载《西北民族研究》2009年第1期。
② 林钧昌:《城市化进程中的城市民族问题研究》,中央民族大学出版社2009年版,第167—168页。
③ 张劲松:《经济转型期城市民族关系的影响因素及预警调控研究》,载《广西民族研究》2010年第2期。
④ 汤夺先:《试论影响城市民族关系的几个因素》,载《黑龙江民族丛刊》(双月刊)2003年第6期。
⑤ 高永辉:《城市化进程对民族关系的影响研究》,载《贵州民族研究》2015年第11期;陈纪《论城市化进程对民族关系发展的作用与影响》,载《广西民族研究》2012年第3期;贾东海《城市化进程中影响民族关系的因素》,载《贵州民族报》2016年1月4日第A03版。
⑥ 汤夺先:《城市少数民族流动人口问题与城市民族关系》,载《黑龙江民族丛刊》(双月刊)2008年第1期。

长期性和系统性;坚持中国共产党在调控主体中的指导地位;不断完善保障我国各民族政治、经济、文化、社会权利的政策。调控机制以民族工作网络为主体,以城市民族工作法制建设为保障,以多种调控措施为手段的一种调控工作模式。①

林钧昌认为,建立和完善新时期处理城市民族关系问题的机制,一是建立健全城市民族法律法规体系,为协调城市民族关系提供法律保障;二是领导重视,工作机构健全,各职能部门密切配合,为协调民族关系、开展民族工作奠定基础;三是加强民族政策和民族团结教育,为正确处理民族关系创造良好的社会环境;四是加快城市少数民族的经济和社会发展,为正确处理民族关系奠定坚实的物质基础;五是建立处理城市民族关系突发事件的快速反应机制②;六是创建民族团结进步活动机制;七是强化信访问题日常处理机制;八是建立监督检查、表彰奖励机制。③

杨军认为,建立民族关系预警系统的必要性体现在国内外形势发展的需要、实现民族平等团结的需要和维护各民族利益的需要。要建立健全民族关系预警系统,一是建立民族关系预警评价指标体系是建立民族关系预警系统的重要内容;二是完善民族关系预警系统法制建设是建立民族关系预警系统的重要保障;三是加强民族关系预警系统的队伍建设是建立民族关系预警系统的重要支持;四是建立网络,确保实时监控是建立民族关系预警系统的保证;五是奖惩分明、责任到位是建立民族关系预警系统的重要措施。④

---

① 民族工作网络以党委、人民代表大会、政治协商会议、民族工作机构和民委委员单位、城市民族社团为主体;城市民族工作法制建设以城市民族工作法制建设的重要性、内容广泛性、实践性为保障;以多种调控措施,即恒常性调控措施、战略性调控措施、关键性调控措施为手段。参见蒋连华《当代中国城市民族关系研究》,民族出版社 2011 年版,第 195—211 页。

② 快速反应机制:决策协调机制;建立民族工作网络机制;建立信息通报机制;快速反应、迅速到场;准确定性、依法处理;依靠上层人士、协调各方工作,处理突发事件;给正当的民族情绪提供适当的化解机会;事后回访、总结经验。参见林钧昌《城市化进程中的城市民族问题研究》,中央民族大学出版社 2009 年版,第 317—323 页。

③ 林钧昌:《城市化进程中的城市民族问题研究》,中央民族大学出版社 2009 年版,第 317—323 页。

④ 杨军:《论民族关系预警系统的建立》,载《满族研究》2012 年第 3 期。

高永久、左宏愿认为，要有效协调城市民族利益关系，就必须构建长效的民族利益关系协调机制。①

(四) 城市民族关系的发展态势

郑信哲认为，城市民族关系发展趋势，一是快速的城市化进程促使城市居民多民族化现象愈益突出，城市日益成为各民族成员之间的主要交会点和民族关系问题的主要引发区，城市民族问题将变得越来越复杂多样；二是城市少数民族人口日益增多，而各民族之间在广泛联系、交往过程中，加深相互了解，并在互相理解、互相包容、互相尊重的基础上，进一步发展平等、团结、互助、和谐的民族关系；三是城市作为一个各民族的"大熔炉"，随着民族间相互影响的加深和异族间通婚现象的增多，各民族之间共同性因素逐渐增加，各民族文化有可能被统一的城市文化所吸收和涵化，民族之间的界限逐渐淡薄，民族特点出现趋于减少、淡化的趋势；四是在城市民族关系发展中，各民族之间相互适应、相互涵化和友好相处虽然占主流，但是不同民族之间和不同文化之间的碰撞、冲突现象也会时有发生。如果处理不当，会给民族关系带来不良影响，造成民族关系之裂痕。②

郑信哲、周竞红认为，当前城市民族关系的基本评价：一是在民族平等原则下，少数民族的政治权利得到保障；二是迁入城市的少数民族大多接受了现代学校教育，文化素质相对较高，已成为城市建设的重要人才；三是民族文化在适应现代化与城市化的同时，成为城市新文化的重要组成部分，在丰富城市文化的同时丰富着自己；四是城市少数民族的风俗习惯、宗教信仰以及语言文字使用得到普遍的尊重和保障；五是城市少数民族教育得到极大的发展。③

(五) 城市民族关系的个案研究

林钧昌、赵强以威海市为例，提出应加强民族政策和相关法律法规宣传，健全民族宗教管理机构，建立起维护城市民族关系的法律机制，同时

---

① 高永久、左宏愿：《适应我国城市民族关系和谐发展态势的利益协调机制研究》，载《西北民族大学学报》2011年第6期。
② 郑信哲：《论新时期城市民族关系发展态势》，载《满族研究》2013年第2期。
③ 郑信哲、周竞红：《少数民族人口流动与城市民族关系研究》，载《中南民族大学学报》(人文社会科学版) 2002年第4期。

加大对民族经济的扶持力度,构建起和谐的民族关系。①

魏丽萍以武汉市为例,探索坚持和加强民族工作机制建设,加强"八个机制",确保"八个到位",有力地维护了和谐团结的城市民族关系。②何乃柱以上海为样本,分析率先将社会工作引入城市社区民族工作并取得了良好的效果,成为社会管理创新的成功范例。提出购买社工机构服务、招募少数民族社工服务社区少数民族以及实现社工、社区和社团的互动等成功的上海经验值得推广,但要避免行政性干预过强等问题。③

刘有安、张俊明以青海省西宁市为例,提出要建设一个多元文化共存与多民族和谐相处的多民族城市,需要民间层面和政府层面的共同努力。在民间层面,不同民族要在正确认知其他民族文化的基础上加强交流与互动;在政府层面,政府要做好城市民族工作的管理与服务,宣传民族政策、促进民族间的理解与宽容。④

武汉市民族事务委员会以武汉市为个案,对当前城市民族关系的特点、影响城市民族关系的主要因素进行了调查和分析,结合武汉市民族工作实践提出了要构建城市和谐民族关系调控机制的观点,并从加强调控主体、完善调控手段、确立调控效果评估体系等方面对调控机制进行了研究

---

① 林钧昌、赵强:《城市化进程中和谐民族关系的构建——以威海市为例》,载《贵州社会科学》2008年第7期。

② "八个机制""八个到位"是指:强化四级民族工作机制,确保和谐城市民族关系组织到位;推行三项目标管理机制,确保和谐城市民族关系责任到位;完善宣传教育工作机制,确保和谐城市民族关系舆论支持到位;深化少数民族民生保障机制,确保和谐城市民族关系物质基础到位;健全少数民族干部培养机制,确保和谐城市民族关系队伍到位;创新少数民族流动人员工作机制,确保和谐城市民族关系引导服务到位;探索立体援藏工作机制,确保和谐城市民族关系成效到位;巩固"四共两联合"工作机制,确保和谐城市民族关系协调到位。参见魏丽萍《加强民族工作机制建设构建和谐城市民族关系——以湖北省武汉市为例》,载《广西社会主义学院学报》2011年第2期。

③ 何乃柱:《社会工作介入城市散杂居社区民族工作的新探索——上海样本的启示》,载《广西民族研究》2013年第4期。

④ 刘有安、张俊明:《影响多民族城市族际交往的因素及对策建议——以青海省西宁市为例》,载《贵州民族研究》2014年第2期。

探讨。①

李丽萍以新疆为例，分析了宗教对城市民族关系的影响及其复杂性。②

张继焦对我国蒙古族、朝鲜族、彝族、傣族、白族、回族六个少数民族的跨族通婚情况进行分析，认为跨族婚姻的人口基础是城市经济结构的变化导致民族人口出现多元化，其社会基础是城市社会结构的变化导致各民族之间的交往频繁；影响跨族婚姻的一些主要因素包括：国家的少数民族优惠政策、本民族的聚居程度和民族内部的交往程度、语言、宗教等；跨族婚姻所产生的影响主要有：对民族身份选择和民族认同等产生了显著的影响，不但是影响城市民族关系的一个主要因素，也是测量城市民族关系的一个主要变量。③

陈永亮以成都市满蒙人民学习委员会为例，分析其在成都市民族关系发展中的作用在于协助政府工作，促进民族团结；展现民族精神和社会责任，促进民族互助；弘扬传统民族文化，促进民族关系和谐。④

汪春燕认为，西北城市民族关系态势必然反映到社会生活的众多层面，渗透于文化的内容之中，甚至会冲击到传统的族际关系文化的理念；并从四个层面分析了文化濡化对西北城市民族关系的影响，认为文化濡化的表现可分为纵向的代际传承和横向的同代传播。在此基础上提出进一步优化濡化环境，强调巩固西北城市平等、团结、互助、和谐的民族关系，不仅需要濡化，而且需要强化濡化能力。⑤

李吉和分析中、东部地区城市民族关系现状，主要是城市少数民族成分增多，人口增长较快，城市民族更为多元化，城市少数民族居住格局大

---

① 武汉市民族事务委员会专题调研小组：《关于武汉市构建城市和谐民族关系调控机制的调研报告》，载《民族研究》2001年第6期。

② 李丽萍：《对引导宗教发挥积极作用的思考——以促进新疆城市民族关系发展为视角》，载《山西社会主义学院学报》2016年第2期。

③ 张继焦：《少数民族移民在城市中的跨族婚姻——对蒙古族、朝鲜族、彝族、傣族、白族、回族的调查研究》，载《广西民族研究》2011年第4期。

④ 陈永亮：《试论城市少数民族社团在民族关系发展中的作用——以成都市满蒙人民学习委员会为例》，载《满族研究》2011年第2期。

⑤ 汪春燕：《文化濡化背景下的西北城市民族关系》，载《黑龙江民族丛刊》（双月刊）2012年第2期。

分散、小聚居特点逐渐弱化，散居化趋势明显，少数民族的风俗习惯和宗教信仰得到尊重，城市少数民族经济发展，城市化水平有很大的提高，城市中的少数民族受教育程度高，享有广泛的参政、议政权利，族际通婚增多等。①

张立哲、马幸荣以伊宁市 A 社区为例，通过社区文化教育、社区互助救济、社区就业保障，摸索出实现少数民族居民"社会身份认同""情感认同""政治制度认同"的具体做法，成为城市多民族社区民族关系和谐的成功范例。②

林钧昌、赵强以威海市为例，研究城市中少数民族人口的增加，在繁荣城市经济、丰富城市文化等方面起到了积极的作用。在民族间交往增多，共同性和包容性不断增强的同时，也出现了一些新的问题。针对新的情况，应加强民族政策和相关法律法规宣传，健全民族宗教管理机构，建立起维护城市民族关系的法律机制，同时加大对民族经济的扶持力度，构建起和谐的民族关系。③

魏新春对成都市的调查显示，成都市少数民族的居住状况是杂（混）居格局。杂（混）居格局的重要标志是不同民族在城市中均有分布，且大量少数民族人口与汉族居民互为邻里。其居住格局呈大杂居、小聚居状态。成都市民族工作的重心应放在对民族关系的调适上。④

李吉和对武汉市民族关系进行了较全面的研究，指出武汉市制定规范民族法规政策，保证了少数民族在政治、教育、文化、经济等方面的和谐发展；少数民族居住的散居化趋势明显，扩大了民族间的交流；少数民族从事职业多元化，扩大了各民族之间的交往层次；民族通婚率的提高，有利于各民族的相互了解和尊重；少数民族流动人口权益保障，成为武汉市

---

① 李吉和：《中、东部地区城市民族关系研究》，民族出版社 2013 年版。
② 张立哲、马幸荣：《城市多民族社区民族关系和谐问题研究——以伊宁市 A 社区为例》，载《伊犁师范学院学报》（社会科学版）2015 年第 1 期。
③ 林钧昌、赵强：《城市化进程中和谐民族关系的构建——以威海市为例》，载《贵州社会科学》2008 年第 7 期。
④ 魏新春：《城市化进程中少数民族居住格局及民族关系的调适——以成都市为例》，载《西南民族大学学报》（人文社会科学版）2013 年第 5 期。

民族关系的重要内容。①

温士贤、沈萍通过对珠三角地区少数民族群体的研究发现，其族际交往活动呈现常态化、多元化、社区化、内卷化的特点。笔者对影响城市族际交往的主要因素进行分析，并就进一步改善城市民族关系提出对策建议。②

三 云南民族关系和城市民族关系研究

云南城市民族关系的形成基于云南民族关系的历史，又与城市化进程息息相关。云南民族关系和云南城市民族关系研究已有的学术成果和全国范围的研究成果相比，研究领域和研究深度都显不足。正确认识和梳理云南民族关系研究和云南城市民族关系研究，对开展城市民族协调工作，增强民族团结与和谐社会具有重要的现实意义。

（一）云南民族关系研究

云南民族关系的研究主要集中在格局特点、影响因素、现状和路径、成就与经验以及区域和历史研究等方面。

1. 格局特点

郭家骥认为，云南保持着在全国各省市自治区中民族成分最多、独有民族最多、跨境民族最多、少数民族人口居全国第二的多民族格局；继续保持并发展了各民族大杂居、小聚居、交错杂居的民族分布格局；继续保持并加深了各民族同源异流、异源合流又源流交错、不断分化融合而你中有我、我中有你又各具个性的源远流长的血缘和亲缘关系；继续保持和加强了以汉族为主体又与众多少数民族长期共存、共生互利的民族人口结构和基层社会结构；经过中华人民共和国成立后 60 多年国家与云南地方交互作用的深入发展，云南与祖国内地已经结成紧密不可分割的政治、经济、文化、社会和谐生态实体；继续保持并加强了山区与坝区之间、边疆与内地之间、跨境民族之间以及各民族之间的优长互补、相互依存的经济

---

① 李吉和：《武汉市民族关系研究》，载《中南民族大学学报》（人文社会科学版）2008年第4期。

② 温士贤、沈萍：《族际交往与城市民族关系研究——以珠三角地区为例》，载《黑龙江民族丛刊》（双月刊）2017年第5期。

文化联系,历史上坝区民族统治山区民族、大民族统治弱小民族的政治关系已经不复存在;继续保持并加强了历史上占主导地位的云南各民族相互吸收、相互依存、友好合作、共同发展的关系,历史上不占主导地位的各民族相互矛盾、相互排斥、隔阂冲突以致武斗的关系仍存在,但是都得到了有效的疏导、化解、控制和管理;云南各民族作为中华民族多元一体格局中不可分割的一部分的事实和自觉意识也得到了进一步巩固;民族区域自治制度保障了少数民族在政治、经济、文化、生活和生态各项事务中的平等权利,为建设和谐民族关系奠定了政治基础,提供了制度保障;云南各民族在延续和保持传统的和谐因素、抑制不和谐因素的过程中,已经稳定地建立了平等、团结、互助、和谐的社会主义民族关系,云南各民族从部落林立、土官遍野、各擅山川、互不统属的分裂状态,逐步成为中华民族多元一体格局中不可分割的一部分。[①]

2. 影响因素

付明银、付杰认为,民族政策的价值取向决定着民族关系的状态,发展和谐的民族关系一直是党的民族政策的核心理念。[②]

郭家骥以中华民族关系和云南民族关系格局为对象,探讨了地理环境对民族关系的影响。民族关系是在特定的自然环境和民族分布格局基础上,不同民族在物质生产过程中进行经济文化交流而形成的。由中华大地辽阔的疆域和复杂多样的地理条件所决定的中华民族的多元起源和多民族长期共存的格局,是中华民族关系形成和发展的前提和基础;中国地理环境的区域多样性和整体统一性相互联系、共同作用的结果,使得中华民族及其文化既表现为多元、多区域、多中心不平衡发展,又呈现出多元、多区域、多中心文化向中原文化内向汇聚和中原文化向四周辐射的特点,对中国民族关系史上统一与分裂交替出现,统一长于分裂并日益巩固这一历史大趋势的形成和发展,产生了深远的影响;东西两大块、南北三带的地理特点,使汉族的农耕文化和众多少数民族的游牧文化形成分野清楚而又天然地互相依赖、互相补充的关系。独特的地理

---

① 郭家骥:《云南民族关系调查研究》,中国社会科学出版社 2010 年版,第 535—536 页;《云南民族关系的历史格局、特点及影响》,载《云南社会科学》1997 年第 4 期。

② 付明银、付杰:《党的民族政策与边疆多民族地区和谐民族关系的构建》,载《学术探索》2014 年第 1 期。

区位特点使云南自古以来就是中国的西南门户和连接祖国内地与东南亚、南亚国家的通道，加强了云南各民族与祖国内地、云南各民族与东南亚、南亚国家民族以及云南各民族的相互关系；云南各民族在多样的自然条件下形成的多种经济文化类型，有利于各民族之间互相依存、优长互补的民族关系的形成和发展；由云南地理环境所自然形成的"边内结构"和"山坝结构"，对云南民族关系格局的形成与发展产生了重大而深远的影响。①

禹紫灵指出，影响民族关系的主要因素包括居住格局、语言使用、社会交往、民族意识、宗教信仰、风俗习惯等。②

李智环提出，在"一带一路"的语境中，民族间的交往方式、利益关系以及复杂性，都正在或已经发生深刻改变。宗教问题、恐怖主义与极端民族主义、跨境民族问题、地缘政治因素、散杂居民族问题等成为影响新时期民族关系的主要问题。③

何博指出，正确理解民族和谐的内涵是构建民族和谐的理论基础，多民族云南的基本省情是构建云南省民族和谐的现实依据。经济社会发展水平、多元民族利益的差异与冲突、复杂的国际环境等成为云南省构建民族和谐的客观桎梏；民族事务工作价值理性的迷失、调控机制无力、民族事务日常工作的低效等是制约云南省民族和谐进程的主观因素。④

张庆松指出，云南多元宗教的客观共存对民族关系产生不可忽视的影响，从宗教信仰自由政策、宗教宽容、宗教生态平衡和宗教认同等方面分析了多元宗教对云南民族关系有益的和不利的影响，同时指出宗教民俗化是云南多宗教与民族关系未来走向的可能路径之一。⑤

伍雄武认为，民族的多样性及和谐并存，是云南的突出特点。云南各

---

① 郭家骥：《地理环境与民族关系》，载《贵州民族研究》2008年第2期。
② 禹紫灵：《多民族社区和谐民族关系建设研究——以云南为例》，载《学术探索》2016年第10期。
③ 李智环：《论"一带一路"语境中的"民族走廊"及民族关系——基于云南的研究》，载《贵州民族研究》2016年第1期。
④ 何博：《云南的民族和谐及其影响因素》，载《保山学院学报》2011年第1期。
⑤ 张庆松：《云南多元宗教对民族关系的影响》，载《学园》2010年第6期。

民族传承和保持文化多样性的历史经验就是宽容，即对文化多样性的宽容，对民族差异的宽容。云南各民族之所以能宽容，一是在既定的自然、历史条件下不得不宽容；二是根据自己的民族精神选择了宽容。多样性的宽容和多样性的并存，是构建和谐社会的重要因素。①

3. 现状和路径研究

李若青认为，坚持分类指导、完善政策体系、强化队伍建设、加强调查研究、开展民族团结教育等措施，才能体现和谐发展的精髓与理念，才能建成"中国特色、云南模式"的示范区。②

赵世林、赵瑛提出，努力构建和谐的社会主义民族关系，一是要加快少数民族地区社会经济发展，努力缩小地区差距和民族差距；二是要弘扬少数民族优秀的传统文化，增强传统文化的精神维系和纽带作用；三是要加强民族团结及爱国主义教育，坚决反对民族分裂，维护国家统一；四是要坚持和完善民族区域自治制度，加强少数民族干部队伍建设。③

郭家骥回顾了改革开放30年云南民族关系的发展变化历程，总结了其中所蕴含的丰富经验，揭示了云南民族关系面临的问题并提出了相应的对策建议，对于巩固云南民族关系长期和谐发展的局面，实现全国全省的长治久安，具有重要意义。④ 云南民族关系现实格局存在十大基本特点，现实的云南民族关系进入了历史上最好的时期，同时也进入了矛盾和问题多发的时期。历史和现实的经验都证明，国家权力在协调民族关系中发挥着关键作用，所以应从经济、政治、文化、社会、生态和国际影响诸方面，运用国家力量推动云南民族关系持续和谐发展。⑤

和跃宁、罗琼芳指出，云南民族地区的民族关系从总体来看是和谐的、巩固的和发展的，但还存在着一些问题，主要是云南部分民族地区的

---

① 伍雄武：《对多样性的宽容——论云南民族关系的历史经验之一》，载《思想战线》2005年第6期。
② 李若青：《以和谐发展推动民族团结稳定示范区的建设》，载《云南民族大学学报》（哲学社会科学版）2011年第6期。
③ 赵世林、赵瑛：《云南民族关系与构建社会主义和谐社会》，载《云南民族大学学报》（哲学社会科学版）2006年第4期。
④ 郭家骥：《改革开放三十年云南民族关系的发展演变》，载《学术探索》2009年第3期。
⑤ 郭家骥：《云南民族关系现状与未来发展的思考》，载《云南社会科学》2010年第5期。

民族矛盾和纠纷日益凸显，影响和谐民族关系的因素有所增加。从政治学的视角出发，分析影响民族关系不和谐的根源，探讨实现云南民族地区民族关系和谐发展的政治机制。①

王延中、宁亚芳指出，云南是我国民族种类分布最多的省份，团结友爱、互惠共生、共同发展始终是云南各民族间民族关系发展的主流。云南省不断创新民族工作思路和方法，创造了民族团结、边疆稳定的"云南经验""云南模式"，受到社会各界的高度肯定。在民族团结进步边疆繁荣稳定示范区建设的推动下，和谐的民族关系与"示范区"建设形成了良性互动，并产生了云南民族地区经济社会和谐发展和完善民族关系的内生驱动力。各民族成员是"示范区"建设的参与主体，基于他们的主观认知和评价视角的实证分析表明，云南各民族成员在主观上认同了云南当前民族关系的和谐现状，以开放、包容、互信的态度和行动积极参与民族间的交流，对云南和谐的民族关系做出了积极评价。②

禹紫灵提出，构建多民族社区和谐民族关系要加强多民族社区政治建设，推进多民族社区文化繁荣，以社会主义核心价值观引领民族文化传承与创新，支持多民族社区加快经济社会发展，加快多民族社区社会事业发展，大力推进多民族社区人力资源开发和人才队伍建设。③

付明银、付杰指出，作为一个多民族的边疆省份，云南在运用党的民族政策构建和谐民族关系中取得了良好成效，其做法对边疆多民族地区和谐民族关系的构建具有重要的借鉴意义。但在当前深刻变化的国际、国内背景下，还有必要进一步强化"多元一体"的民族政策价值取向，构建权利义务对等的民族政策输出机制，构建必要的民族意识调控机制，建立边疆多民族地区公共危机应急处理机制，建立以法律手段为主的民族政策

---

① 和跃宁、罗琼芳：《论构建云南民族地区和谐民族关系》，载《云南行政学院学报》2010年第6期。

② 王延中、宁亚芳：《云南民族关系现状调查与评价》，载《云南社会科学》2014年第4期。

③ 禹紫灵：《多民族社区和谐民族关系建设研究——以云南为例》，载《学术探索》2016年第10期。

实施方式，以实现党的民族政策持续促进边疆多民族地区民族关系的和谐。①

4. 成就与经验研究

伍雄武认为，民族和民族文化的问题是当代一个引人注目的、重大的热点问题，而一与多、统一性（共性）与多样性的关系，是其中的关键问题。对于正确认识和处理这个关键问题，中华民族数千年的历史中包含着极有价值的思想资源，因为，中华民族是一与多的统一、共性与多样性的统一，即一个多元一体结构的民族实体。中华民族的这种多元一体的结构，在云南表现得最为明显和典型，由此，总结云南民族如何形成多元一体结构的历史经验，对于认识我国多元一体的民族关系，进而认识当代民族与文化的世界性问题，都具有重要而普遍的意义。②

郭家骥在改革开放30年时，总结经过改革开放30年的开拓进取，云南民族地区各方面的发展都取得了显著成就，着重强调维护民族团结和边疆稳定关系最为紧密的成就：一是经济持续快速增长；二是民族教育快速发展；三是少数民族干部和人才队伍不断壮大。其基本经验可以概括为一是各级党委、政府高度重视民族问题，切实加强对民族工作的领导；二是因地制宜、因族举措，实事求是地进行分类指导；三是采取切实措施加快少数民族和民族地区的经济社会发展；四是大力培养选拔少数民族干部；五是坚持"团结、教育、疏导、化解"的方针，妥善处理民族关系；六是创造性地实行民族团结目标管理责任制，有力地保障了云南的民族团结和边疆稳定。同时作者认为，亲密融洽的民族关系是云南最宝贵的财富。在历史形成、世所罕见的民族文化多样性基础上，深刻认识民族文化的珍贵价值、用民族文化推动经济社会发展、用民族文化促进生态环境保护、用民族文化增进民族团结、结合民族文化加强基层党建工作、用民族文化开展民族团结教育、用跨境民族文化交流互动促进边疆繁荣稳定，构成应用民族文化推动民族关系亲密融洽的云南经验。其核心要义是：在对伟大祖国、中华民族、中华文化、中国特色社会主义道路和中国共产党"五

---

① 付明银、付杰：《党的民族政策与边疆多民族地区和谐民族关系的构建》，载《学术探索》2014年第1期。

② 伍雄武：《多元一体——论云南民族关系的历史经验之一》，载《云南师范大学学报》（哲学社会科学版）2005年第5期。

个认同"的凝聚和统领下,尊重、包容、欣赏、鼓励、支持、帮助民族文化多样性繁荣发展,是推动民族关系亲密融洽的重要动力。①

马光选、刘强认为,当前关于民族关系与民族问题的处理存在政治化路径、文化化路径、法治化路径和经济化路径四种方式。这四种路径均存在以下缺陷:只见管理者理性,不见群众理性;只见正式制度安排,不见群众日常生活;只见建构秩序,不见自发秩序。从云南民族团结实践经验来看,云南民族关系处理模式有着自身的特殊性,可以归纳为一种"互嵌—共生"关系模式,而多民族公共生活的生成是这一关系模式的归因和结果,具体体现为公共生活资源享用机制、公共生活空间营造机制以及公共文化生活黏合机制的建构。这就充分揭示了云南民族关系和谐有序的秘密之所在。②

陈建樾认为,云南是老一辈人类学家和民族学家长期观察和研究的地区,也是中国民族识别和民族工作的重点地区,云南的民族工作由此具有较为突出的特点和特色,总结并从中发掘、整理、归纳规律性的经验,无疑具有特别重要的意义和价值。③

王延中、管彦波认为,云南省立足基本省情,积极探索和实践中国特色民族地区发展改革稳定之路,走出了一条具有中国特色、云南特点的民族工作路子,并在民族工作创新、少数民族干部培养、民族文化繁荣、民族关系和谐等方面创造了宝贵经验,在全国民族地区发挥了示范作用。文章在总结云南民族团结示范区建设的实践特色及基本经验的基础上指出,民族团结、边疆稳定是一个动的过程,在云南民族团结示范区建设中,如何始终致力于各民族的平等、团结,围绕民族问题谋发展,围绕民族关系促稳定,围绕民族事务推改革,围绕民族文化求繁荣,认真处理好改革、发展与稳定的关系,依然面临着困难与挑战,并就此提出了对策和

---

① 郭家骥:《民族文化推动民族关系亲密融洽的云南经验》,载《云南社会科学》2016年第6期。

② 马光选、刘强:《民族关系的"互嵌—共生模式"探讨——对云南省民族关系处理经验的提炼与总结》,载《云南行政学院学报》2016年第6期。

③ 陈建樾:《民族团结进步与边疆繁荣稳定:处理民族问题的"云南经验"》,载《兰州学刊》2014年第10期。

建议。①

5. 区域和历史研究

苍铭以个案入手，分析云南户撒和双河两个多民族乡村，两地的民族关系状态反映出云南各民族"分而不离"与"和而不同"的两种民族关系类型，它表明各民族保持文化的多样性，依然可以和谐相处；民族间密切交流，也能够保持文化的特色。②

冯润通过对云南省昭通市青岗岭乡的居住格局、族际交往、族际通婚及其态度的社会学考察得知，混杂居模式和深入持久的族际交往有利于促进积极的民族关系，增强民族宽容，而宗教信仰是影响民族关系的深层次因素。③

郭家骥的研究表明，由于生态环境和资源物产不同，生活在云南西双版纳山区的基诺族和坝区的傣族，在长期的历史发展过程中形成了适应各自环境的生计方式和互利互惠、优长互补的民族关系格局。随着橡胶引种成功和改革开放以来民营橡胶的大规模发展，橡胶种植业取代传统生计方式成为山区和坝区共同的、单一的支柱产业，导致传统的民族关系格局发生改变，并带来了一系列新问题。保护生态环境和民族文化与经济发展的矛盾，将会成为影响西双版纳未来民族关系发展的主要矛盾。④

李志农、顿云指出，当前云南藏区共时性研究中缺乏一种历史纬度的思考，云南藏民族形成与发展的历史及其文化特征说明，一个民族内部在族群演变进程中嵌入交融、多元汇聚的内部关系结构，就能实现交融、开放和多民族文化的共享。⑤

黄彩文指出，明代大量汉族移民进入云南并定居下来，从而使云南人

---

① 王延中、管彦波：《云南建设民族团结示范区与和谐民族关系的基本经验及启示》，载《民族研究》2014 年第 3 期。

② 苍铭：《"分而不离"与"和而不同"——云南双河、户撒民族关系考察》，载《中央民族大学学报》（哲学社会科学版）2011 年第 1 期。

③ 冯润：《对民族关系的社会学考察——以云南昭通青岗岭乡为例》，载《云南民族大学学报》（哲学社会科学版）2015 年第 5 期。

④ 郭家骥：《生计方式与民族关系变迁——以云南西双版纳州山区基诺族和坝区傣族的关系为例》，载《云南社会科学》2012 年第 5 期。

⑤ 李志农、顿云：《云南藏区和谐民族关系构建内源性动力研究——以迪庆藏民族发展演变为分析视角》，载《思想战线》2017 年第 5 期。

口的民族构成及分布发生了改变，同时在广大的地域范围内汉族移民与当地土著民族共同生产、生活，形成了汉族与少数民族相互依存，共同发展的民族关系。①

陈斌、朱映占的研究表明，盐对人类社会的发展有较大影响，特别在云南山地众多、交通困难的情况下，这种影响作用尤显重大。折射到民族关系上，盐的影响虽不引人注目，但实际存在，其作用是基础性的。南诏国时期，食盐的生产与民族的发展、民族关系的变化有着紧密的联系。洱海区域的民族崛起与滇西食盐生产的发展有着必然联系。而且盐在南诏国民族及民族关系的发展上起着重要作用，决定着民族关系的发展方向，强烈影响着当时的民族与国家关系。②

龙晓燕从正反两个方面阐述了中华人民共和国成立初期（1949—1976年）云南社会主义民族关系的构建情况并总结了该时期云南民族关系的特点。③

王德强、史冰清对云南藏区民族区域自治政策落实情况与民族关系作了相关考察，认为民族区域自治制度的实现程度与民族关系的和谐呈显著正相关；民族认同与国家认同并不相悖，国家认同高于民族认同，民族认同寓于国家认同中；民族区域自治制度巩固了平等、团结、互助、和谐的民族关系；当代中国各民族的国家认同植根于中国特色社会主义伟大实践中，并将得到进一步巩固和升华。④

管卫江、李青指出，云南各民族的先民很早就在云南这块土地上共同栖息繁衍，各民族在漫长的岁月中，通过各种形式的交往，结成了少数民族与汉族之间、少数民族相互之间多源多流、源流交错的复杂关系。云南各民族在多样的自然条件下形成的多种经济类型和多元民族文化形态，构成了今天云南各民族间一种源远流长的血缘相亲关系，形成了你中有我、

---

① 黄彩文：《试论明代云南民族关系的特点》，载《中南民族大学学报》（人文社会科学版）2003年第1期。
② 陈斌、朱映占：《南诏国时期的盐与民族关系》，载《思想战线》2015年第4期。
③ 龙晓燕：《中华人民共和国成立初期云南民族关系述论》，载《云南财经大学学报》（社会科学版）2010年第5期。
④ 王德强、史冰清：《民族区域自治制度与民族关系和谐的实证研究——基于云南藏区的问卷调查》，载《民族研究》2012年第2期。

我中有你，不断发展、不断交融的民族杂居关系格局。①

高宏、王小波认为，云南民族众多，学者对民族关系史的研究著述也颇多，但侧重于古代民族关系史，跨境民族关系以及同一语族内部各民族关系的研究。其观点倾向于站在各个中央政权的角度，对政策内容、影响予以考证。而对于人口较少、发展程度相对迟缓的一些民族关注较少，对于近现代的民族关系研究相对薄弱。②

周家瑜指出，十年来，云南民族关系史研究在云南各民族族源研究、古代云南民族关系研究、云南民族关系与社会发展研究方面均取得了突出成果，但对当前云南民族关系的研究以及采用多学科研究云南民族关系方面仍显不足，需要加强。③

张媚玲、张曙晖通过对西南边疆近代民族关系史研究专著和论文的梳理，发现该领域的研究十分薄弱，主要表现为研究学者不多，研究成果少、不系统，研究视野大多局限于传统革命史范畴，尚未构建起与西南边疆近代民族关系史相适应的研究框架。④

(二) 云南城市民族关系研究

有关云南城市民族特点、城市民族工作、城市少数民族流动人口、有关城市民族关系的现状研究是云南城市民族关系研究的主要构成，但是研究成果较少，难以有效指导实践工作的发展。

1. 有关云南城市民族特点的研究

杨剑波分析云南少数民族的城市化特点及发展趋势。城市的民族结构发生了明显变化；城市中形成了各少数民族文化圈的雏形；城市少数民族就业日趋多元化。新时期进入城市的少数民族有以下的特点和变化：一是少数民族流向城市的数量呈现逐年上升的趋势；二是少数民族流向城市的形式呈现多样化，他们以打工、经商、学习、旅游、婚嫁等多种形式涌入

---

① 管卫江、李青：《云南边疆民族地区杂居民族关系问题刍议》，载《中共云南省委党校学报》2011年第6期。

② 高宏、王小波：《近十年云南民族关系史研究综述》，载《保山师专学报》2007年第6期。

③ 周家瑜：《近十年云南民族关系史研究综述》，载《边疆经济与文化》2007年第12期。

④ 张媚玲、张曙晖：《近20年来中国西南边疆近代民族关系史研究述评》，载《思想战线》2009年第3期。

城市；三是少数民族流动人口多集中于商业、餐饮业和旅游业，小商小贩占相当比例；四是少数民族流动人口文化教育水平较低；五是部分少数民族流动人口生活在城市最底层，生活质量差；六是少数民族流动人口的居住特点，一般是"大分散、小聚居"，且流动性大。①

蒋守红以昆明为例，指出城市民族特点：一是输入性民族成分增多；二是散居化趋势加大；三是异族通婚家庭增多；四是流动少数民族人口日渐增多；五是少数民族行业分布多样化；六是民族间经济文化交流日趋扩大；七是信仰伊斯兰教的少数民族的宗教意识特征鲜明；八是同一民族的认同意识有增无减。②

2. 有关城市民族工作的研究

李正洪指出，当前分析了开展城市民族工作的主要做法：一是保障少数民族群众的合法权益；二是推动民族工作进社区；三是有效维护民族团结和社会稳定；四是城市民族工作条件有所改善；五是探索做好少数民族流动人口服务管理工作。存在的问题：一是对城市民族工作的重要性认识不足；二是宣传贯彻民族政策法规不到位；三是少数民族适应城市生活和发展面临一系列困难；四是城市民族工作的机制和方法不适应；五是社区民族事务服务体系不完善；六是城市少数民族流动人口服务管理难度加大；七是城市少数民族失地人群民生问题突出；八是维护城市民族团结和社会稳定的任务繁重。③

马泽提出，庞大的流动人口成为潜在的不稳定因素；征地问题凸显成为城乡矛盾热点；与"三股势力"斗争成为城市民族工作重点；资源开发及利益分配不均问题的彰显成为区域性矛盾；政策法规缺位成为城市民族工作的症结。④

盘龙区民宗局介绍了城市民族工作社会化的"五五五"模式，即搭建五个平台，着力打造社会化亮点；建立五项制度，努力提升社会化水

---

① 杨剑波：《云南少数民族的城市化特点及发展趋势》，载《今日民族》2005年第11期。
② 蒋守红：《昆明城市民族工作的思考》，载《今日民族》2009年第11期。
③ 李正洪：《推动城市民族工作创新发展促进民族团结进步边疆繁荣稳定示范区建设》，载《今日民族》2011年第11期。
④ 马泽：《在创新社会服务管理中推进云南城市民族工作》，载《中国民族报》2011年11月4日，第005版。

平；突出五个重点，稳步推进社会化发展。①

3. 有关城市少数民族流动人口的研究

宫静分析了昆明市少数民族流动人口的基本情况、积极作用和存在的问题，对昆明市少数民族流动人口管理现状进行了梳理，并提出了加强昆明市少数民族流动人口管理与服务的建议及对策。②

丁江伦指出，曲靖市少数民族流动人口日益增多，多元文化相互交融，民族意识逐渐增强，散居化趋势明显，工作对象和范围发生变化。分析城市中影响民族关系的问题，除具有敏感性、复杂性、特殊性等特点外，还呈现以下特点：一是处理难度增大；二是群体性突出；三是对抗性趋强。主要做法是建立健全领导体制和工作机制，率先实施并不断完善民族团结目标管理责任制，建立民族团结进步宣传教育机制，建立健全影响城市民族团结矛盾纠纷的排查调处机制。③

4. 有关城市民族关系的现状研究

郭家骥指出，随着云南省社会转型速度的加快，云南已进入社会矛盾和民族问题多发时期，这些多发的社会矛盾和民族问题大多集中在城市，民族问题城市化的特点日趋突出，城市日趋成为民族关系协调的重点和难点地区，民族工作的重点也应随之向城市转移。④

彭冠雄、王锐、沈常玲以昆明为例指出，"和睦相处、和衷共济、和谐发展"是昆明城市民族关系的现实评价。然而城市化的快速发展也给昆明城市民族关系带来了挑战。少数民族流动人口；"二元"户籍制度与"撤乡建镇"；收入差距；民族问题城市化使昆明城市民族关系复杂、敏感的趋势加强。城市民族关系是民族关系的"晴雨表"，我们必须构建和谐的昆明城市民族关系。⑤

---

① 盘龙区民宗局：《盘龙区城市民族工作社会化的"五五五"模式》，载《今日民族》2009 年第 4 期。

② 宫静：《昆明市少数民族流动人口管理与服务问题研究》，硕士学位论文，云南大学，2015 年。

③ 丁江伦：《曲靖市城市民族关系协调工作调研报告》，载《今日民族》2009 年第 7 期。

④ 郭家骥：《云南省城市民族关系面临的问题与对策》，载《云南民族大学学报》（哲学社会科学版）2012 年第 6 期。

⑤ 彭冠雄、王锐、沈常玲：《昆明城市民族关系问题研究》，载《民族论坛》2014 年第 2 期。

第二节 国外研究综述

从古代传统部族社会到现代公民国家，西方社会大多为多族群政治实体。种族、族群关系，始终是西方社会学、民族学最重要的研究领域之一。其研究成果有对族群关系发展的理论分析，又有族群关系演变的实证研究，还有核心专题的经典案例。国外处理民族关系的理论，较有代表性的包括马克思、恩格斯的民族关系理论，苏联的民族关系理论以及美国的盎格鲁遵从论、熔炉理论、文化多元主义论、文化生成论和"文明冲突""文化冲突"论等。西方族群与族群关系研究还涉及内部殖民主义、族群分层、族群迁移、族群隔离、族际通婚、减少族群冲突的优待政策等。

一 类型研究

金炳镐在《民族关系通论》中指出，20 世纪 70 年代前，民族问题的严重性在世界范围内没有引起足够的重视。到 20 世纪 80 年代末 90 年代初，苏联解体和东欧剧变把国内民族关系的严重性骤然暴露，不管是在发展中国家还是在发达国家，民族之间的关系紧张，矛盾和摩擦不断，有的地区甚至爆发流血冲突和大规模的战争。

金炳镐依据民族结构的差别和族体间互动的形态不同，梳理了当今世界国内民族关系的四种基本类型。

（一）一元主导型

当今世界上，大约有 30 个国家基本上是由一个民族形成的国家。在这些国家里，虽然存在少数民族或外来移民，但是他们在全国总人口中所占比例很小；再加上国家在政策上明确地保障人权，反对民族和种族歧视，所以基本不存在民族问题。我们把这个类型称作"一元主导型"。

（二）两元共存型

当今世界有一部分国家在民族成分上基本上是由两个主要民族构成的，从而形成双主体民族结构。这种两元民族结构，在其他因素的作用下，相当普遍地导致民族关系紧张，甚至呈现两极对抗的局面，其中已经爆发过大规模的流血冲突。

（三）多元共存型

当今世界约70%的国家都是由几个（两个以上）、几十个、几百个民族构成的。在这些多民族国家里，有些有主体民族，有些没有主体民族。由于历史的原因和政府的政策比较适当，这些国家中有相当大的一部分，历史上从来没有出现过比较严重的民族对立和民族摩擦，国内各民族能够相互尊重、和睦相处、共同发展。这样的国家在欧洲以瑞士为典范。在非洲以坦桑尼亚为典范，在亚洲以新加坡为典范。中国属于此类国家。

（四）层次混合型

属于这个类型的国家在民族构成上比较复杂，在民族结构下呈现多元互动，在法律和正规的制度上国内各族是平等共存的。但是在社会和经济体系的实际运行过程中，由于某些历史的和现实的因素影响，在某个时候、某个地方、某个领域则形成族际对立和对抗，有时甚至爆发大规模的流血冲突。但由于国内各族在整体上存在着强大的凝聚力，所以这样的对立和对抗对整个国家的统一和发展不会产生根本的威胁。[①]

二 理论和政策研究

西方国家的民族结构和民族关系类型，依据历史和国情不同，大致可以划分为欧洲多民族国家和移民国家两大类，对于如何处理这两类国家的民族关系先后形成了不少理论。根据影响力，本书重点关注欧洲处理民族关系的理论，马克思、恩格斯的民族关系理论，苏联的民族关系理论，俄罗斯联邦民族关系政策理论和美国处理民族关系的政策理论的简要观点。

（一）欧洲处理民族关系问题的双重标准

由于欧洲社会发展历史中形成的欧洲人在体质、文化和宗教等方面的广泛认同以及在社会各个层面上相互交往而不断加深所形成的"欧洲白人"的集团意识，使得欧洲在处理民族关系问题上具有明显的双重标准，即：一种是处理欧洲白种人民族之间关系的标准；另一种是对待所谓

---

① 一元主导型、两元共存型、多元共存型、层次混合型具体内容参见金炳镐《民族关系通论》，中央民族大学出版社2007年版，第198—202页。

"野蛮人"的标准。①

(二) 马克思、恩格斯的民族关系理论

马克思、恩格斯的民族理论是马克思主义理论体系中的重要组成部分。马克思、恩格斯的民族理论内容丰富,就民族关系理论而言,可大体概括为民族是人类社会发展到一定历史阶段的必然产物、生产力决定民族的内部结构和民族之间的关系、每个民族都在某些方面优越于其他民族、只有消灭阶级剥削和民族压迫,才能实现民族团结民族独立和统一是国际和平的保障、民族最终将走向融合和消失等主要理论观点。②

(三) 苏联的民族关系理论

列宁、斯大林在创建苏联和领导苏联进行社会主义建设的过程中,既继承了马克思、恩格斯的民族关系理论,又根据苏联的实际做出了创造性发展,从而形成了马克思列宁主义的民族关系理论。列宁的民族关系理论内容丰富,主要有如下观点:各民族完全平等;各民族拥有自决权,但不希望分离;消除民族间事实上的不平等。斯大林在处理苏联民族关系的理论与实践中,对"民族"概念提出了明确定义,提出区域自治是解决民族问题的一个必要条件,消除民族间事实上的不平等是一个长期的过程,民族问题是社会发展总问题的一部分。斯大林在处理苏联民族关系的理论与实践中做出重要贡献的同时,错误估计了苏联的民族关系形势,强制推行俄罗斯化政策,以阶级斗争手段处理民族问题,公开宣扬俄罗斯民族是苏联最杰出的民族。斯大林逝世后,继任的苏联最高领导人从赫鲁晓夫、勃列日涅夫、安德罗波夫到戈尔巴乔夫,虽然对斯大林的某些错误有所纠正和调整,但对苏联民族关系的理论认识和形势判断仍存在失误,苏联的民族问题仍在日积月累、逐渐激化,成为导致苏联解体的最重要因素之一。③

(四) 俄罗斯联邦民族关系政策理论

苏联解体后,俄罗斯理论界对苏联时期传统的民族关系理论和政策进行了反思,否定了"各民族日益接近和实现完全统一和一致""形成各民

---

① 蒋连华:《当代中国城市民族关系研究》,民族出版社2011年版,第143—154页。
② 郭家骥:《云南民族关系调查研究》,中国社会科学出版社2010年版,第49—51页。
③ 郭家骥:《云南民族关系调查研究》,第52—60页。

族新的历史共同体——苏联人民"的理论，修正了双重主权国家原则和自由退盟的宪法原则，竭力回避民族自决权和民族平等的提法，以淡化民族意识；理论和政策上突出历史上业已形成的统一国家原则，维护俄联邦统一主权；突出各民族的公民权利平等，主张人权和公民权高于民族权利；为苏联时期批判的民族文化自治理论平反，以立法形式确认民族文化自治原则。[1]

（五）美国处理民族关系的政策理论

美国是一个新兴的移民国家，种族和民族关系十分复杂，在其二百多年的历史发展中，关于政府和社会上依据占据主导地位的意识形态处理民族关系的政策理论，美国社会学教授戈登（Milton M. Gordon）在他1964年出版的著作《美国人生活中的同化》一书中把它归纳为"三阶段理论"。蒋连华在《当代中国城市民族关系研究》中对美国处理民族关系的政策理论梳理如下。

1. "盎格鲁-撒克逊化"理论

第一阶段，称为"盎格鲁-撒克逊化"（Anglo-conformity）理论。最充分的表现就是"百分之百美利坚化运动"，本质就是要求外来移民全面、彻底、无条件接受盎格鲁文化模式，成为符合盎格鲁价值取向的美国人。[2] 可以说这是一种单向的"同化主义"政策。

2. "熔炉"理论

第二阶段，称为"熔炉"（Melting-pot）理论。来自不同文化背景的人们，经过美国社会的共同生活和相处，最后都变成具有美国文化特质的"美国人"，与此同时，在美国学界也有不少学者在对美国城市民族关系研究的基础上，提出了居住着大量各族移民的大都市是"民族融合的摇篮"的观点。

3. "文化多元主义"理论

第三阶段，称为"文化多元主义"（Cultural pluralism）理论。伴随着全球化进程的加快和多民族国家中主流社会与少数民族矛盾的上升，多元文化主义作为一种社会思潮登上了当代西方政治思想舞台，日益成为国际

---

[1] 陈联璧：《俄罗斯民族关系理论和政策的变化》，载《东欧中亚研究》1999年第1期。
[2] 冯雪红：《美国民族关系主流理论演变解析》，载《贵州民族研究》2017年第10期。

政治学界、民族学界、社会学界、文化人类学界、教育界研究的话题,并且成为加拿大、澳大利亚、美国等国制定民族政策的重要理论依据。①

民族问题实际上就是民族关系问题,它从来就不是孤立的,而是与民族—国家的地理与历史、国际地缘政治、经济制度、主体民族与少数民族的文化模式以及宗教等诸多因素密切关联。更妥善地解决民族问题,使民族冲突避免演变成战争灾难,是全人类共同面临的问题。在这个领域,多民族国家的政府针对民族问题所采取的公共政策,不仅直接影响到民族国家内部的民族关系,还经常可以决定一个多民族国家的前途是统一还是分裂。②

三 影响因素研究

关于测量民族关系状况的量化指标选择,经典的代表性成果是美国学者戈登提出的对多民族社区中民族关系现状进行衡量的七个指标:文化、社会交往或社会结构的相互进入、通婚、族群意识、偏见、歧视、观念与权力冲突。③ 一些学者对语言、政策和民族互嵌进行了深入研究。

(一) 语言问题对民族关系的影响

语言问题是引发社会冲突的重要变量之一,其中多民族国家在国语、官方语言的选择及推广上若处理不当极易引发族际冲突,对其和谐关系的构建产生不利影响。20世纪五六十年代,印度、原巴基斯坦、斯里兰卡均因"国语"问题导致了严重的流血冲突;苏联各加盟共和国也因对本国国语的推行措施不满而引发了激烈的族际对抗与冲突。独立国家根据本国国情选择一种或几种本土语言作为本国国语,无论作为本国的象征还是族际交际语,都是可以理解的;但对国语、官方语言的选择,必须考虑本

---

① 有关"盎格鲁-撒克逊化"(Anglo-conformity)理论、"熔炉"(Melting-pot)理论、"文化多元主义"(Cultural pluralism)理论的观点,参见蒋连华《当代中国城市民族关系研究》,民族出版社2011年版,第143—154页。

② 关凯:《民族关系的社会整合与民族政策的类型——民族政策国际经验分析(上)》,载《西北民族研究》2003年第2期。

③ 宁亚芳:《我国民族关系现状评价及其影响因素——基于7341份问卷的实证检验》,载《贵州民族研究》2016年第8期。

国语言状况的实际,对其推行也不能操之过急,更不能强制推行;从构建和谐民族关系的角度看,多民族国家在推广国语、官方语言的过程中,应坚持多语主义政策。①

(二) 民族政策对民族关系的影响

民族政策对民族关系的界定只有两种可能:排斥或者接受。从政策研究的角度出发,在历史上以及现实中,以国家为行为主体在国家行政区域内实行的民族政策(更准确地说应该是族群政策,Policies for ethnic groups),在类型区分上可主要分为种族排斥、同化、间接统治制度、区域分割、多元文化主义以及民族区域自治等模式。无论以什么样的政策手段协调民族关系,民族政策的核心无疑是"国家利益"。在"多数民主"的体制下,这种"国家利益"可能在更大的程度上与主体民族的利益具有较高的一致性,但"民主"的含义不仅是"少数服从多数",而是同时需要尊重少数并照顾弱者。在这个历史背景下,"现代性"民族政策需要解决族群与国家之间的联系方式和文化上的"普遍性"与"特殊性"两个问题。前者可以通过族群对公民身份的认同即少数民族的"公民化",促进民族关系的社会整合;同时将一种"绝对的""民族自决权"导向"相对的"或"有限的""民族自决权",即"民族自治",从而在"民族自决"与"国家主权"之间找到一种妥协。而后者,则是在符合"现代性"要求的国家发展战略与少数民族的文化特殊性之间找到一种平衡。②

(三) 民族互嵌对民族关系的影响

从国际经验看,新加坡的"居者有其屋"计划通过"混居"方式增加各民族接触机会;美国不断修正法律实现了多民族平等和谐共处;英国以"教育优先区"填补部分地区和民族的教育弱势等对我国通过民族互嵌建立新型民族关系有一定的启发。③

---

① 何俊芳:《国外多民族国家语言政策与民族关系》,载《中南民族大学学报》(人文社会科学版) 2011 年第 4 期。

② 关凯:《民族关系的社会整合与民族政策的类型——民族政策国际经验分析(上)》,载《西北民族研究》2003 年第 2 期。

③ 胡洁:《民族互嵌式社区的变迁轨迹和变迁机理——来自国际经验的启示》,载《西藏研究》2016 年第 4 期。

四 民族关系格局、趋势和经验研究

自近代由民族国家组成的国际关系体系建立以来,世界民族关系格局经历了欧洲旧均势下西方工业民族对非工业民族的殖民扩张——欧洲新均势下世界范围内压迫民族与被压迫民族的两极对立——两次世界大战后觉醒的被压迫民族与帝国主义和殖民主义的对峙——冷战结束后国际民族关系呈多层交错格局的嬗变。过往经历及现实境况表明:霸权主义和强权政治是引发世界民族矛盾的根源;经济自主与政治独立相辅相成;处理不同层面的民族关系问题不能忽视民族主义因素;建立国际政治经济新秩序是构建平等、互利、和谐的世界民族关系格局的根本途径。[1]

高永久认为,20 世纪中叶以后,世界民族关系的主要问题已经由民族平等问题过渡为民族之间的不平衡问题。展望世界民族关系的未来趋势,民族间的不平衡将继续主导世界民族关系的发展态势。同时,恐怖主义、跨国界民族、全球化、城市化、信息化、国家的民族整合能力等都将从某一方面影响着世界民族关系的未来走势。[2]

刘国军从五个方面概括并阐述了国际社会解决民族问题的成功经验:坚持民族平等是维护民族关系和谐的关键,选择适合本国国情的制度安排是预防民族冲突和解决民族问题的保障,促进经济发展、缩小贫富差距是实现民族和谐的坚实基础,制定符合实际的民族政策是实现民族和谐的重要因素,实行尊重差异、包容多样的多元文化主义政策是实现民族和谐的思想基础。[3]

第三节 研究意义和方法

国内有关城市民族关系的研究已经形成研究热点,已有研究成果为云

---

[1] 唐志君:《世界民族关系格局的嬗变及其启示》,载《内蒙古民族大学学报》(社会科学版)2013 年第 2 期。

[2] 高永久、杨建超:《论世界民族关系的发展趋势》,载《西南民族大学学报》(人文社会科学版)2012 年第 12 期。

[3] 刘国军:《协调民族关系、促进社会和谐的若干国际经验探讨》,载《大连民族学院学报》2011 年第 4 期。

南城市民族关系的研究提供了丰富的理论和实证参考。云南城市民族关系研究仍然是当前民族学、人类学研究相对薄弱的环节，研究成果不够系统、全面，总结和提炼不足，尤其缺乏在分类、深入调查基础上形成的实证探讨，难以发挥对实践工作的指导作用。云南城市民族关系基于云南民族关系，尤其是当代云南民族关系的历史发展，又与城市化进程同步，并在城市化发展的进程中，重构各民族政治、经济、文化、社会的关系。随着城市化进程的不断推进，民族关系的内容更加多元，影响更易传播。面对新的阶段性特征，多角度、多学科加强相关问题的研究，做好城市民族关系协调工作，不仅具有重要的学术意义和现实意义，也是云南民族理论研究与实践发展的重大课题。

一 研究意义

城市民族关系协调工作是当前城市民族工作的重点、联结点和辐射点。让城市更好地接纳少数民族群众，让少数民族群众更好地融入城市，构建和谐的城市民族关系，是全面建成小康社会的重要内容，是我国社会发展的必然，也是全社会责无旁贷的重任。

（一）关系着云南民族地区的城市化进程

自 2015 年以来，我国少数民族流动人口超过 3000 万人，超过了全国流动人口的 10%。以往民族工作所依赖的区域格局、人口构成、民族分布发生重大变化。随着时代的发展，纵向社会分层的变化及横向区域民族人口的加速流动，使得民族因素因此扩展到全社会，民族问题成为公共事务。同全国一样，云南省的经济发展和社会结构正随着城市化进程的推进而发生着深刻的变化。2018 年年末，云南省常住人口 4829.5 万人，城镇化率 47.69%，低于同期全国 59.58% 的水平；2019 年年末，云南省常住人口 4858.3 万人，城镇化率 48.91%，低于同期全国 60.60% 的水平。云南省城市少数民族人口有 296 万人，占城市人口总数的 26.9%。随着新型工业化和城市化发展，未来仍将有大量少数民族人口进入城市，并呈迅速、持续增长之势。城市民族分布更加广泛，构成更加多元，交往交流交融日益加深。在经济体制改革、产业结构调整及城市改造中，因拆迁安置欠妥，以及少数民族的权益保障得不到落实等原因，或因风俗习惯和宗教信仰缺乏得不到充分尊重，容易引发冲突和矛盾。国内外敌对势力甚至打着民族、宗教的旗号，进行着渗透、破坏和颠覆活动等。云南城市民族关系日趋多元化、复杂化，城市成为开展民族关系的协调工作的最重要场域，城市民族关系和谐发展成为云南民族地区城市化进程的重要议题。

（二）关系着云南城市民族地区的经济发展

云南省全面建成小康社会的短板在民族地区，全省471万建档立卡贫困人口，主要分布在特困、边远、革命老区、少数民族聚居区和边境地区，其中少数民族贫困人口占全省建档立卡贫困人口的43.4%；全省15个特有民族贫困人口有191.8万人，贫困发生率为28.2%，高出全省15.5个百分点。部分少数民族和民族地区处于深度贫困状态，特别是4个集中连片地区贫困人口占全省贫困人口的比例高达80%。[1] 少数民族和民族地区最突出的矛盾是经济社会发展和民生改善相对滞后的矛盾。城市民族工作和城市民族关系协调，一头连着城市、一头牵着农村，在推动城市民族地区经济社会发展，补齐短板，促进少数民族回乡创业和推动城乡区域协调发展方面起着特殊、重要的作用。加强城市民族工作和改善城市民族关系，为城市的少数民族群众营造良好的社会环境，可以有效帮助进城的少数民族群众融入城市，分享城市发展成果，使他们转得出、留得住、富得了、融得进，能扎根城市，实现各民族共享改革红利、共享城市幸福生活、增强对城市的认同感。[2] 同时，少数民族群众通过开阔视野、更新观念、提升技能还能以信息反馈、资金回流等方式促进民族地区发展，带动民族地区群众共同致富。[3] 城市民族关系和谐发展是让各族人民共享城市幸福生活、推动城市民族地区经济发展的有益助力。

（三）关系着云南城市民族地区的社会稳定

城市引领着社会的发展与进步，承载着各族人民对美好生活的向往，

---

[1] 云南省人民政府：《云南省脱贫攻坚规划（2016—2020年）》，云政发〔2017〕44号，2017年7月26日。

[2] 刘吉昌：《新常态下民族工作的重点领域：加强城市民族工作——习近平民族工作思想研究系列论文之九》，载《黑龙江民族丛刊》2016年第5期。

[3] 国家民委民族问题研究2015年项目"习近平民族工作思想研究"（2015-GM-173）中期研究成果，节选自《中国民族报》2016年12月30日。

在维护民族团结和社会稳定中具有重要影响。在城市化进程中，少数民族从中西部流向东部，从农村流向城市，在不断散居化的进程中，来自边远、高寒、贫困地区的少数民族群众对城市的经济、社会和文化存在诸多不适应，有的还不能完全享受到"同城待遇"，加之风俗习惯没有充分尊重，有的经商、创业过程中缺乏法律意识，容易引发各种矛盾冲突。由于地处我国南亚、东南亚的最前沿，这些矛盾和问题容易被境内外敌对势力、分裂势力利用，引起连锁反应，造成严重后果。据统计，近年来涉及民族因素的突发事件80%以上都发生在城市。资源与机会集聚的城市成为民族关系协调的重要场域，适应与融入、包容与接纳成为重要议题。重视和开展好城市民族关系协调，妥善处理涉及民族宗教因素的矛盾纠纷，提高包括少数民族群众在内的城市居民公共服务水平，对进入城市的少数民族群众在经济上给予扶持、政治上给予关心、生活上给予照顾、情感上给予理解、权益上给予维护，有利于拉近彼此间的距离、消除彼此间的隔阂[①]；有利于凝聚各族群众的智慧和力量，促进城市的繁荣稳定和健康发展；有利于筑牢反对民族分裂主义、暴力恐怖主义、极端宗教主义的人心防线，促进民族团结、社会和谐、边疆稳定。

（四）关系着云南民族团结进步示范区建设

城市民族工作落脚在城市社区，城市是云南民族团结进步示范区建设的主阵地之一。在深入实施民族团结进步创建工程中，云南通过实施"十县百乡千村万户"示范创建工程，打造有价值、有特色、有影响的示范典型，做好城市少数民族流动人口的管理服务工作，定期召开分析研判会，对团结稳定总体形势和影响民族团结的潜在问题进行分析研判，及时排查、调处影响民族团结的矛盾纠纷和隐患，有利于进一步凝聚云南各族人民的智慧和力量，增强民族地区发展的内生动力，增进各民族之间的交往交流交融，让各族人民共同享有同祖国和时代一起成长与进步的机会，推动云南建设民族团结进步示范区建设，使示范区建设真正成为云南各族人民共同谱写中国梦云南篇章的重要载体。

---

① 刘吉昌：《城市民族工作是新常态下民族工作的重点领域》，载《贵州民族报》2017年8月29日。

二 研究方法

本书在研究方法上，注重理论分析与实践工作相结合，定性与定量分析相结合，宏观、中观和微观视角相互关照，运用民族学等学科理论和方法，在系统实证研究和规范理论分析基础上，通过文献梳理、田野调查、比较研究、理论综合、对策探讨等，突出项目研究的原创性、创新性和应用性等特点。

（一）全面的文献研究

收集学术界专家学者和云南民族工作等各相关部门的研究成果和文件，进行认真的阅读消化。

1. 政策文件

多次到云南省和多个县市区民族工作部门、政协、人大系统民族宗教委等部门调研有关城市民族工作的数据类资料，全面掌握当前民族工作部门关注的议题和重点及已经进行的研究现状，并与当前党和国家有关民族关系、城市民族工作的方向性文件精神结合起来，较为全面、系统地掌握政府相关工作部门的工作类文献。

2. 学术文献

本书借助 CNKI 数据库梳理国内外有关城市民族关系研究的论文、报刊和博、硕士学位论文文献数百篇，购买近 10 年内出版的相关专著、论文集数十种，阅读后形成系统的读书笔记，按照内容分类综述、提炼观点、对比分析。

（二）深入的田野调查

首先是 2016 年进行了一次全省层面调研；在此基础上，2017 年和 2018 年在昆明市进行了两次专题调研；2019 年在昆明市、玉溪市、曲靖市和昭通市进行了重点调研；2020 年书稿修改期间进行了补充调查。调研主要考察云南省经济社会发展和城市化进程较快地州市的城市民族关系情况，并选择典型和具有代表性的城市民族社区进行田野调查，以形成宏观、中观和微观研究相结合的研究视角。

1. 预备调查（2016 年）

2016 年 2 月开始对全省地州市和昆明市各县市区的城市民族关系情况进行调查，调研涉及全省所有州市，对省会城市昆明市也做了一次涉及县（区、市）的调研。预备调查结束后，在昆明召开开题论证会，听取专家学者和相关部门领导同志的意见建议。

2. 专题调查（2017—2018 年）

在预备调查之后，于 2017—2018 年在省会城市昆明市针对"昆明市流动少数民族状况""昆明市城市民族关系"进行了两次专题调查，这两次专题调查除了在县市区级层面继续跟进情况外，还涉及典型的城市民族社区。

3. 重点调查（2019 年）

在前两次调查的基础上，2019 年进行重点地区和重点社区调查。重点地区选择了云南省典型的散居民族地区昆明市、玉溪市、曲靖市、昭通市，在上述四个城市的重点城市民族社区进行了城市民族关系分类调查，主要分为翻牌社区、撤乡建镇改办社区、世居城市少数民族社区、失地及移民安置社区、流动少数民族社区。

对云南城市民族关系进行的调查，涉及省级、州市、县（区、市）、街道办事处、社区五个层面、五个类型城市民族关系的调研，主要对全省城市民族关系的基本现状、存在问题进行调研；对城市化程度较高的昆明市、曲靖市等多个地州市进行区域调研；选择典型城市民族社区的民族关系进行个案研究。

同时，课题组成员利用学术会议和访学的其他机会，赴全国较早开展城市民族关系研究的北京市、上海市、广东省、湖北省等省市及典型社区，进行相关问题的考察和调研。

对城市民族关系研究而言，由于与聚居民族存在很大区别，不仅民族成分众多，人口居住分散，特别是不同类型社区的城市民族情况差异巨大。通过多种类型选点的结合，多方位反映城市民族社区的情况。本书选取具有代表性的城市、街道和社区进行实地调查，通过实地调查获得的第一手资料与各地区的相关统计数据结合，对不同类型城市民族社区民族关系发展状况进行深入分析。

在调研过程中，调研组主要使用结构、半结构访谈，通过对不同目标人群[①]按照一个粗线条式的访谈提纲进行访谈。对于关键人物，如民族工

---

① 主要分为：民族宗教局（或民族宗教委）民族工作分管领导（或助理员）、社区干部、被访居民。同时还对熟悉情况的老人、权威做深度访谈，并特别注意到纳入不同性别、年龄、收入、身份人群的视角。

作者、社区主任、社区文化人、致富能手等还进行了深度访谈,① 获得了丰富生动的研究资料。

(三) 基本研究思路

本书在文献综述的基础上,重点关注云南城市民族关系的历史基础和现实状况,总结协调民族关系的主要做法和成功经验,分类研究不同类型城市民族社区的民族关系问题,提出云南城市民族关系和谐发展的对策建议,以期推动云南民族团结进步示范区建设。主要包括:综述相关学术文献并阐明本研究的意义和方法;分析云南城市民族关系的历史基础和现实状况;梳理云南城市民族关系协调的主要做法和主要经验;分析云南城市民族关系发展中面临的主要问题和影响因素;提出云南城市民族关系构建的对策建议和趋势展望。

---

① 所谓深度访谈,学界所指的主要就是无结构式的访谈或自由访谈,它与结构式访谈相反,并不依据事先设计的问卷和固定的程序,而是只有一个访谈的主题或范围,由访谈员与被访者围绕这个主题或范围进行比较自由的交谈。

第二章 云南城市民族关系的历史基础和现实状况

云南民族关系历经两千多年的发展，基于全国民族关系曲折发展的背景下，又呈现出云南多民族地区的鲜明特色。梳理云南民族关系发展的历史，尤其是当代云南民族关系的历程，对研究云南城市民族关系发展具有重要的意义。云南城市民族关系与城市化进程同步，在云南民族关系的历史基础和在社会主义制度基础上，是以平等、团结、互助、和谐为主流的新型民族关系。随着城市化进程的不断推进，民族关系的内容更加多元，影响更易传播，表现更加复杂。面对新的阶段性特征，做好城市民族关系协调工作已经成为云南民族事务理论与实践发展的重大课题。

第一节 当代[①]云南民族关系发展的历程和启示[②]

城市化是农业社会向工业社会过渡的历史过程。中国城市化进程以

---

① 当代：本书所指的"当代"是指1949年10月1日中华人民共和国成立之后至今。
② 民族问题实际上就是民族关系问题［参见关凯《民族关系的社会整合与民族政策的类型——民族政策国际经验分析（上）》，载《西北民族研究》2003年第2期］，开展民族工作的目的就是要让各民族共同团结奋斗、共同繁荣发展，巩固和发展平等、团结、互助、和谐的社会主义民族关系，促进各民族和睦相处、和衷共济、和谐发展。因此，本节在梳理当代云南民族关系发展历程时，主要参考当时云南民族工作开展的情况，参考以下文献：1. 云南省民族事务委员会、云南民族理论学会：《云南民族工作的实践与经验》《新中国成立以来云南民族团结工作历程》，载《云南民族团结进步事业光辉历程（1949—2009）》，云南民族出版社2009年版，第37—114页；2.《中共云南省委 云南省人民政府关于加快建设民族团结进步示范区的实施意见》（云发〔2015〕20号），2015年8月10日。本节梳理过程中使用到上述参考文献的部分，有的为了行文简洁，需要解释的部分放在注释中处理，使用到其他参考文献的，单独进行参考文献的出处注释，其他的内容主要参考上述文献，并进行了梳理提炼，特此说明。

1949年为起点,在20世纪80年代前较为迟缓,改革开放以来处于快速发展阶段的初期,世纪之交进入大发展时期。1949年云南和平解放以后,开始了社会主义建设进程,城市化也迎来了新的发展。但在20世纪80年代后,城市化的速度才有所加快,且与全国水平相较,仍处较低的水平。因此,本节主要梳理与云南城市民族关系发展较为密切的当代云南民族关系发展历程,其他历史阶段的发展情况作简述。

古代云南各民族在政治归属、经济交往、文化交流、社会交际、民族融合等方面的接触中,呈现出友好和谐、相互吸收的良好互动关系;同时,由于征服战争所构成和产生的冲突和矛盾,以及阶级压迫和反抗斗争也在各个历史时期都有体现。但各民族之间互补共生、相互依存、相互融合,结成了友好和谐的关系是民族关系的主流。[①]

近代云南民族关系继承古代云南民族关系友好和谐的特点,在新的历史时期得到进一步发展。在政治上形成了矛盾冲突关系;在经济上各民族之间既有剥削、压迫的一面,也有贸易往来,互通有无;在文化上云南各民族既有文化矛盾冲突,也相互学习、相互影响;在社会生活方面,云南各民族渐进融合、互相通婚、密切交往。尤其值得注意的是,在反对外来侵略时,云南各族人民在共同的对外斗争中,形成共同的民族意识,激发了对中华民族的认同,成为这个时期云南民族关系最主要的特点,对中华人民共和国新型民族关系的建构起到了重要作用。[②]

中华人民共和国成立70年来,云南省委、省政府始终坚持从云南的省情实际出发[③],围绕党和国家各个时期的中心工作,把维护国家统一和加强民族团结摆在首位,认真细致地做好各项工作。云南民族关系多元一体格局达到了一个崭新的发展阶段,是中国民族关系中友好和谐的典范。

---

① 杨林兴:《云南民族关系的历史形成与现实发展》,博士学位论文,云南大学,2015年。
② 杨林兴:《云南民族关系的历史形成与现实发展》,博士学位论文,云南大学,2015年。
③ 云南省委、省政府高度重视决胜全面小康和决战脱贫攻坚工作,党的十八大以来,特别是2015年中央扶贫开发工作会议以来,全省坚定不移贯彻落实习近平总书记关于扶贫工作的重要论述和考察云南重要讲话精神,坚持以脱贫攻坚统揽经济社会发展全局,切实把脱贫攻坚作为重大政治任务、头等大事和第一民生工程来抓,云南将彻底甩掉贫困帽子,让"边疆、民族、山区、贫困"的传统省情转变为"边疆、民族、山区、美丽"的新省情。

同时，云南还处于社会主义初级阶段低层次，在民族关系上还存在着民族平等的不完全性，民族团结的相对性，民族间互助合作的有限性和互助与竞争的共生性，民族和谐和共同繁荣的初步性。[1] 云南民族关系的历史，尤其是当代民族关系的发展，为云南城市民族关系的发展奠定了坚实的历史基础，提供了宝贵的经验启示。

一 当代云南民族关系发展的历程

云南省、委省政府从多民族和各民族发展不平衡的省情出发，因地制宜，团结带领全省各族干部群众创造性地贯彻落实中央关于民族工作的决策部署，围绕促进民族团结、支持民族发展、繁荣民族文化，加强和改进民族工作，使各族人民同呼吸、共命运、心连心的理念深入人心，不断巩固和发展我国各民族共同团结奋斗、共同繁荣发展的良好局面，形成了民族团结和谐的"云南现象"，创造了民族工作的"云南经验"，成为中国特色解决民族问题成功实践的生动典范。尤其是党的十八大以来，云南积极贯彻落实习近平总书记考察云南重要讲话精神，牢牢把握民族团结生命线，以全面小康同步、公共服务同质、法治保障同权、精神家园同建、社会和谐同创为抓手，全力推进民族团结进步示范区建设，持续巩固了民族团结、宗教和顺、社会和谐的良好局面[2]，为丰富中国特色和解决民族问题正确道路的理论与实践做出了突出的贡献，积累了丰富的经验。

（一）中华人民共和国成立初期的民族关系（1949年至1957年）

中华人民共和国成立前，云南少数民族多居内地山区和广大边疆地区，呈大分散、小聚居，交错分布的态势。由于历代统治者实行民族压迫、民族歧视的制度和政策，汉族与少数民族、各民族间的隔阂较深，民族内部土司、奴隶主之间的争斗不断。1949年12月云南和平解放后，省委、省政府从当时云南面临国防、民族、土匪三大问题出发，坚决贯彻执

---

[1] 杨林兴:《云南民族关系的历史形成与现实发展》，博士学位论文，云南大学，2015年。
[2] 云南省社会科学院课题组:《新中国70年云南跨越发展的历程、成就及经验启示》，载《云南社会科学》2019年第5期。

行 1950 年年初中央对云南工作要坚持"团结第一、工作第二"和"采取慎重稳进的方针"等指示,在疏通民族关系、增强民族团结方面,做了大量卓有成效的工作。

1. 认真宣传贯彻党的民族平等团结政策

1952 年 11 月,云南省人民政府发出《关于学习民族政策的通知》,要求各地区、各机关、各部门认真学习中央人民政府政务院颁布的《中华人民共和国民族区域自治实施纲要》《中央人民政府政务院关于地方民族民主联合政府实施办法的规定》和《中央人民政府政务院关于保障一切散居的少数民族成分享有民族平等权利的决定》等重要文件,贯彻落实《共同纲领》的民族政策,进一步巩固和发展各民族的团结合作,平等团结的民族政策普遍深入人心。

2. 派出民族访问团,慰问各族群众

1950 年 8 月至 1951 年 6 月,中共云南省委派出以省政府副主席张冲为首的一批干部,参加以夏康农为团长、王连芳为副团长的中央民族访问团云南分团,先后访问了宜良、楚雄、大理、丽江、保山、武定、蒙自、普洱、文山 9 个专区的 42 个县,行程 1 万多公里,历时 10 个月。1956 年 10 月至 1957 年 1 月,由云南省副省长张冲率领的中央民族慰问团五分团,先后到云南省藏族聚居区的中甸(香格里拉)、维西、德钦和小凉山彝族聚居区的宁蒗、华坪、永胜等县慰问。1957 年 3—5 月,云南省人民政府派出三个山区民族访问团,分赴昭通蒙自、文山专区的永善、巧家、彝良、元阳、红河、金平、富宁、广南、马关、麻栗坡等县的苗族、瑶族、壮族、哈尼族、彝族等民族地区进行慰问,了解当地群众的生产生活情况。与此同时,普洱、保山、蒙自等专区也先后派出民族访问团、慰问团深入所辖地区慰问各民族群众。中央、省委派出的民族访问团、慰问团所做的各项工作,拉近了云南各族人民与党中央、中央人民政府的距离,沟通密切了中央、省与云南各族人民的联系,增进了民族之间的团结。

3. 组织少数民族参观团,进行生动的爱国主义教育

1950 年,根据中央和西南局的安排,云南少数民族国庆观礼团赴北京参加庆祝中华人民共和国成立 1 周年活动,受到毛主席等党和国家领导人的接见。普洱区第一届兄弟民族代表会议通过了建立"民族团结誓词

碑"的决议。1951年1月1日,在宁洱红场立下"民族团结誓词碑"。[①] 据统计,从1950年至1956年年底,全省共组织少数民族参观团104次13413人,包括全省20多个民族的代表。民族参观团所到之处,受到当地领导和群众的热情欢迎和周到服务,激发了代表们的爱国爱党热情,提高了思想觉悟,加强了民族团结,密切了党和政府与各族人民的联系。

4. 派出省委民族工作队,深入边疆民族地区开展群众工作

根据民族工作的需要,从1952年5月起,中共云南省委先后派出3个民族工作队共170多人,分赴德宏、西双版纳、临沧等地协助当地开展工作。省委民族工作队到各地后,当地党委又从党政机关、人民解放军驻地部队抽调部分人员共同编队进村入寨开展工作。工作队以"团结、生产、进步"为方针,以"做好事、交朋友"为口号,积极宣传党的方针政策,培养了一批少数民族干部和积极分子。

5. 进行民族识别和调解民族纠纷,消除历史对少数民族的歧视

1950年省民委成立后,按照省委、省政府的要求,即把民族识别作为一项重要任务,组成云南民族识别研究组,分赴边疆和内地民族地区,与当地党政组织的工作组结合,本着"先边疆后内地,先大后小,先易后难"的工作步骤,在深入调查研究掌握大量材料的基础上,充分尊重各民族人民的意愿,经过多次科学论证,按照"名从主人"的原则,于同年8月初,确定了21种少数民族成分,并按组织法律程序经云南省委、省政府同意报政务院中央民委,于1954年8月16日正式批准列入全国少数民族族别。云南报经中央民委批准,更改了一些族称,要求各地各有关单位正确使用民族称谓,不得以带歧视、侮辱少数民族的称呼作为民族称谓。

6. 创办民族学院和民族干部学校,大力培养少数民族干部

中华人民共和国成立后,云南省委、省政府从维护祖国统一,开展对敌斗争,剿灭敌残匪特,安定社会秩序,巩固边防,疏通民族关系,建立人民政权,推行民族区域自治和促进少数民族地区经济社会发展的迫切需

[①] "民族团结誓词碑"先后被云南省人民政府、国务院列为云南省文物保护单位、全国重点文物保护单位,2006年被国家民委命名为"全国民族团结进步教育基地"。

要出发，采取多种措施，大力培养使用少数民族干部。1951年8月，创办了云南民族学院，开始正规大量地培养少数民族干部和各类专业人才。之后，各地州也相继办起了民族干部学校或民族干训班。

7. 团结少数民族上层爱国人士，联系、沟通和团结各民族群众

云南解放后，云南省委、省政府遵照毛泽东主席关于云南是我国少数民族最多的一个省，上层知名人士也不少，在云南一定要注意掌握好民族政策和统战政策，团结一切可以团结的人，把云南工作搞好的嘱托和西南局"要团结各民族，必须首先团结民族上层人士""加强民族上层统一战线工作，以争取团结王子、土司、头人、宗教首领及一切可以争取、团结的少数民族的中、上层人士"的指示，对民族上层人士采取"长期团结教育改造"的方针，严格执行党的团结政策，消除他们的疑惧心理，组织参观学习，推动民族上层人士思想进步，政治上适当安排，生活上予以照顾，通过他们联系、沟通和团结各民族群众。

8. 推行民族区域自治，实现少数民族当家作主

至1954年，云南先后建立了6个专区级、22个县级、1个市级、23个区级、477个乡级民族民主联合政府，建立了427个自治区，其中相当于专区级的4个[1]，县级9个[2]，区级12个，乡级403个。1954年《中华人民共和国宪法》颁布施行后，全省自治区相应改为自治州、自治县，乡则建立民族乡作为民族区域自治的重要补充。经过撤并调整[3]，全省共建立了6个自治州、9个自治县，还有12个民族区、403个民族乡。

---

[1] 西双版纳傣族自治区、德宏傣族景颇族自治区、红河哈尼族自治区、怒江傈僳族自治区。

[2] 峨山彝族自治区、碧江傈僳族自治区、贡山独龙族自治区、福贡傈僳族自治区、德钦藏族自治区、弥勒彝族自治区、澜沧拉祜族自治区、江城哈尼族彝族自治区、孟连傣族拉祜族佤族自治区。

[3] 1955年10月16日，建立耿马傣族佤族自治县；1956年9月20日，建立宁蒗彝族自治县；1956年10月1日，建立贡山独龙族怒族自治县，撤销贡山独龙族自治区；1956年11月，建立巍山彝族自治县、永建回族自治县，后来将两个自治县合并为巍山彝族回族自治县，以1956年11月9日为自治县成立时间；1956年12月31日，建立路南彝族自治县，撤销圭山彝族自治区；1956年11月22日，建立大理白族自治州；1957年9月13日，建立迪庆藏族自治州，撤销德钦藏族自治区；1957年11月18日，建立红河哈尼族彝族自治州，撤销红河哈尼族自治区，撤销弥勒彝族自治区。

9. 关心群众疾苦，帮助少数民族发展经济和教育文化卫生事业

云南解放后，中共云南省委、省政府坚决贯彻中央和西南局的指示，关心各族人民的疾苦，解决生产生活中的迫切问题，救济赈灾，派出医疗队为群众防病治病，大力发展民族教育文化事业，培养少数民族教师，创办职业学校，奖励优待少数民族学生，提高民族教师待遇，协助少数民族发展自己的语言文字。

10. 设立民族工作机构，疏通民族关系

1950年7月，根据中央和西南局指示，云南省民族事务委员会成立。1951年1月，省民委机关组建完成，开始正式对外办公。1950年年初，中共云南省委成立省委民族工作党组，在省委直接领导下负责指导全省的民族边疆工作。同年9月，经西南局批准，成立滇西工委和滇南工委，加强对两片区边疆民族工作的统一领导。1952年10月，省委决定在民族工作党组的基础上成立中共云南省委边疆工作委员会，要求边疆地区县以上也要建立党的边疆工作委员会。省委边委、省民委建立后，使云南省委、省政府有了专管民族工作的机构。这一时期，民族工作部门在疏通民族关系、加强民族团结、加强对敌斗争、保持边疆稳定、民族识别及民族语言文化工作、社会改革等方面做了卓有成效的工作，起到了很好的参谋助手作用。

中华人民共和国成立的最初几年，在省委省政府的领导下，云南省认真贯彻执行党的民族政策，废除了历代统治阶级推行的民族压迫制度和歧视政策，民族关系发生了历史性巨变，民族团结一步一步向前推进发展，各族人民生活在平等、团结、友爱、合作的社会主义大家庭里。

（二）社会主义建设时期的民族关系（1958年至1966年5月）

从1958年至1966年"文化大革命"前，"左"倾错误和阶级斗争扩大化使民族团结和边疆稳定受到影响，伤害了一批少数民族干部，错误地批判了民族上层人士，民族工作出现失误，经历曲折。由于超越实际在边疆大办人民公社，使生产关系受到破坏，造成边疆地区粮食减产，一些地方严重缺粮。

边疆不稳定引起了云南省委的高度重视，予以采取相应措施及时纠正。与此同时，省委聚焦内地民族地区的稳定工作。根据中央的部署，调整生产关系，纠正1958年"大跃进"的错误，维护边疆稳定，团结民族上层，培养民族干部，落实党的宗教政策等。1964年4月，中共云南省委成立边

疆工作规划委员会，对全省边疆工作做出长远规划，中央批准云南增加民族工作队编制，继续加强党对民族边疆工作的领导。继续推行民族区域自治①，强调不论内地和边疆民族地区，都必须坚决贯彻执行中央民族工作会议报告中提出的今后5年的方针和政策，决定恢复西双版纳、怒江、迪庆3个自治州人民委员会并直接归省人民委员会领导。进一步加强对民族上层人士和宗教上层人士的团结、教育、改造工作，大力培养少数民族干部。云南民族学院自建立以来至1966年共为国家培养了上万名各族干部。

这一时期，云南民族工作有过失误。但云南省委省政府在领导全省民族地区的社会改革和建设中，始终致力于巩固和发展各民族的大团结，把维护国家统一摆在首位，认真落实党的各项政策。边疆民族地区的社会主义建设和各项工作仍在曲折中前进，取得了新的成绩。② 在党中央的领导下，特别是经过1960年、1962年的调整、落实政策，边疆民族地区各项工作又走上了健康的轨道，民族关系不断改善，民族团结进一步增强，与睦邻国家保持着友好的关系，社会安宁，边疆稳定，平等、团结、互助的社会主义民族关系确立起来。

(三)"文化大革命"中的民族关系（1966年5月至1976年10月）

"文化大革命"初期，在"建设政治边防"中"重划阶级"搞"二次土改"，再次实现了"公社化"，伤害了不少干部群众。通过批"三论"③，否定中华人民共和国成立最初17年云南的民族工作。在民族地区

---

① 1958年4月1日，建立文山壮族苗族自治州；1958年4月15日，建立楚雄彝族自治州；1961年4月10日，建立丽江纳西族自治县（2003年4月，丽江地区改市，丽江县分设为古城区和玉龙纳西族自治县）；1963年7月1日，建立屏边苗族自治县；1973年7月11日，建立河口瑶族自治县；1964年2月28日，建立沧源佤族自治县；1964年恢复路南彝族自治县（1960年与宜良县合并，恢复后仍以1956年12月31日为成立时间，1998年12月更名为石林彝族自治县）；1965年3月5日，建立西盟佤族自治县；1965年11月27日，建立南涧彝族自治县。

② 各族群众生活不断改善，少数民族儿童入学率大幅提高，边疆地区先后办起一批耕读、工读学校，绝大多数少数民族有了自己的大学生。民族地区普遍建起了医疗卫生机构，危及人民生命安全的疟疾、血吸虫病等得到彻底控制，各族群众的健康水平有了很大提高。民族文化、民族语言文字工作取得很大成绩，先后改进和创制了10个民族的14种文字。民族民间文学、民族歌舞的搜集整理出版工作成绩斐然，创作了一批有云南民族特色、深受全国人民欢迎的文艺作品。成立了傣、壮、白、彝4个民族剧团，边疆县建立了"乌兰牧骑"式文艺宣传队，群众文化生活丰富多彩。民族文物保护得到各级重视，民族考古取得一批重要成果。

③ "边疆特殊论""民族落后论""和平过渡论"。

制造了大批冤假错案，对民族上层人士进行批斗，最为严重的是违反党的民族政策、宗教政策的"瑶山事件"和"沙甸事件"。德宏、西双版纳、迪庆、怒江 4 个州的自治机关或者被撤销，或者名存实亡。把各民族的优秀文化和风俗习惯当作"四旧"进行横扫，造成边疆不稳定。

"文化大革命"期间，在极其困难的形势下，根据中央的指示，云南坚持落实民族政策，开展民族政策再教育。1972 年 1 月，省委要求全省认真贯彻中央的指示，落实党的民族政策，坚持民族平等和民族团结，尊重少数民族的宗教信仰和风俗习惯，开始恢复民族文化工作，搞好民族团结，巩固千里边防。

1972 年 4 月，云南省委提出加强民贸工作，设立民族贸易机构，建立特需用品门市及基层网点，满足少数民族特殊需要。从 1973 年至 1975 年，云南省先后对边疆地区的税收政策进行调整，以减轻各族群众的负担。

1972 年 6 月，云南民族学院恢复后第一次招生。地州办民干校、师范学校，大力发展中小学教育，搞好边疆地区的教育。公社、大队两级主要干部，由当地民族干部担任。强调对违反民族政策，破坏民族团结的，要批评、教育、严肃处理。

1972 年 3 月，云南省委组织力量对全省边疆、内地民族工作进行调查，研究落实民族区域自治政策、加强民族地区的经济建设、发展民族地区的文化教育卫生事业、加强基层党组织建设等问题。决定西双版纳、德宏、迪庆、怒江 4 个自治州行政直属省革委会，党内仍由省委委托地区党委领导；决定成立云南省民族边疆工作委员会，协助省委、省革委主管边疆工作和民族工作。要求各地区党委和省级各部门也要确定一位负责同志主管民族工作。

多次组织少数民族参观团到昆明参观学习，组织云南中越、中老边境地区少数民族参观团赴广西参观学习。少数民族参观团几乎包括了全省所有的地州市，代表涵盖全省每一个少数民族。在昆明期间，省教育局、商业局、省妇联、团省委和民族工作部门还专门与代表座谈，听取意见；省委、昆明军区、省革委会的领导同志接见了少数民族代表。

复查阶级成分，纠正"二次土改"中的错误。1971 年 8 月，中央批复同意新疆和云南在没有划过阶级成分或划过但没有划清的少数民族地区，参照中央 1970 年关于西藏社会主义改造的指示精神划分阶级成分。中共云南省委遵照党中央、毛主席的指示，从 1971 年 8 月起先后在瑞丽、勐腊、沧源、福贡、金平等县进行试点，1972年9月以后全面铺开，至1975年6月全面结束。通过复查阶级成分，比较好地纠正了"二次土改"乱划阶级成分的错误。

这一时期，由于"文化大革命"的错误尚未得到纠正，党的实事求是思想路线没有恢复，民族政策不可能很好落实，中央的正确决策也难以全面实现，一些地方民族关系仍然紧张。

（四）改革开放以来的民族关系（1976年10月至2012年11月）

党的十一届三中全会以来，结束了"以阶级斗争为纲"的历史，确立了党的解放思想、实事求是的思想路线，全党的工作重心转移到以经济建设为中心的轨道上来。在党中央的正确领导下，云南省委省政府高举中国特色社会主义旗帜，以邓小平理论和"三个代表"重要思想为指导，以科学发展观为统领，全面贯彻落实党的民族政策，云南的民族工作扎实推进，民族团结进步事业稳步健康向前发展。

1. 拨乱反正，落实政策，维护边疆稳定

"沙甸事件""瑶山事件"的平反，推动了全省民族地区的平反冤假错案工作。各地按照中央、省委的有关指示，对"文化大革命"中的大批冤假错案进行平反昭雪，为受害的各族干部群众落实政策。落实民族上层爱国人士的政策，进一步调动了民族上层人士为社会主义现代化建设作贡献的积极性。采取各种措施，做好稳定工作，生产快速发展，群众生活困难的局面很快得到扭转。

2. 坚持和完善民族区域自治制度[①]，全面贯彻执行党的民族政策

全省共建立了8个自治州、29个自治县，建立了197个民族乡作为

---

① 经国务院批准，1979年11月28日，建立墨江哈尼族自治县；1979年12月20日，建立寻甸回族彝族自治县（1957年3月16日，经国务院批准，设立寻甸回族自治州，1958年寻甸与嵩明县合并，1961年分开，自治县未恢复）；1980年11月22日，建立元江哈尼族彝族傣族自治县；1980年11月25日，建立新平彝族傣族自治县。1984年《中华人民共和国民族区域自治法》（以下简称《民族区域自治法》）颁布施行后，经国务院批准，云南又先后建立了10个自治县：1985年10月13日，建立维西傈僳族自治县；1985年11月1日，建立漾濞彝族自治县；1985年11月25日，建立禄劝彝族苗族自治县；1985年12月7日，建立金平苗族瑶族傣族自治县；1985年12月15日，建立普洱哈尼族彝族自治县；1985年12月20日，建立景东彝族自治县；1985年12月25日，建立景谷傣族彝族自治县；1985年12月30日，建立双江拉祜族佤族布朗族傣族自治县；1988年5月25日，建立兰坪白族普米族自治县；1990年5月15日，建立镇沅彝族哈尼族拉祜族自治县。

民族区域自治的重要补充。1982年《宪法》修订、1984年《民族区域自治法》公布施行后，根据有关规定，制定了地方性法规，各民族自治地方制定了自治条例和一批单行条例，并经常性开展民族执法检查。

3. 以经济建设为中心，加快少数民族和民族地区经济社会发展

云南从民族地区实际出发，采取特殊政策措施加快发展，基础设施建设投资向边疆民族地区倾斜，通过转移支付加大对民族地区财政的支持力度，一般性转移支付民族自治地方高出一般地区5个百分点，设立民族专项资金帮助民族地区解决特殊困难。通过采取分类指导，在重点抓好民族自治地方发展的同时，把工作的重点逐步向边境地区、人口较少民族、高寒山区、"直过"地区等经济社会发展滞后的民族地区转移，制定了《云南省扶持人口较少民族发展规划（2006—2010年）》。随着我国与东南亚周边国家关系的不断改善，云南省边境口岸建设取得巨大成绩，云南省委省政府做出实施"兴边富民工程"的决定，促进民族地区加快发展。与此同时，云南民族地区与兄弟省市区、省内州市之间也开展对口支援工作。云南省委、省政府在抓好经济建设的同时，集中力量抓好民族教育事业的发展，率先在边境地区实行学生"三免费"教育，开展"双语双文"教学。[①] 1996年，省委省政府提出把建设民族文化大省作为全省三大发展战略。2007年，省委做出了云南由民族文化大省向民族文化强省迈进的决定。由于采取了以上一些特殊的扶持政策，云南民族地区经济发展出现了"三大亮点"，实现了"三大突破[②]"，大大夯实了民族团结的基础。

4. 深入开展马克思主义民族观和党的民族政策宣传教育

改革开放以来，在云南省委省政府的领导下，全省宣传系统、各级党委、干部学校、民族工作部门、新闻媒体、学校厂矿高度重视党的民族理

---

① "三免费"，即免除教科书费、杂费、文具费。"双语双文"：汉语汉文、少数民族语言文字。

② "三大亮点"：一是民族自治地方国民生产总值（GDP）最近5年连续实现两位数增长。2007年达到1820.2亿元，比上年增长13.5%，比全省高1.2个百分点，实现工业总产值1675亿元，农业总产值720.2亿元，公路通车里程13.3万公里，其中高等级公路5.78万公里，高速公路1048公里。建成西双版纳、香格里拉等10个航空港。二是财政收入支出同步大幅度提高。三是职工工资收入平稳增长。"三大突破"：一是人均GDP突破1000美元（2007年为8154元人民币）。二是全社会固定资产投资突破1000亿元，达到1045.2亿元。三是农民人均纯收入突破2000元，达到2194元。

论、民族政策的学习宣传教育工作。1978年开展真理标准问题大讨论期间，在理论上对"民族问题的实质是阶级问题"进行拨乱反正，对长期困扰大家的错误观点"民族问题的实质是阶级问题"进行理论澄清。通过加强民族团结的舆论宣传工作，提高各级干部和广大群众对民族问题长期性、重要性的认识，为贯彻落实党的民族政策、加强民族团结创造了良好的社会氛围。

5. 依法行政，建立和完善民族团结稳定工作长效机制

积极开展学习民族团结进步先进集体和模范个人的先进事迹活动，把云南民族团结进步事业继续向前推进，表彰民族团结进步先进集体和模范个人在全省已形成制度。2002年6月，在对民族地区团结稳定工作的经验进行系统总结的基础上，提出了"坚持团结、教育、疏导、化解"方针，加强民族团结目标管理责任制，健全民族团结稳定工作联席会议制度，完善影响民族团结矛盾纠纷排查调处机制等。对个别"热点"地区，省委、省政府确定的方针是"团结稳定，建设发展"，并派工作队常驻这些地区，协助地方党委、政府做好工作，取得了明显的成效。经云南省委省政府批准，从1999年至今，省民委坚持依法行政，按照"属地管理，党政动手，各尽其责，依靠群众，化解矛盾，维护稳定，做到小事不出村，大事不出乡镇，矛盾不上交"的要求，将实现民族团结目标的内容指标分解记分，年终进行考核验收，达到目标要求者给予奖励，使大量属于人民内部的矛盾纠纷化解在萌芽状态，解决在基层。自实行民族团结目标管理责任制以来，云南民族地区的矛盾纠纷明显减少，民族团结不断增强。

6. 把民族工作放在全省工作的重要位置，切实加强党对民族工作的领导

云南省委、省政府把民族工作放在全省工作重要位置，恢复和健全民族工作机构。1978年5月开始，陆续恢复云南省民族事务委员会，建立省委民族工作部，成立省委民族工作领导小组，并逐步恢复和建立地（州）、县（市）民委。虽然经过多次机构改革，民族工作部门得到保留和加强（省委民族工作部于1993年与省民委合并），成为各级党委、政府的民族工作职能部门。大批少数民族干部和人才的成长，成为维护和加强民族团结的骨干力量。省委省政府在指导全省民族工作的过程中，深入

实际，调查研究，形成了民族地区各级干部调查研究的作风。20 世纪八九十年代，先后总结推广了民族地区的经济社会发展经验①，提出了边疆民族地区要实现生产力跨越式发展，及"一山一策，一族一策，一族多策"帮助少数民族改变贫困面貌的路子。

改革开放以来，云南省委、省政府坚决执行中央的指示，认真贯彻落实党的方针政策和民族政策，始终不渝地坚持以经济建设为中心，采取特殊政策措施加快少数民族和民族地区的经济社会发展，高度重视民族团结问题，保持社会稳定，使全省的民族团结进步事业进一步发展，积累了许多宝贵的经验。②

（五）进入新时代的云南民族关系（2012 年 11 月至今）

把云南建设成为我国民族团结进步示范区，是以习近平同志为核心的党中央着眼国际、国内两个大局，站在全国民族工作全局做出的重要部署。进入新时代，省委省政府牢记总书记嘱托，坚持把示范区建设融入全省发展大局，制订《云南省建设我国民族团结进步示范区规划（2016—2020 年）》，强化规划引领，实施 6 项工程③，积极探索实践促进民族团结进步的新思路、新办法、新举措，不断建立和完善促进民族团结进步的体制机制，推动民族团结进步事业创新发展。

1. 实施民生持续改善工程

坚决打赢脱贫攻坚战，加快民族地区基础设施建设，不断推进基本公共服务均等化，努力补齐发展短板，持续增加民生福祉，使各族人民共享发展成果。全面贯彻落实全国"三区三州"政策，连续实施两轮"兴边富民工程改善沿边群众生产生活条件三年行动计划"，深入实施全面打赢直过民族脱贫攻坚战行动计划，协调三峡集团、华能集团、大唐集团、云

---

① 元江、孟连等县坚持山坝结合开发热区资源共同富裕，宁蒗等县坚持经济开发与智力开发相结合促进发展，德宏州大力发展边境贸易带动经济发展，文山州积极发展民族教育，红塔集团等企业把原料基地当作自己的"第一车间"来建设等经验。

② 当代云南民族关系发展的历程的内容参见云南省民族事务委员会、云南民族理论学会《云南民族工作的实践与经验》《新中国成立以来云南民族团结工作历程》，载《云南民族团结进步事业光辉历程（1949—2009）》，云南民族出版社 2009 年版，第 37—114 页。

③ 有关六大工程的实施情况，具体可以参见云南省委宣传部编《民族团结进步示范区建设》，人民出版社、云南人民出版社 2017 年版。具体行文时参考上述文献并已经进行了梳理提炼。

南中烟公司、云南省烟草专卖局5家企业集团帮扶云南直过民族和人口较少民族精准脱贫。2018年年末，民族地区贫困人口由2012年的426万人减少至86.5万人，独龙族、基诺族、德昂族实现整族脱贫。2019年年底，云南省民族自治地方贫困人口减少到16.5万人，9个"直过民族"和人口较少民族实现整族脱贫。以"五网"建设为重点，启动实施能通全通工程。民族地区公路里程由2012年的15万公里增加到2017年的20万公里，其中高速公路通车里程由1600公里增加到2900公里。楚雄州、大理州、文山州、红河州等民族自治地方进入高铁时代，丽江至香格里拉铁路、大理至瑞丽铁路、弥勒至蒙自铁路等一批铁路建设顺利推进。民族地区通航运营机场达到8个。民族地区一批大中型水库建成，滇中引水工程正式开工。启动实施人口较少民族综合保险和学生助学补助，2017年，城乡居民基本医疗和大病保险参保率达98%以上，广播电视覆盖率达到99%，农村集中供水率和自来水普及率分别达到83.9%和75.8%，无电人口通电问题全部解决，行政村实现4G网络和宽带全覆盖。2019年，全省民族地区医疗卫生机构床位由2014年的10.2万张增加到2018年的13.9万张。云南各民族乘时代东风、扬奋斗之帆，共建美好家园、共享发展成果，生产生活蒸蒸日上，获得感、幸福感、安全感显著增强。[①]

2. 实施发展动力增强工程

发挥民族地区比较优势，以科技创新为动力，围绕八大重点产业，培育壮大民族地区特色优势产业，改造提升传统产业；加快城镇化进程，构建对外开放新格局，在增长方式转变、结构调整、动力转换等方面实现突破，民族地区内生发展动力不断增强。打造世界一流"绿色能源、绿色食品、健康生活目的地""三张牌""绿水青山就是金山银山"思想深深扎根各族干部群众心中，新型工业化、园区建设和民营（中小）经济稳步推进，云花、云茶、云蔬、云果、云畜、云药等高原特色优势产业提质增效。一大批绿色能源项目落地文山、大理等民族地区并加快推进。评选年度绿色食品"10大名品"和"10强企业""20佳创新企业"，推动区域品牌、企业品牌、产品品牌集群发展。"一部手机游云南"智慧旅游平

---

① 李正洪：《云南"民族"基本新省情的丰富内涵》，载《中国民族报》2020年7月23日。

台基本建成并上线运行,特色小镇创建初见成效,全省154个村寨被国家民委挂牌命名为"中国少数民族特色村寨",成为民族文化的品牌、特色旅游的名片、展示美丽云南的窗口。2015—2018年,云南省民族自治地方生产总值年均增长9.8%,高于全省平均水平,民族地区财政支出占全省的41%以上。

3. 实施民族教育促进工程

坚持民族教育优先发展,推进民族教育现代化,积极开展双语教育,全面提高教育质量,促进教育公平,共享优质资源,各族群众科学文化素质和就业创业能力不断提升。制定《云南省少数民族教育促进条例》,出台《关于加快发展民族教育的实施意见》,采取系列措施加快发展民族教育。目前,云南各级各类学校少数民族在校生占比高于全省少数民族人口占比,形成了民族中小学、民族中专、民族大学等民族学校教育与普通学校教育协调发展的民族教育体系。率先于2016年在迪庆州、怒江州实施14年免费教育。全面落实并扩大人口较少民族义务教育寄宿生生活补助政策,资助省定民族高中学校寄宿生,对直过民族和人口较少民族大专生、本科生给予每生每年5000元的学费补助。积极推进国家通用语言文字和民族语言文字教育,促进民汉双语教育发展。在省城和州市优质高中举办民族班。举办云南省特有民族本科及大中专班,实施迪庆州专项招生计划。实施迪庆州、怒江州中等职业教育农村学生全覆盖试点,在国家现行免补政策基础上,对中职一、二年级在校生给予每生每年2500元的提高生活补助,截至2018年年底,省财政共下拨提高生活补助经费5143.75万元,20575人(次)农村学生受益。

4. 实施民族文化繁荣工程

提升民族文化软实力,保护、传承和开发优秀民族文化,推进民族文化创造性转化和创新性发展,使各民族文化繁荣发展的过程成为各民族相知相亲相惜的过程,成为民族团结的润滑剂、催化剂和黏合剂,中华民族共同体意识进一步铸牢。省级每年安排3500万元专项经费开展民族文化抢救保护和传承弘扬。2016年以来,实施民族文化"双百工程",每年安排1500万—2000万元,用于扶持培养100名民族民间文化传承创新带头人("百名人才"培养工程)。扶持100个带动民族文化产业发展的民族文化精品("百项精品"扶持工程)。截至2018年,"百名人才"已扶持

86人开展民族文化保护、传承和开发,开展了两期民族文化产业发展专题培训;扶持打造了54个民族文化"百项精品"项目[1],一批具有云南特点、民族特色的文化艺术精品走出国门、走向世界。着力推动民族文化与文化创意、文化生态旅游产业融合发展,"大理文化生态保护实验区"和"迪庆民族文化生态保护区"被列为国家级文化生态保护实验区,是全国拥有两个国家级文化生态保护实验区的唯一省份。大力开展民族优秀传统文化传承保护进校园活动,创建高校民族文化教育基地,创建100所民族文化教育示范学校。

5. 实施民族团结创建工程

全面深入持久开展民族团结进步创建工作,形成了具有云南特点的民族团结进步创建"六+N"模式。营造民族团结好氛围、凝聚民族团结正能量,宗教领域和谐稳定,各民族和睦相处、和衷共济、和谐发展。截至2019年,全省6个州(市)、59个单位已被命名为全国民族团结进步创建示范州(市)和示范单位,10个单位被命名为全国民族团结进步教育基地。[2] 自2013年起,先后实施了两轮"十县百乡千村万户"示范创建工程三年行动计划,累计投入资金200多亿元,打造了一大批有特色、产业强、环境好、民富村美人和谐的民族团结进步示范村镇典型,推动形成了以点串线、以线连片、以片带面的示范创建格局。

6. 实施民族事务治理工程

不断加强党对民族工作的领导,培育高素质少数民族人才队伍,完善民族工作服务管理体系,推进民族工作法治化,创新民族宗教理论研究,民族事务治理能力和水平全面提高。成立由省委主要领导挂帅、省级相关部门为成员的示范区建设领导小组,牢牢把握民族工作主动权,实行领导小组成员单位年度任务承诺制,将示范区建设推进情况纳入全省年度综合考评内容,对少数民族和民族地区投入扶持协调机制不断完善。把培养使用少数民族干部和熟悉民族工作的干部作为解决民族问题、做好民族工作的关键来抓,持续巩固了"25个世居少数民族都有一名以上担任省级机

---

[1] 刘笑、范春艳、刘瑜澍、王铖:《云南民族文化保护传承及"双百"工程惠民纪实之一:开篇语》,云南网,2019年6月26日,https://culture.gmw.cn/2019-06/26/content_32950731.htm。

[2] 李正洪:《云南"民族"基本新省情的丰富内涵》,载《中国民族报》2020年7月23日。

关厅级领导干部"的成果。民族工作法规体系进一步完善，截至2018年全省共制定涉及民族工作的法律法规共203件，包括37件自治条例、152件单行条例、7件地方性法规、7件变通规定，初步形成一套较完整的具有中国特色、云南特点的民族法规体系。2019年5月1日，《云南省民族团结进步示范区建设条例》颁布实施，推动示范区建设在法治轨道上迈出了重要一步。建立"处置涉及民族宗教因素突发事件应急预案""省、州市、县三级同步监测监管涉及民族宗教因素影响团结稳定问题机制""涉及民族宗教因素情报信息协作机制及时开展研判工作的办法""涉及民族宗教因素网络舆情联动处置办法（试行）"等工作制度，不断完善网格化管理机制，坚持月排查、季研判、年总结，从源头上预防和化解矛盾纠纷。成立云南民族大学"民族团结进步研究院"，成立由国家、省级层面专家组成的示范区建设专家咨询委员会，民族理论研究机制进一步健全。①

进入新时代以来，云南全面贯彻落实党的民族和宗教政策，铸牢中华民族共同体意识，深化民族团结进步教育和创建活动，推进示范区"六大工程"建设，继续开创了云南民族团结进步的良好局面，有力地推动了各民族共同团结进步共同繁荣发展。

二 当代云南民族关系发展的启示

回顾中华人民共和国成立以来云南民族关系发展走过的历程，有许多启示值得深入总结。云南民族关系历史既是新时代继续巩固民族团结、社会和谐局面的基础，也是云南城市化进程中城市民族关系发展的历史基础，应当坚持并在实践中不断完善。

（一）不断深化对云南基本省情的认识

云南是我国世居少数民族最多、特有民族最多、跨境民族最多、人口

---

① 进入新时代的云南民族关系的内容参见《中共云南省委 云南省人民政府关于加快建设民族团结进步示范区的实施意见》（云发〔2015〕20号），2015年8月10日；《中共云南省委 云南省人民政府关于加快建设民族团结进步示范区的实施意见》（云发〔2015〕20号），2015年8月10日；云南省委宣传部编《民族团结进步示范区建设》，人民出版社、云南人民出版社2017年版。

较少民族最多、民族自治地方最多的边疆省份。这一基本省情决定了民族问题始终是必须处理好的重大问题，民族关系始终是最重要的社会关系，任何政策的执行都离不开这些特点。中华人民共和国建立以来，中央每做出一个重大决策，云南省委、省政府都要结合云南边疆民族地区实际，认真研究，提出具体的贯彻落实意见。20 世纪 50 年代初期，中共云南省委按照中央"团结第一、工作第二"的指示和"慎重稳进"的方针，从疏通民族关系入手，解决历史遗留下来的民族问题，增强各民族的团结。"直接过渡到社会主义""和平协商土改"和"直接过渡"，既顺利地完成了边疆民族地区的社会改革，又保持了社会稳定，增强了民族团结，成为根据中央大政方针结合云南实际处理民族问题的一个创举。云南边疆民族地区经过 20 年的改革开放，还存在"三低""三高"的突出问题，省委、省政府提出了 30 条加强民族工作、加快少数民族与民族地区发展、增强民族团结的政策措施。进入新时代，云南牢记习总书记关于创建民族团结进步示范区的嘱托，坚持以人民为中心，推动各族人民和睦相处、和衷共济、和谐发展，加快建设民族团结进步示范区，开创了民族团结进步的新局面。2020 年，随着 9 个未摘帽县全部达到脱贫退出标准，11 月底前将全部完成退出工作，云南基本省情发生深刻变化，边疆、民族、山区、美丽正成为云南新的亮丽名片。[①] 总之，中华人民共和国成立以来，省委、省政府做出的每一个加强民族工作的决定，都是在不断深化对云南基本省情的认识的基础上，从当时的形势和民族工作的实际需要提出来的，从而保证了全省民族团结进步事业健康发展。

(二) 坚定不移走中国特色解决民族问题的正确道路

云南省委省政府历来高度重视民族工作，坚持中国特色解决民族问题的正确道路。中华人民共和国成立初期，"疏通民族关系"是民族工作中使用频率较高的词汇；进入改革开放新时期，"和谐、发展"是民族工作使用频率较高的词汇，"民族关系、和谐发展"成了云南边疆民族地区民族工作经验的关键词及核心解读，因而云南民族工作的经验也就是云南民族关系建构的经验，其核心是有效运用与实践了"强化"与"淡化"的

---

① 陈豪：《推进全面脱贫与乡村振兴战略有效衔接 让各族人民过上更加幸福美好生活》，人民网，2020 年 9 月 3 日，http://yn.people.com.cn/n2/2020/0903/c378439-34270324.html。

辩证关系，其结果是在现实中重塑了平等、团结、互助、和谐的社会主义民族关系。各民族不仅认识到"你中有我、我中有你"，相互离不开，而且在实践中不断深化"交流、交往、交融"，形成了"多元一体、美美与共"的和谐关系，使云南整体上长期保持了民族团结、边疆稳定、经济发展、社会进步的良好局面。① 云南从中华人民共和国成立初期在少数民族社会改革中首推"和平协商""直接过渡"等富有创造性的办法，到改革开放以来率先开展边境民族地区"三免费"教育、扶持人口较少民族发展等开创性工作，云南民族工作走出了许多新路子，取得了显著成就。云南在中央民族工作会议上提出"在云南，不谋民族工作就不足以谋全局"的理念，做出"决不让一个兄弟民族掉队、决不让一个民族地区落伍"的承诺，特别是始终坚定"各民族都是一家人，一家人都要过上好日子"的信念。这些生动的概括和话语，既是云南民族工作的立足点，又是云南民族工作最本质、最宝贵的经验，确实值得总结、借鉴和推广。云南扎实推进民族团结进步示范区创建的过程，是探索具有中国特色、云南特点民族工作路子的过程，也是加快推进民族地区全面建成小康社会步伐的过程，其中的经验可为探索中国特色民族问题正确道路提供经验和样本。②

(三) 坚持加强和改进党对民族工作的领导

做好民族工作不仅关系着全省改革发展的稳定，也关系着民族团结、社会稳定和各民族人民的福祉，还关系着边疆巩固、国家长治久安和中华民族的繁荣昌盛。云南省委省政府始终坚持从政治上看待民族问题，不断加强和改进党对民族工作的领导。完善党委领导、政府负责、有关部门协同配合、全社会通力合作的民族工作格局。完善民族工作和民族团结进步示范区建设领导小组工作机制，每年至少召开一次领导小组会议，研究解决民族工作中的重大问题。定期召开云南民族团结进步示范区建设部省联席会。保持民族宗教工作机构稳定，在民族自治地方县和民族工作任务较

---

① 王延中、管彦波：《云南建设民族团结示范区与和谐民族关系的基本经验及启示》，载《民族研究》2014年第3期。

② 王正伟：《谱写民族团结进步中国梦的云南新篇章——在贯彻落实中央民族工作会议精神推进云南民族团结进步边疆繁荣稳定创建工作部省联席会议上的讲话（摘要）》，载《今日民族》2014年第11期。

重地区加强民族工作部门的领导和人员配备,民族工作任务较重的乡(镇、街道)、村(社区)明确一名领导负责民族工作,明确专人做好日常工作。加强乡(镇、街道)、村(社区)党组织建设,健全基层组织体系,选好配强基层党组织书记,充分发挥党员先锋模范作用,加快村(居)民小组活动场所建设,充分发挥其作用。全面推行基层服务型党组织建设,建立健全县乡村组四级为民服务体系平台,打通服务群众"最后一公里",促进矛盾纠纷化解。大力推进强基惠农"合作股份"、扶贫开发与基层党建整乡"双推进""军地共建""警地共建""网格化"管理等各项工作。历史和实践证明,民族工作得到加强,民族关系就能团结和睦,全省各项事业就能健康发展,边疆就能稳固,人民就能安居乐业。云南各级干部始终站在政治和全局的高度,在中国共产党的坚强领导下,认真领会和自觉贯彻中央民族工作会议精神,充分认识民族问题的长期性、复杂性和极端重要性,不断提高新形势下做好民族工作的能力和水平,为民族团结进步打下了坚实的政治基础。

(四)坚持加强少数民族干部人才队伍建设

民族干部是加强民族工作的骨干力量。云南的组织、人事、民族工作部门按照中共云南省委的决定,及时出台培养民族干部的具体政策措施。为适应开辟边疆民族工作的需要,20世纪五六十年代,就多次提出大力培养和提拔少数民族干部,下发了有关文件。2001年后,省委办公厅、省委组织部、省民委等部门专门多次召开培养选拔少数民族干部座谈会,坚持大胆提拔、充分信任、放手使用、培训提高、严格要求、关心爱护等原则,遵照有关法律法规和政策规定,云南省各级人大代表、政协委员中,都有一定比例的少数民族代表和委员,充分体现了民族平等、民族团结、当家作主的原则,成为社会主义民主政治不可缺少的重要内容。云南省委省政府始终坚持"不懂民族工作的领导干部不称职"的舆论导向,抓好"两支队伍"建设,把培养使用少数民族干部和熟悉民族工作的干部作为解决民族问题、做好民族工作的关键。坚持德才兼备的原则,按照"好干部"标准,坚持大力培养"忠诚、干净、担当",能够在维护民族团结、促进民族地区繁荣发展中发挥骨干带头作用的少数民族干部队伍。建立和完善省、州(市)、县(市、区)三级教育培养体系,确保少数民族干部培养不断层。加强少数民族干部储备,形成年龄、专业、来源结构合理的梯队。努力做到在省级机关、事业单位和群团组织的领导班子中至少配备 1 名少数民族干部,不断巩固"人口 5000 人以上的 25 个世居少数民族都有 1 名以上干部担任省级机关厅级领导干部"成果。各级机关招录公务员、事业单位招聘工作人员时,继续采取单设岗位、适当放宽招考和录用条件、合理确定开考比例等措施。加大基层少数民族干部、村官培训和挂职锻炼工作力度。完善少数民族干部交流机制,选派优秀少数民族干部和民族地区干部到中央、国家机关和省外经济发达地区挂职锻炼,加大从省级机关选拔少数民族干部到州(市)、县(市、区)党政班子挂职、任职和从州(市)、县(市、区)选拔少数民族干部到省级机关和省属国有骨干企业挂职、任职的力度。支持民族地区人力资源开发,编制实施少数民族人才发展规划,以人才提升科技研发力、创新力和转化力。让一大批把自己的前途、民族的希望与党的事业紧密联系在一起的优秀少数民族干部,一大批懂得民族政策、了解民族情况、熟悉民族工作、对各族群众充满感情的领导干部和各类人才,成为民族团结进步的中坚力量和坚强保证。①

(五)坚持不断加强民族团结的法制建设

加强民族团结的法制建设,依法行政,建立民族团结稳定的长效机制。坚持把加强民族团结的政策和成功经验写入有关的法律法规中,从法律上保障民族团结和边疆稳定。20 世纪 50 年代,云南初步开展民族立法工作,一些民族自治地方制定了组织条例和人大代表选举条例。1982 年新《宪法》修订、1984 年《民族区域自治法》公布施行以后,云南系统开展民族法制建设。从 1986 年 7 月云南省人大常委会审议批准云南省第一个民族自治地方自治条例《云南省楚雄彝族自治州自治条例》至今,全省先后出台《云南省实施〈中华人民共和国民族区域自治法〉办法》《云南省民族团结进步示范区建设条例》等民族工作地方性法规 223 件②,建立起以《宪法》为基础,以《民族区域自治法》为核心的,由地方性法规、行政规章、自治条例、单行条例和变通或补充规定等规范性文件组

---

① 徐畅江:《推进民族团结进步示范区创建工作》,载《社会主义论坛》2017 年第 2 期。
② 李正洪:《云南"民族"基本新省情的丰富内涵》,载《中国民族报》2020 年 7 月 23 日。

成、具有鲜明地方特点和民族特色的云南民族法律法规体系。坚持立改废释并举，修订完善贯彻民族区域自治法配套的地方性法规、规章和民族自治地方自治条例、单行条例，重点制定和修订完善生态环境保护、资源开发补偿、清真食品经营监管、城市民族工作、民族乡工作、民族文化保护与开发、维护民族团结进步等方面的地方性法规、规章，依法调整民族关系，依法管理民族事务。这些具有云南特点的民族法规，坚持从自治地方的实际出发，对加强民族团结，维护国家统一，保证各民族共同发展，帮助人口较少民族发展政治、经济、文化等都做出了具体规定，使维护民族团结有法可依。为保证法律法规的贯彻落实，各地还多次开展民族执法的监督与检查。积极引导各族干部群众牢固树立法治精神和法治思维，广泛开展法制宣传教育和法律法规培训，提高依法行政能力，引导各族群众学法、知法、守法、用法。这些法律法规强调维护国家的统一，强调国家和各民族的整体利益，注重民族关系的协调，保护环境，照顾少数民族特点，从法律上维护了民族团结的尊严。

(六) 坚持促进少数民族和民族地区经济社会发展

加快经济社会发展，改善群众生活，是建设中国特色社会主义的根本任务，是各族人民的本质要求，是搞好民族团结的基础。20 世纪 50 年代，在民族工作的不同阶段，党和政府都十分关心少数民族地区生产的发展和群众生活的改善。党的十一届三中全会后，全党工作重心从"以阶级斗争为纲"转移到以经济建设为中心上来，通过制定特殊政策措施，逐步缩小甚至消除少数民族和民族地区与发达地区的差距。坚持分类指导，对民族自治地方、边境地区、人口较少民族、"直过区"、散居民族地区、城市民族工作提出不同的工作要求，保证少数民族和民族地区与全省经济社会协调发展。坚持解放思想、更新观念，在国家的帮助下发扬自力更生、艰苦奋斗精神，不断提高自我发展能力。经济实力的增强，提高了各族人民的凝聚力、向心力和维护团结稳定的自觉性，为建立民族团结稳定长效机制夯实了坚实的基础。一个民族要走向繁荣，跻身先进民族行列，关键是要提高整个民族的文化科技素质。坚持扶贫与扶志、扶智、扶制相结合，"立足当前改变一代人"，大力开展实用技术培训，提高群众自身素质，增强自我发展能力；"着眼长远培养一代人"，大力推进义务教育和中等职业教育全覆盖、全免费，彻底阻断贫困的代际传递。多年的实践和探索证明：发展是基础，稳定是发展的前提，只有经济社会发展了，民族团结才有坚实的基础；反过来，民族团结了，会更好地促进经济文化的发展，社会才能更加和谐。

（七）坚持构筑各民族共有精神家园

20世纪五六十年代，云南涌现出了大批优秀的反映时代精神的民族艺术精品。民族文学、电影、音乐等都获得了长足发展，极大地增进了各民族的相互了解和友谊。云南省委省政府深刻认识到云南民族文化多样性的珍贵价值，率先在全国实施建设民族文化大省战略。在建设民族团结进步示范区进程中，民族文化进一步得到保护、传承并持续繁荣发展，为建设各民族共有精神家园奠定了坚实的基础，在推动经济社会发展、促进生态环境保护、增进民族团结、促进跨境交流互动方面发挥了显著作用，推动了民族文化大省到民族文化强省的历史性转变，提高了云南的国际知名度、美誉度和影响力，极大地激发了各族群众文化自信心和创造力，巩固了民族文化共生共荣、和谐发展的生动局面，促进各民族相互了解、相互尊重、相互学习、相互信任、相互帮助、相互包容。倡导各民族文化各美其美、美人之美、美美与共，使各民族文化繁荣发展的过程成为各民族相知、相亲、相惜的过程，成为民族团结的润滑剂、催化剂、黏合剂。[①] 构建各民族共有精神家园，使各族群众人心归聚，精神相依，切实增强对伟大祖国、中华民族、中华文化、中国特色社会主义道路的认同和归属，在思想深处形成和固守以社会主义核心价值观和中国梦为引领的中华民族共有精神家园。

第二节 云南城市民族关系的现实状况

城市化是社会经济发展的必然规律，其过程本身也是城市多民族化、文化多元化的过程，并与民族散居化互相作用。地区间的人口流动成为不可阻挡的历史潮流，各民族于此过程中如何友好相处就成了城市化进程中的重要议题。城市化对民族关系产生了重要影响，云南民族工作的对象正在从民族聚居地区扩展到民族散居地区，从农牧区扩展到城市，从常住少

[①] 徐畅江：《推进民族团结进步示范区创建工作》，载《社会主义论坛》2017年第2期。

数民族人口扩展到城市少数民族流动人口。城市社会关系的复杂性和多样性，也决定了城市民族关系的特殊性和重要性。

一 城市化与云南民族关系

城市化影响和改变着各族人民的生产生活方式和社会活动形式，城市民族工作的重心和民族关系协调的重点逐渐由农村转向城市，城市民族工作成为民族工作和城市工作的重要组成部分。随着云南城市化和城市多民族化的发展，城市民族关系在民族关系协调和民族工作中的分量越来越重。同时，社会价值观分化与文化多元化给民族关系带来冲击，区域发展差距扩大使民族矛盾一定程度上有所加剧，社会结构变化与利益多元化使民族关系更加复杂。[①]

(一) 城市化的概念及中国城市发展概况

城市化是一种复杂的社会和经济现象，是工业革命开始后引发的一场乡村和城市的大变革，是人类由农业社会向工业社会过渡的历史过程。20世纪80年代前中国城市化进程较为迟缓，从1949年到1989年，中国用了40年的时间，使城市化水平由10.6%提高到30%左右。改革开放以来的城市化进程处于快速发展阶段的初期，但已经显示出巨大的潜力，并在世纪之交，迎来城市化大发展的时期。[②]

1. 城市化的概念

城市化，英语为urbanization，译作"都市化""城镇化"，按照《中华人民共和国国家标准城市规划术语》[③]的定义，是指人类生产与生活方式由农村型向城市型转化的历史过程，主要表现为农村人口转化为城市人口及城市不断发展完善的过程，是随着一个国家或地区社会生产力的发展、科学技术的进步以及产业结构的调整，其社会由以农业为主的传统乡村型社会向以工业（第二产业）和服务业（第三产业）等非农产业为主

[①] 陈智慧：《论我国城市化进程中的民族关系》，载《浙江社会科学》2011年第3期。

[②] 杨侯第主编，沈林、张继焦、杜宇、金春子：《中国城市民族工作的理论与实践》，民族出版社2001年版，第42—47页。

[③] 国家质量技术监督局、建设部：《中华人民共和国国家标准 城市规划基本术语标准 GB/T 50280-98》，1998年8月13日发布，1999年2月1日实施。

的现代城市型社会逐渐转变的历史过程。

城市化是多维的概念,人口学把城市化定义为农村人口转化为城镇人口的过程,从地理学角度来看城市化是农村地区或者自然区域转变为城市地区的过程,经济学上从经济模式和生产方式的角度来定义城市化,生态学认为城市化过程就是生态系统的演变过程,社会学家从社会关系与组织变迁的角度定义城市化。① 城市化内涵包括人口城市化、经济城市化(主要是产业结构的城市化)、地理空间城市化和社会文明城市化(包括生活方式、思想文化和社会组织关系等)。②

2. 中国城市发展概况

城市作为人类文明历程的标记,是一国一地政治、经济、文化和交通的汇聚点,也是人们从事经济、社会、政治和文化活动比较集中的地区。

人类社会最初是没有城市的,最早的城市产生于古代农业社会,是农业革命、社会分工和小商品经济的产物。城市的产生至今已有数千年的历史。18世纪末以前,农村一直是人类居住和生活的主要场所,城市人口在总人口中只占很小的一部分,当时生产力发展水平处于非工业状况。欧洲工业革命开始以来,世界逐步进入了城市时代。古代城市与工业化社会的现代城市有着本质的区别。如果说农业革命只是使城市诞生于世,那么,工业革命则引起城市化的发展趋势,使城市成为世界的主宰。③

中国是公认的世界上少数几个城市的发源地之一。中国城市产生和发展的历史已有四千余年。"城"与"市"在我国古代是两个不同的概念:"城"是指四周围以城墙、扼守交通要冲、具有防卫作用的军事据点;"市"则是指贸易市场,原先并非是组合为一体的。城市的最初形成是在夏代,随着城市人口增多,贸易市场逐渐迁至城郊,并最终长期设在城内,城与市渐渐混为一体。

近现代中国城市的发展被都市人类学家划分为两个时期(1840—

---

① 崔胜辉、李方一、于裕贤、林剑艺:《城市化与可持续城市化的理论探讨》,载《城市发展研究》2010年第3期。
② 欧名豪、李武艳、刘向南、谌明:《城市化内涵探讨》,载《南京农业大学学报》(社会科学版)2002年第6期。
③ 杨侯第主编,沈林、张继焦、杜宇、金春子:《中国城市民族工作的理论与实践》,民族出版社2001年版,第30—50页。

1919年称为近代城市；1919—1949年称为现代城市）。当代中国的城市化进程以1949年为起点，由于没有实行开放的城乡关系政策，更没有制定因地制宜的城市化发展战略，城市化进程长达30多年之久没有走出起步阶段。

改革开放以来的城市化进程，进入快速发展阶段，显示出巨大的潜力。中国农村在20世纪90年代末进入了一个全新的历史发展阶段。农村现代化是一个整体的社会经济发展过程。从经济角度看，农村现代化过程表现为农村经济的工业化和非农化；从社会角度看，农村的现代化过程表现为社会和人口的城镇化，农村的非农化和城镇化是农村在社会经济协调发展的现代化进程中两个紧密联系、互相促进的方面。①

（二）云南的城市化进程及其特点

中华人民共和国建立以后，云南省的城市化水平有所提高。特别在20世纪80年代后，城市化的速度加快。但与全国水平相较，云南省的城市化仍处于较低水平，仍在加速发展过程中。

1. 云南的城市化进程

1949年中华人民共和国建立以来，我国的市镇建制先后数次作了重要规定和调整。云南省和全国一样，随着城市体制的改革，市镇快速增长，城市化进程加速推进。自1949年12月9日和平解放以后，云南开始了社会主义建设进程，城市化也迎来了新的发展。但是20世纪50—70年代市镇发展缓慢，市镇建制变化不大；进入80年代后，随着城市体制的改革，市镇增长迅速。1978年党的十一届三中全会以后，中国实施改革开放政策，云南省市镇建制发展很快。到1990年，市建制增长3.5倍，镇的数量也由1954年的172个增长到1990年的357个，增长了2.08倍。改革开放为城镇的发展开辟了道路，但是当时城市内部的机制并没有根本变化。② 至2004年10月止，云南省共有8个省辖地级市（昆明市、昭通市、曲靖市、玉溪市、保山市、普洱市、丽江市、临沧市）、8个民族自治州、9个县级市（开远市、楚雄市、大理市、个旧市、景洪市、瑞丽

---

① 中国古代、近现代及改革开放以来城市化进程的内容，参见杨侯第主编，沈林、张继焦、杜宇、金春子《中国城市民族工作的理论与实践》，民族出版社2001年版，第30—50页。
② 吴晓亮：《建国以来云南城市化问题探讨》，载《思想战线》1994年第6期。

市、宣威市、安宁市、潞西市)、12个市辖区(五华区、盘龙区、西山区、官渡区、东川区、昭阳区、麒麟区、红塔区、隆阳区、翠云区、古城区、临翔区)、108个县(79个县、29个自治县)、597个镇(为2002年年末数据)。在17个设市城市中,有特大城市(100万人以上)1座:昆明市;大城市(50万—100万人)空缺;中等城市(20万—50万人)4座:曲靖市、个旧市、大理市、玉溪市;小城市(20万人以下)12座:昭通市、开远市、保山市、楚雄市、普洱市、临沧市、景洪市、瑞丽市、宣威市、安宁市、潞西市、丽江市。[①] 2010年全省城镇化率为35%,与2005年相比提高了近6个百分点。按国家行政建制设立了19个市,其中地级市8个,县级市11个,县级市中自治州内的县级市有9个。2016年1月1日,云南省全面取消农业、非农业户口性质区分,促进了全省户籍人口城镇化。截至2015年年底,全省户籍人口共1523万户4691万人,其中城镇人口1471万人,城镇化率从16.5%上升到31.42%。截至2016年年底,云南省有国家行政建制市23个,市辖区16个,街道办事处(镇)849个,社区2323个,全省城镇化率为45.03%。2018年年末,云南省常住人口4829.5万人,城镇化率47.69%。2019年年末,云南省城镇化率达48.91%,和全国常住人口城镇化率60.6%相比还有较大差距。

2. 云南城市化进程的特点

一是云南城市化发展不平衡。云南城市数量的增长同全国一样,行政指令因素过强,缺乏一种较为稳定和相对科学的设制依据。设置市镇建制的人口规模、非农人口的数量占总人口的比例、人均国民生产总值等指标缺乏可比性,加之政策的调整不连贯,使得城市数量增长的同时还伴随着城市化水平的不平衡。[②]

二是云南城市化加速发展。云南城市化发展速度比较快,并且近几年来加速发展。云南城市化进程中出现的这种"加速度"发展,推动了现代新昆明建设,以及滇中城市群(昆曲玉楚)建设、个(旧)开(远)蒙(自)城市群建设,还有滇西、滇西北、滇西南、滇南、滇东北城市群的建设发展。

---

① 李立纲、王志雄:《城市化理论与实践——云南城市化进程的若干研究》,云南出版集团公司、云南人民出版社2007年版,第3页。

② 吴晓亮:《建国以来云南城市化问题探讨》,载《思想战线》1994年第6期。

三是云南城市化总的来说还是处于一个城市数量少、结构不合理、城市化程度低的状况。城市化整体水平还落后于全国平均水平，与东部先进省市相比差距更大，主要表现在云南城市人口少，城市化率低；城市（镇）数量少；城市化水平低；绝大部分城市经济实力较弱；城市结构不合理。①

（三）城市化进程对云南民族关系的影响

随着城市化进程的推进，云南少数民族群众走出山区，从农村到城市务工、经商，有利于弥补大中城市劳动力资源的不足，有利于打破城乡分离的二元社会结构，推进云南的工业化、城市化、现代化进程，促进全省经济发展、社会进步。同时，少数民族群众通过进城务工、经商，学到了技术，更新了观念，积累了资金，有利于带动家乡脱贫致富，促进民族地区的经济社会发展。少数民族群众和城市居民在交往和接触中，密切了彼此间的经济文化交流与合作，增进了民族间的了解和感情，加深了对彼此的理解和认同，对巩固和发展平等、团结、互助、和谐的社会主义民族关系有积极影响。②因此，可以说城市化进程中的民族政治、经济和文化发展，民族间交往的深入及民族群体居住方式的转变，均在推动民族关系的和谐发展。

但是，在城市化过程中，人口大量迁移导致城市中各民族人口相对比例发生改变，出现了民族之间生存与发展的竞争关系，而这种竞争关系往往与民族矛盾和文化冲突密切相关。城市民族的居住格局并非一种平面式的静态现象，不单是一张民族分布图，与城市中民族之间的社会关系和交往网络相关，反映了民族之间各种经济的、社会的、文化关系，这种关系有和睦相处的一面也有矛盾冲突的一面。③一些少数民族群众进城后，由于环境变化、生活习惯、收入差距、地位落差等因素，未能适应城市生活。或与城市原有居民及其他民族之间，因风俗习惯和具体利益上的差别

---

① 李立纲、王志雄：《城市化理论与实践——云南城市化进程的若干研究》，云南出版集团公司、云南人民出版社2007年版，第7—13页。

② 李正洪：《推动城市民族工作创新发展 促进民族团结进步边疆繁荣稳定示范区建设》，载《今日民族》2011年第11期。

③ 杨侯第主编，沈林、张继焦、杜宇、金春子：《中国城市民族工作的理论与实践》，民族出版社2001年版，第75—77页。

发生矛盾，遇事习惯抱团，容易引发违规、违法甚至群体性事件。由于云南正处于体制转换和利益调整时期，一些地方和部门对城市民族关系协调工作准备不足、重视不够、机制不全、措施不力，一些问题不能得到及时、妥善处理，容易演化为群体性事件，甚至酿成严重后果，危害和影响到城市的团结稳定与和谐发展。

民族关系在城市化进程中变得更加多元、复杂，进一步做好城市民族关系协调工作，让少数民族群众共同维护良好的社会秩序，已成为事关云南城市民族工作全局的重中之重。

二 云南城市民族关系的现实状况

随着少数民族群众越来越多地向城市聚集，城市少数民族人口将快速增长，城市多民族化特征日益突出，多民族进程逐渐加快，民族社区类型更为多元，城市少数民族、城市民族社区与城市民族关系也更加紧密，呈现出新的特点。

（一）云南城市少数民族与城市民族关系

城市化进程加速发展之前的很长一段时期，少数民族中的知识分子、民族代表人士及就职于党政机关、事业单位的工作人员构成了城市少数民族的主体。他们人口比例不高，但是社会联系广泛，与本民族地区联系密切，对本民族和民族地方的"辐射"和"带动"作用很大，在一定程度上还是本民族权益的代表。[1] 20世纪90年代以来，随着中国经济的快速发展和城市化进程的加快，城市少数民族人口迅速增加，出现了新的特点，与此相联系的城市民族工作越来越重要，城市民族关系也成为城市民族问题和城市民族工作的重要组成部分。

1. 云南城市少数民族特点

云南城市少数民族特点主要是人口数量迅速增长、流动性日趋增强和民族结构显著变化等。

（1）人口数量迅速增长

2010年云南省城市少数民族总计约237万人，占云南省少数民族人

---

[1] 杨剑波：《云南少数民族的城市化特点及发展趋势》，载《今日民族》2005年第11期。

口的15%，占城市居民总人口1168万人的20%。社区常住人口917.44万人，其中少数民族常住人口174万人，占城市社区常住人口的19%；社区少数民族流动人口近63万人，占社区流动人口的25%。云南省城市社区中，少数民族常住人口占社区人口数30%以上的有377个，占20%以上的有505个，少数民族人口占10%以上的有918个。城市社区人口较多的少数民族是彝族、哈尼族、白族、傣族、壮族、回族等。[1] 2010年全省共有1455个社区，分布在16个州（市）、129个县（市、区）、300个乡（镇、街道）。社区数量最多的是昆明市，有538个社区，其次是曲靖市229个社区，红河州121个社区，昭通市107个社区；社区数量最少的是迪庆州和怒江州，分别为11个和13个。[2] 截至2018年年底，云南省有国家建制市24个（其中地级市8个，县级市16个），市辖区17个，自治州内的县级市12个，街道办事处（镇）860个，社区2502个。全国第六次人口普查显示，云南省城市少数民族人口296万人，占城市总人口的26.9%，较"五普"时候增加了68万人，上升了3.8%。[3]

在全国省会城市中，昆明是辖民族自治地方最多、世居少数民族最多、少数民族人口总数位居第二的城市。昆明市1953年第一次人口普查，有23个民族成分，少数民族人口有18.4万人。直到1987年，云南仍只有昆明市1个建制市。1990年第四次人口普查，有45个民族成分，少数民族人口有56.59万人；2003年，有56个民族成分，少数民族人口有70多万人。其中，五华、盘龙、西山、官渡四区，常住少数民族流动人口7万人左右。2013年年底，昆明市少数民族户籍人口84万人，占全市户籍总人口的15.4%，其中，主城五区少数民族总人口29.7万人，占五区总人口的12.2%。全市共有51个民族成分，其中世居少数民族9个，少数民族呈现分布广、大分散、小聚居的特点。2013年10月，昆明市少数民族流动人口达28.2万人，占全市流动人口的14%。少数民族流动人口主要分布在五华、盘龙、官渡、西山、东川五区和安宁市。截至2016年5

---

[1] 李正洪：《推动城市民族工作创新发展 促进民族团结进步边疆繁荣稳定示范区建设》，载《今日民族》2011年第11期。

[2] 李正洪：《推动城市民族工作创新发展 促进民族团结进步边疆繁荣稳定示范区建设》，载《今日民族》2011年第11期。

[3] 云南省民族宗教委员会"城市民族"官方公众号推送数据，2019年10月。

月，昆明市 116 个街道办（乡镇）591 个社区中，少数民族流动人口为 33.6 万人，占全市流动人口总数 231.7 万人的 14.5%。

2010 年第六次全国人口普查显示，我国汉族人口占 91.51%，增长了 5.74%；各少数民族人口占 8.49%，增长了 6.92%。少数民族人口 10 年年均增长 0.67%，高于汉族 0.11 个百分点。从云南普查数据看，汉族人口占 66.63%，增长 8.59%；少数民族人口占 33.37%，增长 8.37%。少数民族人口增长略低于汉族人口增长，主要原因是流入人口中，汉族人口比重较大；流出人口中，少数民族人口比重较大。从昆明的普查数据看，汉族人口占 86.16%，增长了 10.22%；各少数民族人口占 13.84%，增长了 18.19%。少数民族人口增长高于汉族人口近 8 个百分点，主要原因是流入人口中，少数民族人口比重较大；流出人口中，汉族人口比重较小，和全省情况正好相反。

根据国家统计局官网 2021 年 5 月 11 日发布的第七次全国人口普查主要数据情况显示，我国汉族人口占 91.11%；各少数民族人口占 8.89%。与 2010 年相比，汉族人口增长 4.93%，各少数民族人口增长 10.26%，少数民族人口比重上升 0.40 个百分点。民族人口稳步增长，充分体现了在中国共产党领导下，我国各民族全面发展进步的面貌。流动人口增长 69.73%。我国经济社会持续发展，为人口的迁移流动创造了条件，人口流动趋势更加明显，流动人口规模进一步扩大。

云南城市少数民族人口增长主要来自：一是世居的少数民族居民人口自然增长；二是民族乡改为街道办事处、村改居后形成的城市社区（俗称的"翻牌社区"）少数民族，或因土地被征用的农村少数民族被动转为城市居民；三是重大工程建设中移民安置形成新的城镇居民；四是进城务工、经商的少数民族群众；五是进入城市工作生活的少数民族干部和各类专业人才；六是因上学、婚嫁进入城市生活的少数民族群众。①

（2）流动性日趋增强

云南是一个人口流动大省，少数民族人口流动呈现出以下特点：一是

---

① 李正洪：《推动城市民族工作创新发展 促进民族团结进步边疆繁荣稳定示范区建设》，载《今日民族》2011 年第 11 期；郭家骥：《云南省城市民族关系面临的问题与对策》，载《云南民族大学学报》（哲学社会科学版）2012 年第 5 期。

全省流出人口中少数民族人口数量偏多；二是滇东北、滇中人口流动主要流向省外发达地区，其他地区人口流动则主要流向昆明和一些旅游热点城市；三是少数民族流动人口流动具有鲜明的地域化特征和本民族聚集特点，一般是"大分散、小聚居"，省外主要来自四川、贵州、湖南、广西等周边省区，省内则是来自红河、文山、昭通、曲靖、楚雄等地的较多；四是少数民族流向城市的数量呈现逐年上升的趋势，因务工、经商、学习、旅游、婚嫁等多种原因进入城市；五是多集中于商业、餐饮业和旅游业，小商小贩占相当比例，整体文化教育水平相对较低，且流动性大。①

彝族、白族、回族、哈尼族、壮族、苗族、傣族等是昆明市少数民族流动人口数较多的少数民族，有的来自云南省内各地，有的来自贵州、四川、广西、湖南、青海等少数民族地区。昆明市于 2017 年被国家民委确定为全国少数民族流动人口服务管理示范城市，于 2018 年被国家民委列为深入推进少数民族流动人口服务管理体系建设试点城市之一。

（3）民族结构显著变化

少数民族流向城市使得城市民族结构发生变化。从性别结构上看，男女比例并未完全平衡。从年龄结构上看，流动人口年龄结构年轻化，新生代农民工到城市务工经商的人越来越多，其中，中青年占了绝大多数。从文化层次上看，以初中、高中文化水平为主，在城市就业的竞争中明显处于弱势。民族结构显著变化，从另一方面也推动了城市多元文化的发展，改变和丰富了城市的文化发展面貌，有助于加强各民族间在文化、民族心理上的包容程度，促进少数民族流出地即民族地区的政治、经济文化的发展，改变少数民族地区的传统观念，给少数民族的传统文化、民族心理、民族语言等诸多方面都带来了影响。②

2. 云南城市少数民族对城市民族关系的影响

少数民族人口的流动在城市化进程中将进一步加速，对现有的民族关系格局及输入地、输出地的经济发展、社会稳定都会带来正反两方面的影响；民族关系和谐与否又深刻影响着民族地区的发展和稳定。

---

① 杨剑波：《云南少数民族的城市化特点及发展趋势》，载《今日民族》2005 年第 11 期；李正洪：《推动城市民族工作创新发展 促进民族团结进步边疆繁荣稳定示范区建设》，载《今日民族》2011 年第 11 期。

② 杨剑波：《云南少数民族的城市化特点及发展趋势》，载《今日民族》2005 年第 11 期。

大量的少数民族进入城市，不断地打破地区之间和民族之间的障碍，强化民族之间的经济互补、城市文化多样性和民族间的交流、交往、交融，这是城市民族关系和谐发展的必然要求和重要前提。

但是少数民族流动人口在城市不断增多，因传统文化、宗教信仰和风俗习惯等方面的显著差异，容易与城市居民发生矛盾。大多数进入城市的少数民族来自边远贫困地区，受制于教育层次、政策法规意识等方面的局限，对城市工商、环保、公安和有关社会秩序方面的规定不熟悉而违反社会治安管理规定，在城市管理、治安、公共资源占有、就业、权益保障等方面容易产生问题，成为城市民族问题的导火线，不利于城市和谐民族关系的构建。

（二）云南城市民族社区与城市民族关系

社区是城市社会的基本单元，是各民族生产生活、交往交流的重要平台，是城市社会管理的重心。[①] 同时，社区是社会治理的最末端，是民族问题、宗教问题、社会问题最密集交叉集中的地方，是协调民族关系、维护少数民族合法权益、促进民族团结的主战场。[②]

本书重点关注几种类型的社区与城市民族关系的联系，这也是当前城市民族关系现状研究的一个重要方面。

1. 云南城市少数民族社区的主要类型

根据昆明市民族事务委员会、昆明市政府研究室2014年9月对城区少数民族聚居社区的研究，对少数民族聚居社区及类型进行了界定，少数民族人口占社区总人口比例达到30%以上或总数超过1000人的社区，以及人口比例虽然没有达到30%，但是社区是重要的少数民族宗教文化活动场所或集聚着一定数量的少数民族流动人口，协调民族关系任务重的社区，都属于少数民族聚居社区。主要分为四种。

单一少数民族聚居型社区：社区内居住的少数民族居民主要由某一个民族构成，该少数民族人口占社区人口的比例通常在30%以上甚至更高。这类社区多为农村社区，社区内少数民族大部分为世居，社区有一定集体

[①] 刘吉昌、金炳镐：《城市民族工作是当前民族工作的重点》，载《中国民族报》2016年12月30日第005版。

[②] 张雪松：《城市化进程中失地少数民族市民化研究——以昆明彝族和回族聚居社区为核心的考察》，博士学位论文，云南大学，2017年。

资产,例如呈贡区雨花街道办事处回回营社区、西山区团结街道办事处雨花社区。

多个少数民族聚居型社区:社区内居住着多个少数民族,少数民族人口占社区人口的比例通常不是太高(多数在10%以上,有个别社区占比超过30%),但总数超过1000人。社区既有传统城市社区,也有农村社区;既有世代居住的少数民族居民,也有新迁移入的少数民族居民(有的已转成昆明户籍人口,非昆明户籍人口多数也是长期稳定居住)。例如,五华区西蠹街道办事处迤六社区、西山区碧鸡街道办事处观音山社区。

少数民族宗教活动聚集型社区:社区内虽然居住的少数民族占比不高,但该社区的宗教场所经常性吸引一定规模的少数民族聚集到社区从事宗教文化活动。这类社区多为传统城市社区,主要是随着城市的更新改造,一些城区内单一少数民族聚居型社区被拆迁,大部分居民向外搬迁,但由于社区内宗教场所(比如清真寺)还存在,吸引了一批本社区以外的少数民族来此进行宗教活动,例如五华区大观街道办事处顺城社区。

少数民族流动人口集中型社区:社区内少数民族人口占比不高,主要是来昆打工的外地少数民族集中居住或者集中工作的地方。此类社区人员构成相对复杂、社会流动性大,对社会治安影响大,管理难度大,协调民族关系任务重,例如官渡区金马街道办事处大树营社区、西山区金碧街道办事处工人新村社区。

本书对少数民族社区的分类和上述分类有所不同,主要是从社区的形成方式及特点进行分类,主要分为以下几种。

(1)世居少数民族社区

国内学术界关于"世居"的定义尚未统一。有的学者认为,"世居民族"应在某地居住五代以上。[1] 还有的学者认为,"城市世居少数民族"是指在中华人民共和国成立以前历史形成的,在城市有一定规模或聚居区域的少数民族。[2] "世居"的标准是相对的,中华人民共和国成立之前并没有进行民族识别,难以清晰地界定哪些民族为世居民族。从时间和空间

---

[1] 马明龙主编:《广西回族历史与文化》,广西民族出版社1998年版,第18页。
[2] 林钧昌:《城市化进程中的城市民族问题》,载《西南民族大学学报》2004年第12期。

两个维度来判断,若符合这两个条件者大体上可以视为世居民族:从时间上看,该民族要在某地居住 100 年以上(100 年为 1 世纪,简称为"世";如果从社会学意义上的"代"来划分,15—25 年为一"代"则比较符合中国实际);从空间上讲,该民族要形成村庄、街道等居民聚落。① 世居少数民族定居生活的城市社区,如昆明市五华区大观街道办事处顺城社区,就属于城市世居少数民族社区。

在城市化发展的过程中,位于城市中心的世居少数民族社区可能因城市拆迁、改造受到一定程度的影响,回族等一些"围寺而居"的群众,以城市发展大局为重,迁到城外或城边新建的安居小区,在生活上,特别是宗教生活上有所不便。如何尊重少数民族的信仰和生活习俗,让丰富多彩的宗教文化成为都市多元文化中的重要组成部分,彰显都市文化的包容性和兼容性,城市化过程中世居少数民族社区建设需要纳入考虑的问题。

(2) 民族乡"撤乡建镇、改办"及"村改居"后形成的转制社区

根据 1982 年宪法的规定,国务院于 1983 年 12 月发出《关于建立民族乡问题的通知》,就建立民族乡的有关问题做出规定。1987 年 12 月 9 日,中共云南省委、省政府发出《关于改革区乡体制的通知》。《通知》指出:1984 年,我省对农村政社合一体制进行改革,把政社分开,但县政府派出机关区公所以下的乡人民代表大会和乡政府却因辖区太小、人口过少、机构不全,很难行使宪法和法律所赋予的职权。决定把现在的区改为乡或镇,建立基层政权组织;在原来小乡的基础上设立村公所或办事处,作为新设立的乡或镇人民政府的派出机关。并指出:凡是相当于乡的少数民族聚居的地方,应当建立民族乡。

各地根据省委、省政府的指示,经过认真筹备,通过召开人民代表大会,于 1988 年完成了区改乡(镇)的工作,个别乡镇的建立是在 1989 年完成的。至 1990 年,云南在推行民族区域自治中,完成了自治州、自治县及民族乡的建立。据 1993 年统计,全省建有 197 个民族乡,数量位居全国第二,国土面积 55372 平方公里,占全省面积的 14.05%,总人口 323.2 万人,占全省总人口的 8.5%,其中少数民族人口 197.7 万人,占

---

① 廖杨、付广华:《桂林市城市化进程中的民族问题及其对策研究——南宁、桂林市城市化进程中的民族问题及对策研究之一》,载《广西民族研究》2008 年第 4 期。

全省少数民族总人口的15.7%。25个世居少数民族除满族人口分布高度分散未建立民族乡，景颇族、藏族只建有自治地方（州）外，其余22个少数民族均建有民族乡。

民族乡自建立以来，在省委、省政府的领导下，在国家民委的关心指导下，经济社会有了很大发展，各族群众的生活水平明显提高。但是，随着改革的深入，特别是进入21世纪以来，随着城镇化进程的加快，很多地方掀起了撤乡建镇、改办的热潮。至2009年年末，全省有49个民族乡已撤乡建（并）镇、改办，尚保留"民族乡"称谓的还有148个；至2014年，全省还有142个民族乡；至今，云南还保留140个民族乡，以后还会不断减少。

民族乡撤乡建镇、改办及"村改居"后形成的社区，少数民族的比例仍较高，与传统的城市社区和农村都存在差异，同时具有城市社区和农村的特点。例如，随着城市化进程的推进，经过撤乡建镇（并镇）、改办原昆明市团结彝族白族乡、沙朗白族乡和太平白族乡已转制为街道办事处，办事处驻地所在的龙潭、东村和桥头村均转制为城市民族社区，白族人口比例分别为75.18%、64.14%和61%。当地社区居民有从事第一、第二、第三产业的，生活方式并未完全城市化。这类社区通常是由同质性较高、凝聚力较强的农村社区转制而成。少数民族转制社区的城市化目标是让社区内的共同体得以延续，使转制的村民尽快适应新的生活环境、社会管理方式。这类社区基本都是由熟人组成，有共同的文化基础，不同于城市中商品房小区那样的陌生人社区。尽管近年来外来人口较多，社区流动性加强，但这类社区也多是处于半熟人的社会中。[1] 例如，呈贡区雨花街道办事处回回营社区和西山区海口街道办事处海口里仁社区都属于"村改居"的城市民族社区。

基层干部把这一主要依靠行政力量自上而下推动"撤乡建镇、改办"或"村改居"的工作叫作"翻牌"。民族乡"撤乡建镇、改办"及"村改居"后形成的转制社区，通过行政建制改变产生了制度性农村人口城镇化。这种低水平、粗放型的城镇化呈现出土地城镇化快于人口城镇化的

---

[1] 张雪松：《城市化进程中失地少数民族市民化研究——以昆明彝族和回族聚居社区为核心的考察》，博士学位论文，云南大学，2017年。

特点。强制城镇化和"被市民化"的局面,并未带来人口"质"的同步提高,制约了改镇改办民族地区经济的可持续发展。原有政策失效且配套措施缺位的问题突出,同时,在"村改居"过程中,征地、补偿、安置等矛盾突出;生育二孩过渡期短导致"抢怀强生"时有发生;土地的历史性遗留问题多,部分地区规划滞后,土地审批难度大,群众建房难,买房贵,子女求学考录难等问题凸显,由于管理体制和机制尚未健全,导致组织管理相对混乱。一些"翻牌"后同时失地的少数民族,缺乏足够的城市就业所需的劳动技术,缺乏资金积累,就业难成为一个突出的问题。干部村民要求村转居后得到土地赔偿,企业改制后集体资产处置后再做分配,原来村民应享受的各种待遇如果处理不善,会导致社区矛盾突出,造成不稳定因素,对城市民族关系造成了影响。①

(3) 失地少数民族及移民安置社区

工业化和城市化的不断发展,促进城市规模的不断扩张,城市建设用地的日益增加,对周边非城市用地和农业人口的影响不断扩大,原先属于城郊和农村的土地不断变为城市用地,越来越多的农民因各种原因失去土地,生活在城镇。云南少数民族众多,失地农民中包含有大量的少数民族群众。

失地少数民族社区和移民安置社区在一些地区表现为因"失地"而"安置"的联动反应,而在一些地方则是较为单纯的"失地",但都是因城市化发展及土地使用性质变更产生的新的城市少数民族社区。同时,由于城市周边的少数民族分布较为集中的区域,大部分在民族乡撤乡建镇、改办前也是作为民族乡的建制存在的,因此和民族乡撤乡建镇、改办及村改居后形成的城市少数民族社区也有交叉,除了兼有因建制、体制、管理改变引发的共性问题外,有的失地情况更加突出,比如官渡区阿拉街道办事处的普照社区和石坝社区。

云南省民族宗教事务委员会对失地少数民族进行的专题调研中,涉及的典型社区包括:昆明市呈贡区吴家营街道办事处缪家营社区、昭通市昭阳区凤凰街道办事处文渊社区、楚雄州楚雄市鹿城镇栗子园社区、文山州

---

① 王俊:《民族乡撤乡建镇、改办的思考——基于昆明市六个民族乡的案例研究》,载《云南民族大学学报》(哲学社会科学版) 2015 年第 4 期。

富宁县新华镇新兴社区、怒江州泸水市六库镇江西社区、临沧市云县爱华镇新云洲社区、丽江市古城区金山街道办事处东元社区、大理州大理市大理镇五华社区、曲靖市宣威市宛水街道办事处新文社区。这些社区中，城郊接合部的社区有新兴社区、新云洲社区、东元社区、新文社区等；城市中心的有五华社区、文渊社区、江西社区；整体搬迁安置的社区有栗子园社区、缪家营社区等。

青山嘴水库工程是 2006 年国家发改委批准的西部地区新开工建设的 12 项重点工程之一，也是云南省和楚雄州"十一五"期间的重点水利工程项目。青山嘴水库淹没线以上 47392.84 亩，淹没线以下 8142 亩，搬迁涉及 2 个乡镇，4 个村委会，34 个移民村小组共征占土地 55534.93 亩。青山嘴水库建设移民安置采取从农集中安置、城市楼房安置、城镇宗地安置、货币安置和投亲靠友五种方式。楚雄市鹿城镇栗子园社区占地面积 326.7 亩，坐落于鹿城镇东南面，是从 18 公里之外搬迁到这里组建成的一个新社区，居住着汉、彝、回、藏等 11 个民族的 7000 多名集中安置居民。

2005 年，安宁市成立安宁工业园区，该园区被列为 30 个省级重点工业园区之一，现已成为云南省重要的钢铁、磷盐化工基地。工业园区集中布局于安宁主城以西，规划覆盖安宁市西部的草铺、青龙、禄脿 3 个街道。权甫村委会下设 7 个村民小组，有人口 2773 人。由于中石油项目落地于草铺，权甫村委会从 2011 年开始整村搬迁过渡，直到 2016 年 1 月整村搬入安置房连然华府小区，辖区内包括苗族群众在内的农民开始了到居民的转变。

官渡区阿拉彝族街道办事处境内铁路、公路纵横交错，石安公路、昆石高速公路、贵昆公路、贵昆铁路、昆河铁路、南昆铁路从境内贯穿而过，加之驻乡单位、部队多，人均占有耕地少，尤其是随着近年来城市化进程的加快和非农业用地需求的增长，改为办事处后，普照、石坝两个村委会改为居委会，但少数民族比例依然较高。由于失去了耕地，致使富余劳动力较多，涉及失地少数民族生产生活和社会保障的问题也越来越突出。

失地少数民族及移民安置社区群众生产生活方式和传统生活环境的改变，无法再从事传统的劳作方式，难以在短期内适应城镇生活，加之市场经济意识相对薄弱，学校受教育年限较短、就业能力较弱，大多只能从事劳动密集型行业，或是自己做些小本生意，就业岗位和经济收入缺乏稳定性和持久性，隐含着再次失业的风险。正是由于这种转变的剧烈性和突发性，原有农村社区快速转变为城市社区的同时，部分少数民族失地农民的社区认同心理往往难以实现与之相适应的调整，而这种认同断裂现象正是阻碍其融入城市生活的重要原因之一。① 大部分社区本身没有专项扶持资金，很多工作难以开展，加之有关部门重视程度和扶持力度不够，工作成效不够明显。因此，这一群体不得不在短时间内去适应生产生活、文化习俗、宗教信仰等诸多方面的改变，容易在城市化进程被边缘化。随着市场取向改革的进一步深化，因经济利益分配、土地、山场、重点工程建设等引发的各类矛盾依然存在，维护民族团结和社会和谐稳定的工作依然艰巨，亟须在社会发展中给予关注。

(4) 流动少数民族聚居社区

随着城镇化进程的加快，进城务工经商的少数民族流动人口规模不断壮大，为云南城市经济社会发展做出了贡献。进入城市的少数民族流动人口因亲缘、地缘或业缘关系，再加之与流入地存在的地区差异、民族差异以及文化差异，往往会自发聚居一起，选择成本相对较低的城市周边的社区居住，在城市中形成一个相对独立的生活空间和社交圈，形成一个个"民族村"。但是这些区域基础设施落后、管理缺位、环境脏乱差、居住人员复杂、流动性较大、安全问题突出，少数民族群体经常聚居在一起，给城市公共管理和城市民族工作带来了一系列新情况、新问题，容易形成突发性群体事件，从而影响民族团结和城市和谐稳定。②

流动少数民族聚居社区往往存在"三个不适应"，即进城的少数民族群众对城市的生活和管理方式不适应；城市居民对进城少数民族群众的某些生活和行为方式不适应；城市管理者的工作方式和管理机制与少数民族流动人口事务需求不适应。由此带来的城市管理、涉及民族因素的利益纠纷、文化适应与冲突等问题，成为新形势下城市民族问题的重要表现形

---

① 高永久、郝龙：《变迁与重构：少数民族失地农民的社区认同更新路径探析》，载《新疆社会科学》2012年第6期。

② 孙淑秋：《幸福广东建设背景下少数民族流动人口聚居社区精细化"智"理研究》，载《中南民族大学学报》（人文社会科学版）2015年第2期。

式。与之相适应，少数民族流动人口服务管理工作也成为当下城市民族工作的重要内容。"三个不适应"对少数民族流动人口产生的负面影响与民族因素杂糅在一起，容易导致一般的社会问题被引致民族问题。①

2. 云南城市少数民族社区与云南城市民族关系

城市少数民族社区是维护社会和谐稳定的最基本单元。随着全面深化改革步伐的不断加快、利益格局的调整变化，新形势下出现的一些新矛盾、新问题都会在城市少数民族社区中率先体现出来。针对不同城市少数民族社区的特点，推进社区建设的科学化、规范化、现代化，提高社区服务和管理水平，才能激发社区少数民族居民的社会认同，促进社区经济文化事业的繁荣发展，避免少数分裂主义分子、犯罪分子借机制造事端。近年来，云南省在推进民族团结进步示范社区创建工作中，虽然加大了对一些社区建设管理的支持力度，但还存在不少现实问题。在城市少数民族社区的建设中，切实贯彻落实国家有关民族宗教政策、扶持少数民族和民族地区经济社会发展，关心少数民族的切身利益，将有助于构建和谐的城市民族关系。相反，如果不能妥善处理好社区少数民族优秀传统文化的传承、宗教信仰自由、移民搬迁、失地再就业、少数民族合法权益保障等一系列问题，对于民族关系的发展将起到阻碍作用。创新和加强城市少数民族社区管理服务，了解社区少数民族居民的居住分布和生产生活状况、存在的具体困难和问题，实施具有针对性的措施，增进社区内各民族的团结进步，才能为城市民族关系的和谐发展奠定坚实基础。

（三）云南城市民族关系的现状特点

随着城市化和市场化进程的不断推进，城市中少数民族人口"大分散、小集中"特点弱化、"散居化"趋势加强；来源广泛，成分多元化，增长较快，整体素质相对较高的趋势越来越明显；从业多样化、分层现象明显，各族群众跨城乡、跨区域、跨行业流动速度不断加快；少数民族显形特点逐渐弱化而民族认同意识、维权意识逐渐增强，同族同乡观念逐渐增强，这些都使得在新的城市环境中，民族关系在平等、团结、互助、和谐的基础上，变得更加复杂、更加敏感、更具联动性以及较难处理等。

---

① 严庆、姜术容：《基于人口流动产生的城市民族问题机理浅析》，载《中南民族大学学报》（人文社会科学版）2016年第3期。

1. 主流是平等、团结、互助、和谐的关系

随着改革开放和社会主义市场经济的进一步发展,云南进入了各民族跨区域大流动的活跃期。省委、省政府不断加强党的民族理论政策和民族法律法规知识宣传教育,让"三个离不开"思想观念根植于各民族群众内心,在全社会筑牢中华民族共同体意识,使各民族共同团结奋斗、共同繁荣发展及各民族共建美好家园,共创美好未来成为思想共识。通过促进城市民族地区和各少数民族经济社会发展,大力发展和注重培育优质的城市少数民族特色产业,缩小各民族在经济发展上的差距。在少数民族经济社会发展方面予以倾斜性照顾,以优惠性的制度和政策帮助其从城市获得更多的社会支持。作为都市的亚文化群,少数民族在现代都市的日常生活和社会经济文化交往中,彼此吸收语言、文化、服饰、风俗习惯等文化因子,更多接受了主体文化和城市文化的影响,不断认同主体文化、城市文化,逐渐理解、接受、培育都市生产生活所需要的思想观念、行为规范、竞争意识、商品意识、市场经济意识等观念、意识、心理。随着民族间政治、经济、文化、社会领域交往交流交融的场域和机会大大增加,民族间的共同性和包容性不断积累,中华民族共同体意识不断增强,在共性逐步趋强,差异性淡化的过程中,互相尊重、互相学习、互相帮助、互通有无,建立了城市民族关系和谐发展的基础,城市民族关系朝着平等、团结、互助、和谐的方向发展。

2. 主要是汉族和少数民族之间的关系

云南 26 个民族,汉族人口占总人口的 2/3,经济、文化、科学、技术相对比较发达,在民族关系中处于主导地位。由于历史、社会原因,汉族一般居住在中原地区,少数民族多居住在边疆省份;汉族大多居住在城市和坝区,少数民族多居住在山区、半山区。从人口比例上看,汉族人口较多,城市中的少数民族分散在汉族中居住。从文化上看,汉族人口众多,汉文化影响大;少数民族人口较少,民族生活习俗、价值观念、民俗礼仪等方面与汉族都有区别;城市中民族传统文化中以汉文化为主。从经济上看,汉族经济发展水平较高,城市少数民族在经济、文化教育方面与汉族社会存在结构、层次方面的差别还将长期存在。从近年来发生的事端看,主要是汉族对少数民族文化和风俗了解不多、尊重不够而引发的。在城市生产生活中,汉族要以平等的态度对待少数民族,尊重少数民族的合法权益,帮助少数民族发展经济文

化，逐步缩小民族间发展的差距，防止和克服大汉族主义，是搞好城市民族关系的关键。少数民族要发扬自力更生的精神，注意防止和克服狭隘的民族主义，主动学习和适应城市生产生活，与其他民族在相互交流和学习中建立良好的关系。城市中汉族人口基数大，是城市的主体民族，其与少数民族之间的关系问题更多，汉族如何调整适应方式，将是与各民族建立良好关系的关键，而少数民族之间的关系问题不是主要方面。

3. 核心是经济利益和发展问题

中华人民共和国成立后，消灭了阶级和剥削，各民族之间建立起社会主义新型民族关系，各民族在根本利益上是完全一致的。20世纪80年代之前，在高度集中的计划经济体制下，广大农牧民参加集体劳动，不同地区和不同民族之间人口很少自由流动。改革开放之后，随着市场经济的发展，不同民族之间的双向流动和经济交往日益频繁，打破了地区和民族界限，实现了民族间的互助合作，有助于增进相互了解，促进了民族经济发展，也加剧了市场竞争。各民族地区的干部群众在不断密切各民族经济联系的同时，开阔了视野，改变了观念，逐步认识到只有积极参与竞争，才能提高生活水平。但是与此同时，各民族互相之间直接发生各种利益摩擦的概率也大大增加。从一定意义上说，民族关系也是各民族之间的一种利益关系，特别是从经济方面来说更是如此。许多民族纠纷都直接与利益相关，因某些具体权益，主要是经济权益方面，民族之间仍会发生一些矛盾和纠纷。[①] 在社会资源和经济利益有限的情况下，民族成员之间出现矛盾和经济利益纠纷在所难免。公平合理的利益划分和享受，可使民族关系和睦，反之，有可能导致民族间的矛盾和摩擦。利益意识的强化以及利益差距的不断扩大，可能进一步加剧民族之间的物质利益矛盾。改革开放不断深入和社会主义市场经济不断发展，经济社会结构发生深刻变化，各种利益关系更为复杂，各种思想文化相互激荡，这一切必然会对民族关系产生深刻影响。[②] 民族之间发生冲突的重点，一方面是因强调文化、宗教、语言等方面的权益；另一方面是强调本民族的切身利益。已经发生的一些纠纷，往往是少数民族在城市经商、创业、谋生的过程中引起的，经济利益

[①] 李吉和：《中、东部地区城市民族关系研究》，民族出版社2013年版，第141页。

[②] 胡锦涛：《在中央民族工作会议暨国务院第四次全国民族团结进步表彰大会上的讲话》，人民出版社2005年版，第6页。

和发展问题成为城市民族关系的核心问题。

4. 多发和表现在文化领域和生活习俗方面

进入城市的少数民族通过投亲靠友,因区域、族源关系相对集中居住在一起,形成了城市中的"民族村"和各具民族特色的"文化圈"。这些族群之间的关系比较密切,相互往来和文化交流也比较多。在各民族的交流互动中,因为饮食习惯和宗教信仰等存在差异,加之管理部门在清真饮食和殡葬管理方面处理得还不到位,容易引发碰撞和摩擦。对近年来发生在云南的影响城市民族关系和谐发展的典型案例进行事实呈现后,大多是因为媒体对有关少数民族事件报道失实或者偏颇,对少数民族的行为方式和传统观念造成冲击,进而导致产生矛盾;或因风俗习俗得不到尊重发生口角;或是因为清真食品不清真、殡葬问题处理不当引发矛盾;还有的少数民族群众在城市生活中,面对生活水平的较大差异,产生自卑,甚至心理失衡,阻碍了他们适应和融入城市生活。云南城市民族关系的矛盾和纠纷大多还是发生和表现在文化领域和生活习俗方面,城市多元文化教育、城市少数民族文化权益保障、城市优秀少数民族文化的保护和发展是应予关注的问题。

5. 因内聚力增强且散居化突出而敏感

生活在城市中的少数民族,无论是常住人口还是流动人口,无论是位居社会中上层的各民族干部、企业家、专业技术人员还是普通的务工人员,都是本民族中有开拓精神的人员,一般素质较高,对本民族的地位和权益比较关心和敏感,民族意识较强。他们许多是依靠族缘纽带迁入城市的,同族的亲戚、朋友、老乡往往抱团聚居,形成关系紧密的生活圈子,族缘纽带较强,以此扩大本民族的影响力。[1] 由于城市少数民族人口绝对数量少,为了能够在城市更好地生存发展,其努力适应城市的社会经济文化生活,希望被城市社会接纳;而由于"人少势弱",自我保护和张扬个性的意识比较强,稍有矛盾和摩擦发生,容易被看作对其"不尊重"或"伤害",引发民族关系中的矛盾和纠纷。或因存在防范心理,引起城市其他民族的不适。[2] 随着城市化进程的不断推进,民族分布的日益散居

---

[1] 郭家骥:《云南省城市民族关系面临的问题与对策》,载《云南民族大学学报》(哲学社会科学版) 2012 年第 5 期。

[2] 蒋连华:《当代中国城市民族关系研究》,民族出版社 2011 年版,第 85—88 页。

化，少数民族从社区群居生活方式为主转变为家庭、个体生活方式为主，导致生活方式与文化适应之间形成一定的张力。民族文化在相互交流中产生碰撞，城市民族关系因内聚力增强且散居化突出而变得更加敏感。

6. 城市化进程中民族关系更加复杂

随着城市化进程的推进，民族关系变得日趋复杂。首先是多种问题与矛盾交织在一起：即经济问题与政治问题、现实问题与历史问题、民族问题与宗教问题、国际问题与国内问题交织在一起；合法的民族宗教活动与非法的民族宗教活动、优秀的民族文化与落后的生活方式交织在一起；民族平等与市场竞争、民族交往需求与民族心理隔阂的矛盾交织在一起；敌我矛盾与人民内部矛盾交织在一起；等等。如此复杂多样的民族关系状况势必在城市民族关系中反映出来。其次是民族关系与宗教关系相联系。在城市少数民族中，特别是城市世居少数民族主要是以信仰伊斯兰教的穆斯林居多，他们对本民族的风俗习惯、宗教信仰更为关注，在与各民族的日常生活交往中，民族风俗习惯与宗教礼仪禁忌相交织，使得城市民族关系更加复杂。再次是民族之间的交往程度与各民族在国家中的地位和在政治、经济、文化中享有的权利相联系。城市民族关系不仅表现为日常生活中民族之间的相互往来，更多的是表现为城市少数民族在政治生活中的平等权利，在经济文化上的发展权利，在语言文字、风俗习惯、宗教信仰等方面的自由权利。由于城市少数民族大多素质相对较高，因而在涉及民族权利、利益的问题上反应快、要求高，在政治上积极要求参与政治生活，关心本民族在各级政权中的地位和作用；经济上要求国家提供平等、均等的发展机会；文化上要求保护和弘扬民族优秀文化，并要求为此提供有力的物质文化保障等，这种利益诉求的深层性和广泛性决定了城市民族关系内涵的复杂性和多样性。随着改革开放的不断深入，境外敌对势力以民族宗教问题为突破口，加紧对我国进行渗透，企图实现"西化""分化"的目的。城市处在改革开放的前沿，这些问题自然会在城市民族关系中先反映出来，使得城市民族关系的复杂性日益凸显。[①]

7. 民族关系的影响更易传播

城市化进程中，民族关系方面问题的影响极容易传播，具有较强的城

---

① 蒋连华：《当代中国城市民族关系研究》，民族出版社2011年版，第85—88页。

市—农村、边疆地区—内地、不同城市之间、国内—国外的联动性。由于城市交通便利、通信便捷,民族意识较强,各民族人员大多通过族缘纽带紧密联系。因此,城市民族之间一旦发生带有民族因素的个体或小群体矛盾和冲突,如果引导和处置不当,或被别有用心的人所利用,便很容易运用现代交通和通信手段通过族缘纽带而聚集起大规模的群体力量;而大规模的群体性冲突一旦爆发,又会通过现代传媒迅速扩散出去,形成裂变效应,成为影响一个地区乃至国家稳定和发展的重大事件。[①] 网络信息技术加大了城市民族关系协调难度。在信息时代,每个人都是一个"自媒体"。很多情况下,本来只是个小摩擦、小问题,但一经网络"裂变式"传播、发酵和放大后,就会给民族关系造成极大的冲击。同时,境内外敌对势力更是利用网络信息,大作民族、宗教"文章",传播极端言论、散布虚假信息,挑拨民族关系、制造民族隔阂。境内外敌对势力利用民族利益诉求和宗教信仰等问题实施渗透破坏只会加强不会削弱,特别是暴力恐怖主义在全球蔓延,城市成为犯罪分子实施暴恐袭击的重要场所,抵御境内外敌对势力渗透任务艰巨。随着云南省面向南亚东南亚辐射中心的建设,昆明中心城市及沿边开放经济带的口岸城市、边贸城市的对外空间进一步打开,加之4060公里的边界线,16个民族跨境而居,3.8万对跨界婚姻[②],毒品走私、艾滋病传播等各种因素交织在一起,城市反恐维稳的任务越来越重、难度越来越大。如何利用好、管理好网络信息这把"双刃剑",防患未然,避免一些小事情被网络传播放大,坚决防止境内外敌对势力特别是"三股势力"针对城市的渗透破坏,是对城市民族关系的重大考验,又是城市民族关系协调必须处理好的重大现实问题。

8. 因服务管理不到位而较难处理

在城市民族关系的协调过程中,还存在"无法可依"的问题,也存在"有法可依",但是依法行政能力不足的问题,城市民族事务管理水平明显滞后于城市化的进程,还不能满足城市民族关系协调的需要。一些地方和部门对涉及民族因素的矛盾纠纷存在着"不愿管、不敢管、不会管"

---

① 郭家骥:《云南省城市民族关系面临的问题与对策》,载《云南民族大学学报》(哲学社会科学版) 2012 年第 5 期。

② 云南省民委外事接待处、省民族工作队、政法处:《云南跨界民族跨界婚姻调研》,载《今日民族》2014 年第 2 期。

的问题，有的地方在执法中，方法简单粗暴，个别窗口行业歧视或变相歧视少数民族群众，服务管理不到位，造成对民族感情的伤害。少数民族群众生活方式、风俗习惯、价值观念和行为方式与城市文化有着较大的差异，因不适应城市的规范和管理方式，会造成一些不良影响。在主观、客观条件的影响下，少数民族群众在城市生活工作的过程中，如果没有恰当的引导和工作方式，很难融入城市，有时还会遇到因城市管理方式或少数城市居民的偏见引起的误会和矛盾。如果不能有效提升依法管理民族事务的能力和水平，用法律保障民族团结，城市民族关系会因为服务管理不到位而变得较难处理，有时候还会引发更大范围内的矛盾。

第三章 云南城市民族关系协调的主要做法和经验

云南省民族工作在全国一直走在前列，被中央领导肯定为"云南经验"和"云南现象"。习近平总书记考察云南时指出："云南民族关系亲密融洽，云南民族工作成绩突出，这是云南最可贵的财富。"[①]

近年来，云南省各级党委、政府围绕各民族"共同团结奋斗、共同繁荣发展"的民族工作主题，认真贯彻落实习近平总书记在云南考察时提出"希望云南努力成为民族团结进步示范区"的指示精神，以建设民族团结进步示范区为目标，积极探索城市民族工作社会化，努力使城市民族工作由单一部门工作向动员全社会力量拓展，把民族团结进步事业深化为全社会的共同事业，完善机制、创新方式，丰富内容、典型引路，探索城市民族关系协调的工作载体和工作抓手，在城市民族工作中打造、树立和谐城市民族关系构建的亮点和典型，通过示范引领，努力提高服务管理水平，贯彻落实党的民族政策和法律法规，依法保障城市少数民族的合法权益，为不断探索、创新构建和谐城市民族关系，积累了丰富的经验。

第一节 云南城市民族关系协调的主要做法

2009年国务院第五次全国民族团结进步表彰会、2010年全国城市民族工作座谈会召开后，云南省积极探索民族工作社会化，以城市社区为基点，以改善民生为核心，以构建服务平台为抓手，以保障合法权益为重点，以增进民族团结进步为目标的城市民族工作思路，促进了云南省城市

[①] 中共云南省委宣传部编：《民族团结示范区建设》，人民出版社、云南人民出版社2017年版，第2页。

民族工作的创新发展。2016年1月全国城市民族工作会议在京召开。会议强调,做好城市民族工作,是加强和改进新形势下民族工作和城市工作的重要内容。2016年2月云南省城市民族工作会议召开,旨在贯彻落实全国城市民族工作会议和省委民族工作会议精神,科学统筹民族工作和城市工作,总结经验,厘清思路,明确任务,着力提升云南省城市民族工作水平。这次会议,是中华人民共和国成立以来,云南省第一次专题、系统研究部署城市民族工作的会议,这对于加快推进民族团结进步示范区建设、构建和谐城市民族关系,确保各民族同步实现全面建成小康社会目标具有十分重要的意义。

一 强化组织领导,推进城市民族关系协调工作

习近平总书记指出:"民族工作能不能做好,最根本的一条是党的领导是不是坚强有力。"[1] 云南各地在城市民族关系协调工作中,不断强化组织领导,通过加强党的领导,建立健全网络化管理体系和责任考核、监督检查、考核评估、责任追究机制,坚持民族工作社会化,把城市民族工作和城市民族关系协调纳入重要议事日程。

(一)加强党对城市民族工作的领导

云南始终坚持党对民族工作的全面领导,从政治上把握民族关系、看待民族问题,把民族工作放在全省工作大局中谋划和推动,把党的领导贯穿到做好民族工作的全过程,坚决落实党中央关于民族工作的重大部署。完善党委领导、政府负责、有关部门协同配合、全社会通力合作的民族工作格局。完善城市民族工作和民族团结进步示范区建设领导小组工作机制,每年至少召开一次领导小组会议,研究解决民族工作中的重大问题。建立健全党委民族工作领导小组统筹协调的领导机制,建立健全城市民族工作部门牵头抓总、协同左右、联动上下、整合资源,合力推进城市民族工作的运行机制。定期召开部省联席会,保持民族宗教工作机构稳定,加强民族工作部门的领导和人员配备,民族工作任务较重的乡(镇、街道)、村

---

[1] 向巴平措:《坚持和完善民族区域自治制度 奋力实现中华民族伟大复兴中国梦》,载《求是》2017年9月15日。

（社区）要明确一名领导负责民族工作，明确专人做好日常工作。

2019年11月，由云南省委组织部、云南省民族宗教委联合以民族团结进步示范社区为示范点，共同开展城市基层党建与民族团结进步示范社区"双推进"创建活动。

昆明市五华区结合区情，成立政法委书记、区政府副区长和区人大常委会副主任、区政协副主席任副组长的区民族宗教工作领导小组，各街道办事处、社区、村组配齐配强分管领导、专干、信息联络员。领导小组每年至少召开2次会议，区委常委会和政府常务会每年均召开会议，就民族宗教工作进行专题研究，传达中央、省、市民族宗教工作会议精神，加强党的基层组织建设，以党建引领城市民族工作创新发展。

（二）建立健全城市民族工作网络化管理体系

云南省委、省政府形成重视民族工作的好传统，把民族工作列入重要内容研究部署，定期研究民族工作，发挥省委民族工作领导小组的作用，重视加强民族工作自身建设，积极推动建立健全省、州（市）、县（市、区）、街道、社区五级城市民族工作网络化管理体系，推进城市民族工作系统化建设。① 以示范区建设为中心构建示范州（市）、县（市、区）、镇（乡、街道）、村（社区）、户等全方位、多层次、各具特色的民族团结进步创建体系。

昆明市民委增设城市民族工作处和监督检查处；建立了市、县（市、区）、街道（镇）、社区四级城市民族工作网络；在城市街道办事处设立专职民族工作助理员；在社区设立民族工作专干或联络员，城市民族工作网络横向到边、纵向到底。昆明市各区不断健全和完善服务管理的机制体制，对少数民族流动人口形成区、街道、社区三级工作网络，确保少数民族流动人口服务管理工作责任到人。

五华区形成上级民族宗教部门指导，区、街道办事处、社区（村）"四位一体"共管共抓民族宗教工作四级管理网络，从组织、机制上确保了党和国家的民族宗教方针政策在我区的贯彻执行，为推进五华民族宗教工作提供了强有力的组织保障。

---

① 陆永耀：《在"六个方面"着力推进城市民族工作》，载《民族时报》2018年10月18日。

（三）建立健全目标责任考核、监督检查、考核评估和责任追究机制

通过层层落实责任制，民族团结目标管理责任书签订到社区居委会，形成维护团结稳定的工作机制。不断健全民族团结年度目标责任考核奖惩落实机制，民族工作部门有职有权，充分发挥党委、政府的参谋助手作用，积极促进调研成果转化为党委、政府的政策措施。建立健全监督检查、考核评估和责任追究机制，构建完善党委领导、政府负责，各相关部门协同配合、全社会通力合作的工作格局。

昆明市2016年就在全市范围内实施民族团结示范区建设目标责任制，明确责任领导、责任单位、责任人的工作目标任务和完成时限，坚持每五年召开一次全市民族工作会议，出台一个加强民族工作的决定，制定一份培养选拔少数民族干部的意见。坚持不懈地实施民族团结目标责任制，并将责任制签订拓展到五个经济开发（度假）区，建立民族团结督查考核和跟踪问效机制，做好民族工作已成为全社会的一致认识和自觉行动，为民族工作社会化提供了组织保障。

五华区民族宗教事务局在民族宗教领域实行目标管理责任制，区政府于2016年就与10家街道办事处签订了目标责任书，将目标责任列为共性目标和个性目标，有针对性地推进民族宗教各项工作，制定出台"日落实、周安排、月盘点、季回头、年总结"的工作制度，创新制度，健全机制，提升民族宗教工作的行政效能。

大理州落实民族团结目标管理责任，2016年签订民族团结目标管理责任制1441份，其中州与县市签订12份，县市与乡镇签订110份，乡镇与村委会签订1078份、与社区居委会签订71份、与宗教场所签订145份、其他6份，签订率达100%，并形成年初部署、年中检查、年底考核的民族团结目标管理工作制度。

（四）坚持民族工作社会化的工作机制

坚持民族工作社会化，树立"民族工作大家做""民族团结共分享"的理念，推动民族工作与其他工作统筹安排、分工合作，形成做好民族工作的强大合力。民族工作部门主动牵头抓总，协调各方，整合力量、整合资源，加强与公安、民政、教育、卫生、工商、人社等部门的交流与协同配合，建立有效的工作机制。健全完善党委统战工作领导小组、民宗委

员制等领导体制和工作机制，推动党政机关、企事业单位、民主党派、人民团体一起做好民族工作。

昆明市建立少数民族流动人员信息台账制度，定期走访摸底，及时掌握辖区内流动人员动态，加强与公安、工商、城管、卫生等执法部门的联动协作。

蒙自市坚持定期或重要时期组织统战、公安、信访、民宗、民政等部门召开联席会议，通报工作情况，分析工作形势，解决存在问题，形成工作合力，促进全市民族关系和谐稳定。

二 促进城市少数民族和民族地区经济社会发展，缩小发展差距

促进城市少数民族和民族地区经济社会跨越式发展，是推动民族团结的基础，是巩固和发展平等、团结、互助、和谐民族关系的保障，是实现各民族政治平等、经济平等、心理平衡的有力手段。云南各地发挥地区优势，采取有力措施，提高社区居民收入水平，改善基础设施条件，发展民族文化，发展城市民族教育，提高民生保障水平，实现各民族共同繁荣发展和城市少数民族地区和谐稳定。

（一）提高社区居民人均收入

随着城市化进程的推进，云南城市民族地区产业结构不断优化、调整，经济快速发展。城市民族社区居民，主要是世居城市少数民族社区的居民人均纯收入明显提高，社区经济无论在发展质量、发展水平和发展潜力以及发展前景上都迈上了新的台阶。

以太平办事处为例，2001年太平乡改为太平镇，当年农民人均收入为2843元；2009年增长至5398元，年平均增长了11.23%。到2014年9月，居民人均可支配纯收入比2013年增长了11.8%，农民人均纯收入已经达到9800元。阿拉彝族乡2010年改为办事处时，农民人均纯收入为6034元，2013年，阿拉街道办事处农民人均纯收入达到9668元。通过重点项目推进，2018年街道农村经济总收入完成522200.4万元，比上年增长了5.5%；人均收入12644元，比上年增长了4.8%。2005年团结镇成立当年，农民人均纯收入为2135元，2009年改办当年，农民人均纯收入

为4785元，到2013年，团结街道办事处农民人均纯收入已经突破万元。2014年，高坡社区人均收入8700元，2017年居民人均收入10048元。陡坡社区依托环境资源优势，不断发展和壮大社区产业经济。在香杆箐等山地小组大力发展山药、无公害蔬菜等经济作物种植和苗木产业；积极开展招商引资，引进水厂、樱花谷等一批适合社区特色的绿色发展项目；大力发展乡村旅游业，培育出"绘福园"等一批具有民族特色的农家乐；启动居家养老型休闲产业，有效提高社区闲置空房的使用效率，为农户持续稳定增收提供了可靠保障。

文山州通过建设民族特色商业街区，有效拓宽少数民族群众就业渠道，不仅帮助引导少数民族手工艺人创业，还有效带动社区待业人员就近就业。同时，基层组织建设与社区文化、经济资源优势相结合，组建各种经济联合体、致富联合体，共同开发、经营具有地方特色、民族特色的产业，带领社区各族群众发家致富。

曲靖市认真落实财税、金融等有关优惠政策，保障城市少数民族经济权益，帮助企业解决资金困难，扶持企业做强品牌、增强实力。曲靖市民宗委联合市财政局、中国人民银行曲靖市中心支行积极做好民品定点生产企业申报以及贷款贴息资金的管理与监督工作，至2018年8月，民族特需商品定点生产企业享受贷款贴息1849万元，曲塑集团、寥廓鑫源、石林瓷业、宣威中博、师宗龙布瑞5户企业进入全省民贸民品企业建议名单。通过把既有特色又具备发展潜力的企业申报为民品企业，充分发挥民贸民品优惠政策对促进民族地区经济发展的积极作用，不断促进民族团结进步事业有序发展。

楚雄州积极扶持民族特色产业，对城市民族特色餐饮、民族服饰、彝族刺绣、民族食品和养殖、民族医药、生物资源深加工等一批民族特色企业实施贷款贴息优惠政策，少数民族优秀民营企业家不断增多，城市民族经济持续发展，提高了少数民族收入水平。

(二) 改善基础设施建设

云南省不断加大城市民族地区基础设施建设投入力度，从道路建设、环境整治方面对少数民族人口聚居社区加大建设力度，一批文化活动室和卫生室的建成，不断满足群众的文化娱乐需求和健康需求；建设绿化小区空地，亮化小区主、支干路，改善社区人居环境，提升城市功能，提高城市民族群众的生活条件和生产生活水平。

昆明市官渡区阿拉街道办事处不断加强基础设施配套，已完成小新村、小麻苴Ⅰ、Ⅱ期城中村改造项目，小麻苴Ⅲ期城中村改造项目于2018年9月19日启动拆迁，相关工作正在有序推进。西邑村城中村改造项目编规报批、公家村城中村改造可行性论证、高桥村老村城中村改造洽谈都已进入议程。高桥新村、小麻苴新村正在通过申请改造资金进行道路修建、房屋修缮、完善配套设施、绿化环境等微改造工作。2018年，10条村间道路实施路面硬化并铺设排水设施，覆盖路面约6000平方米。完成石坝社区小石坝小组、清水社区及海子社区大白土、小白土、海子村、大普莲小组人饮管网改造，按计划推进阿拉社区白水塘小组人饮管网建设。建成清水社区、高坡社区居家养老服务中心，扩建航天社区居家养老服务中心，按计划推进普照社区、阿拉社区、海子社区居家养老服务中心建设，全街道居家养老服务中心体系初具规模，实现了居民老有所养、老有所依。

西翥街道陡坡社区自2007年开始新农村建设以来，通过"幸福乡村""美丽乡村"建设，累计整合省、市、区财政资金1500余万元，社区和村民投工投劳200万元，在美化、绿化、亮化、净化、洁化、靓化、优化七大方面实现了环境的全面提升改造。截至2017年年末，陡坡社区人饮水管网全覆盖，通有线电视，通手机信号，入村主干道路全部硬化，所有居民小组均配备有文化活动中心、全密封的垃圾房。陡坡小组人行步道铺设了青石板，村内主要道路安装了太阳能路灯，村内建了6座公厕，主要道路安装了20个监控摄像头，建有占地4亩的污水处理厂对陡坡小组生活污水进行处理，满足村内每天1800人产生的污水处理需求。

安宁市太平街道桥头社区桥头居民小组白族人口522人，占居民小组总人口75%。按照"十县百乡千村万户示范创建工程"建设规划，结合桥头居民小组实际情况，通过打造进村标志牌、村碑石和民族文化长廊、改造进村道路、建设村内道路硬化、治理沟道、安装LED路灯、建设民族文化健身广场、安装监控摄像头、建设村内垃圾房、维修翻新小组集体公房、打造白族文化陈列室及传统手工艺和发展陶瓷特色产业等民族团结进步示范社区创建活动，使其成为城市化进程中由农村村委会转变成城市居委会的翻牌型民族示范窗口，对维护太平新城各民族团结稳定，推进太平新城发展建设具有重要意义。

呈贡区吴家营街道万溪冲社区依托民族团结进步示范社区创建工作，实施基础设施改造，通过加快社区休闲观光农业的开发建设，深入挖掘社区旅游资源，吸引游客前来观光度假，每年"梨花节""采摘节"期间，社区游客人山人海，社区从产业单一的农业乡村改造为以第三产业为主的生态旅游小镇，彻底改变了社区面貌。

德宏州芒市多渠道向上争取资金，不断改善少数民族群众生产和生活条件，已向国家和省争取资金500多万元，在15个社区建盖了15个村级农村文化活动室和卫生室，进一步满足群众的文化娱乐和健康的需求。通过绿化、亮化、美化工程，明显改善了基础设施和人居环境，促进了少数民族聚居社区各项事业健康有序发展。

(三) 繁荣发展社区文化

云南省注重城市民族社区民族文化繁荣发展，积极挖掘本地民族文化精髓，并与社会主义文化和中华传统文化相融合，逐步培育并形成城市特色民族文化，增强对中华文化的认同感，通过开展少数民族群众和少数民族流动人口联谊、技能培训等丰富多彩的活动，为民族团结进步提供精神支撑和文化滋养。

1. 民族文化进社区

社区文化建设在改善城镇居民的文化生活环境，促进全社会精神文明建设方面具有重要意义。尤其在民族地区，社区文化建设作为民族工作的重要组成部分，在改善民族关系、消除民族隔阂、创建民族和谐等方面具有深远的现实意义。[1]

随着"少数民族之家""少数民族港湾"和"少数民族文化沙龙"等活动中心分别落户昆明市盘龙区，在桃源社区、金星社区、金沙社区，社区积极组织少数民族，特别是少数民族进城务工人员学习民族法律法规，开展实用技术培训，举行民族节日庆典活动、联欢会、有奖知识竞赛等活动，丰富了社区少数民族和少数民族外来务工人员的业余文化生活，增强了他们的社会责任感，充分调动了各少数民族同胞参与和谐城市民族

---

[1] 南美燕：《民族地区城市社区文化建设研究——以延吉市白川社区为个案》，硕士学位论文，延边大学，2016年。

关系建设的积极性和自觉性。

西山区西翥街道陡坡社区积极向云南省住建厅争取危房修缮资金，打造白族特色民居，对房屋进行"穿衣戴帽"改造，将陡坡全部民居打造为白族特色民居①，除了展现白族民居魅力，陡坡社区还注重民族服饰、饮食、语言的传承。② 每年春节期间组织文艺晚会，开展中秋晚会、重阳节、樱花节等文艺活动。每年火把节在小广场举行篝火晚会，以白族霸王鞭为主的民族舞蹈得以传承和创新发展。

官渡区矣六街道办事处子君彝族社区打造民族文化长廊及民族文化展览室，社区利用办公区域外墙，以图片、文字相结合的形式展示子君彝族的历史、传统风俗习惯。同时，在社区护国寺建立民族文化展览室，收集了子君彝族的传统生活用具、衣物、乐器等，可以让辖区居民和外来群众直观全面地了解子君彝族的历史和文化进程。近年来，先后在辖区举办了彝族的传统节日火把节庆典，建立民族文化传承基地，举办阿乌学习班、刺绣学习班、舞蹈学习班等，为感兴趣的居民提供一个了解学习传统工艺、舞蹈、乐器等的平台。在有关专家的参与和帮助下，子君社区一共出版了《昆明子君人》《滇池东岸古彝族——昆明子君人历史与文化》《影印在照片上的子君彝族文化》《昆明子君彝族语言汇集》等著作，为宣介子君彝族历史文化起到了积极作用，产生了良好的社会影响。③

安宁市实施社区文体活动场所建设工程，完善社区文化场所建设，建立起市（文化馆）—街道（文化站）—社区（文化室）—家庭（文化示

---

① 打造为白族特色民居：一是合理甄别拆除村民破旧房屋，对影响视觉效果、外观差的房屋、私厕、围墙进行拆除。二是严格按照村庄建设规划和新建房屋设计户型选择样式进行控制，要求村民按照白族建筑风格规定的样式、色彩建房，建设传承白族文化与白族特色的安居房。三是依托白族特色文化对入村牌坊进行适当改造，修建村口牌坊至迎龙寺旅游步道，对公共场地周边及村内所有道路进行清理整治。

② 服饰、饮食、语言的传承：社区无论男女老少每人至少有一套白族服饰，每逢节日都会盛装出席，部分居民将民族服装作为日常服饰进行穿着。白族绣制绣花鞋、鞋垫等，是陡坡妇女中比较普及的一项手艺。"火烧猪"是陡坡比较有特色的，肝生、血肠、白肉这三道菜是年猪饭必不可少的白族特色菜肴，大多数居民都会制作白族特色"三道茶"。陡坡白族语言氛围浓重，白族同胞相遇，均用白族语言打招呼、聊天。在家庭中，如果有白族，都会对小孩进行双语教学，教会小孩白族语言，不少嫁入陡坡的媳妇经过多年语言熏陶后，不仅会听还会说白族话。

③ 云南省民族宗教委、云南省民族学会、昆明市民族宗教委联合调研组：《昆明市城市民族工作的主要做法》，载《今日民族》2018 年第 9 期。

范户）四级公共文化服务体系。培育、壮大专兼职社区文化志愿者队伍，组织开展丰富多彩、形式多样的文化活动，保护和传承少数民族文化，丰富各族群众的文化生活。每年新村社区都举办"民族团结一家亲"座谈会，各民族载歌载舞，展现了各民族一家亲的和谐之情。

2. 民族文化进校园、进企业

除了加强社区民族文化建设，昆明市还注重在城市建设、校园活动、企业中彰显、传承民族文化。红河州个旧市把民族文化融入城市建设总体规划，在市区大型广场、交通要道交叉口设立民族团结标志性建筑。[①] 市区工人文化宫和金湖文化广场等十几个文化广场安排了群众性民歌民舞表演场所，群众性民歌民舞表演活动遍及城市各个角落，各少数民族的传统节日活动，如苗族花山节、彝族火把节、回族古尔邦节和少数民族民歌民舞联谊活动等得到蓬勃开展，展示了新时期各民族同胞团结友爱，奋发向上的精神风貌，增强了各民族的大团结，使城市民族关系健康发展。

曲靖市争取省民宗委民族专项资金，用于市民族中学民族文化进校园项目建设，促进民族文化体育事业繁荣发展。楚雄市注重在少数民族学生中推广民族规范舞，民族民歌、民族乐器和民族舞蹈，开展彝族传统的荡秋千、磨担秋、打陀螺、摔跤等民族体育运动，开设民族刺绣和民族手工课，继承和弘扬民族手工艺术。

昆明华曦牧业集团有限公司创建于1992年，是云南省最大的清真食品生产企业，为云南省60%穆斯林群众提供食品供给。官渡区民宗局通过对接国家、省、市民委并邀请专家，共同推动民族文化进企业，解决清真食品生产过程中遇到的问题，最终被认定为少数民族特需商品定点生产企业，并先后向国家、省、市民委争取财政贴息资金200万元，解决了企业资金紧张的问题，成为官渡区城市民族工作的一大特色。

（四）发展城市民族教育

城市民族教育工作是整个民族教育工作的重要组成部分。云南省认真贯彻落实中央民族工作会议和全国城市民族工作会议精神，坚持点、线、

[①] 个旧市城标"明珠塔"反映了各民族团结进步，共同发展的鲜明主题；金湖文化广场少数民族的图腾，反映了各族人民对团结和睦的期盼及在党和政府的关怀下，各民族共同繁荣的景象等。

面结合，加强管理和服务。云南省教育厅在城区少数民族教育、保障少数民族农转城人员子女入学、加强少数民族学生管理、资助家庭经济困难少数民族学生、开展少数民族院校建设等关键环节，扎实开展城市民族教育工作。同时，通过加强高校学科建设及民族领域科学研究，进一步发展城市民族教育。

1. 开展城市学校民族团结教育

云南省教育厅与省民族宗教委员会联合成立了省级民族团结教育领导小组，各地教育行政部门和各级各类学校成立相应机构，明确职责任务，抓实民族团结教育工作，在全省所有学校广泛开展民族团结教育活动，使"三个离不开"进入学生头脑，让各族学生融入民族团结的大家庭。在全省深入开展民族团结示范学校创建活动，共创建民族团结示范学校1589所。[①]

昆明市注重把民族团结进步教育贯穿在各个教育阶段的日常教学中，截至2018年年底，昆明市共有省级民族团结教育示范学校190所。一些小学把民族团结教育寓教于乐，编排了集彝、傣、藏、维吾尔、蒙古等民族舞蹈为内容的课间操。通过广泛宣传党的民族政策和法律知识，进一步提高了各族师生对民族团结重要性的认识，形成了民族团结的良好社会氛围。

五华区依托区属各中、小学校，在广大师生中广泛开展民族团结宣传教育。如明德民族中学常年开设民族常识课，定期举办"明德之夏"艺术节，表演赋予浓郁民族特色的各族歌舞，每年举行民族传统体育比赛，欢度民族传统节日。

盘龙区通过创建民族团结示范学校，以学校为活动主阵地、主渠道，以民族团结教育为抓手，有步骤、有计划地在全区教育系统掀起开展民族团结进步创建活动高潮，筑牢民族团结阵地。在区属87所中小学深入开展民族团结教育活动，让学生从小树立"三个离不开"的思想，增强对祖国的认同，对中华民族的认同，对中华文化的认同，使学校成为构建和谐城市民族关系的宣传阵地，学生和家长成为构建和谐城市民族关系的积

---

① 季征：《云南：民族教育体系初步形成》，新华网，2019年8月22日，https：//www.sohu.com/a/335519611_381560。

极力量。

2. 保障"农转城"子女入学

云南省制定下发《云南省教育厅关于加大城乡统筹力度促进农业转移人口转变为城镇居民的意见》《云南省教育厅关于切实做好同城同教有关工作的通知》和《关于做好随迁子女接受义务教育后在云南参加升学考试工作的实施意见》等文件，着力解决城市义务教育学校中进城务工人员随迁子女义务教育"就学难"问题，切实保障少数民族"农转城"人员子女受教育权。

（1）学前教育

将"农转城"人员随迁子女入园（班）作为学前教育工作重点，通过财政扶持、政策支持等措施，鼓励外来务工人员集聚的地区或大量招收外来务工人员子女的学校提供园舍资源。鼓励城市多渠道多形式办园，妥善解决进城务工人员和农转城人员子女入园问题。建立学前教育综合奖补机制，为接收随迁子女入园的公办幼儿园提供补助，积极扶持普惠性民办幼儿园发展。

（2）义务教育

认真落实小升初免试就近入学政策，积极接收随迁子女就近入学，帮助他们融入城市学习生活中。优化调整中小学布局，合理新建扩建义务教育学校，为"农转城"人员随迁子女就读提供足够的学位，"农转城"人员随迁子女尽量安排到公办学校就读。严禁以任何借口向进城务工人员随迁子女收取"借读费""赞助费""捐资助学费""共建费"等。

（3）高中阶段教育

云南籍"农转城"人员子女在接受九年义务教育的过程中，在当地参加初中学业水平考试，成绩和综合素质评价合格者，领取九年义务教育毕业证书并在当地参加高中阶段教育学校的招生录取。可以在户口所在地报名参加全国统一高考，并享受农村独生子女报考省内院校给予 20 分加分照顾等政策。

（4）特殊教育

深入实施特殊教育提升计划，落实农转城人员子女完全享受特殊教育的各项政策的权利，为残疾学生提供必要的学习和生活便利，对不能进校就读的重度残疾儿童少年提供送教上门或远程教育等服务，进一步提高残疾儿童少年的九年义务教育普及水平。

3. 资助家庭经济困难学生

云南省先后制定出台10余项制度和政策，建立起覆盖从学前教育至高等教育各个阶段的资助体系。针对云南省家庭经济困难和农转城人员随迁子女的学习资助也已经形成了一个比较系统和完善的体系。第一，学前教育设立省政府助学金等，用于资助家庭经济困难儿童、孤儿和残疾儿童；第二，普通高中阶段，建立以国家助学金和彩票公益金资助项目为主的资助制度；第三，中等职业学校实行以国家助学金和免学费为主，以学生顶岗实习、奖学金、学校减免学费和多种形式的社会资助等为辅的资助政策体系；第四，高等教育阶段，建立国家奖、助学金，国家助学贷款，学费补偿贷款代偿，云南省优秀贫困学子奖学金，云南省政府奖学金，勤工俭学，校内奖助学金，困难补助，伙食补贴，学费减免等多种方式并举的资助政策体系，同时实施了家庭经济困难新生入学"绿色通道"。

4. 开展少数民族院校建设

通过在云南民族大学建设少数民族预科基地，实行少数民族预科生集中培养。积极推进省政府与国家民委、教育部共建云南民族大学，正式列入教育部少数民族预科培养学校，招收少数民族高层次骨干人才计划硕士研究生。支持云南民族中学和地州民族中等专业学校办出水平、办出特色，积极推进云南民族中学空港新校区筹建工作，认真做好中央民族大学附属中学、云南师范大学附属中学少数民族班招生工作。

5. 提升少数民族学生管理服务水平

云南省制定出台《云南省中小学生学籍管理办法》及其实施细则，加强少数民族学生学籍管理，督促指导各级各类院校全面提高教育管理服务水平，做好少数民族学生就学、转学、升学、休学等方面的管理服务工作，尊重少数民族学生风俗习惯和饮食习惯，加强学校回族食堂管理，积极推进混合编班、混合住宿，促进少数民族学生与当地学生共同学习、共同生活、共同成长。

6. 加强高校学科建设及民族领域科学研究

2016年，云南大学的"民族学"，云南民族大学的"民族学""中国少数民族语言文学""中国西南少数民族史"，大理大学的"民族学"，红河学院的"民族学"等一级学科或方向被列入省级一流学科建设，2018年云南大学的"民族学"学科列入了双一流学科建设名单，为云南民族地区经济社会发展输送了大批高层次专业人才，也为民族理论和实践研究培养了一批学科带头人和高层次研究人才。云南大学"西南边疆民族文化传承传播与产业化"、云南民族大学"民族团结进步理论与实践"、云南艺术学院"民族艺术非物质文化遗产传承"等省级协同创新中心建设，加快整合各类民族研究创新资源，推动云南高校民族领域研究的深入发展。云南大学"民族文化建设与文化产业发展智库""边疆民族问题智库"和大理大学"云南宗教治理与民族团结进步研究"等高校新型智库建设，为党委和政府科学决策提供决策咨询建议。

（五）提高民生保障水平

云南省以社区为基点，通过加强城市民族社区民生保障，整合社区资源，开创少数民族事务受理点、少数民族居民服务联系卡、"少数民族之家"等形式，组建人民调解组织和法律援助队伍，着力为少数民族群众办实事、做好事、解难事，为有困难的少数民族同胞提供就业、助学、低保、医疗等服务。在穆斯林同胞居住较多的社区，做好清真食品的供应和监管以及殡葬服务工作，解决社区居民最关心、最急需、最现实、多元化的需求，增进公共福利水平，提高社区少数民族居民的生活质量。

红河州蒙自市以保障和改善民生问题作为服务重点，实施"十项"便民利民设施工程，在全市群众集中的地方设置直饮水机、休闲座椅、标识标牌，启动绿色公共自行车服务体系，新增小型体育设施健身器材及场地，增设停车位及温馨驿站等。在城区人员较为密集的区域设置"市长信箱"，为广大市民及时解决了一批急事、难事。城乡居民的生活环境、居住环境不断优化，市政设施、交通秩序、社区管理明显改善，城市文明程度不断提升，城市更加和谐，更加美丽，市民幸福指数不断提升。

陡坡社区不断加大民生保障工程建设，加强为民服务中心建设，为居民提供"一站式"和"全程代办"服务。社区坚持组织党员志愿服务队深入网格，摸排民意，化解纠纷，访贫问苦。

高坡社区自筹资金300万元对主体建筑进行了改造，并新建了民族文化长廊、牌坊、游园道、休息亭、停车场等附属设施，又投入资金35万元用于采购中心所需的设施设备。中心设有阅览室、休息室、餐饮室、文娱活动室、健身康复室、医疗保健室、办公室场所、老年人学校等养老服务设施。2017年7月，建成高坡社区居家养老服务中心，并投入使用，占地100多亩，将高坡社区居委会所属自然村的老年人妥善安置，每天车接车送，解决老年人就餐、聚会、娱乐的现实问题。同时，解决了部分村民的就业问题，也为老年人提供了一个功能完善的休闲娱乐场所。

昭通市制定出台了《昭通市清真食品管理办法（试行）》，对516家具有一定规模的清真食品生产经营企业进行信息采集，制作《昭通市清真食品准营证》，并认真进行登记发放，在一定程度上解决因清真不清而引起的矛盾纠纷。在回族学生较多的各级学校和回族职工较多的机关、企事业单位专门设立清真食堂，保障了信教群众的清真饮食。

昆明市将主城区420亩土地划作回民公益性公墓，完善回民殡葬配套服务设施。这些地方性法规和政府规章促进了城市民族关系的协调健康发展。

玉溪市为尊重少数民族特殊的丧葬习俗，重点解决城区回民公墓用地问题，协调相关部门配置了殡葬运输专用车，解决了回民群众的后顾之忧。

大理州积极协调解决信教群众宗教活动场所问题，共投入近1000万元重建和修缮了大理市经济技术开发区清真寺、下关镇天宝街基督教堂等宗教活动场所，保障了城镇各族信教群众安全有序地开展宗教活动。

三　加强法律法规体系建设，保障城市少数民族合法权益

云南省委、省政府不断创新工作思路，贯彻落实国家有关城市民族工作的法律法规，建立健全云南省城市民族工作的法律法规体系，形成监督检查和宣传机制，保障城市少数民族享受均等权益，尽力消除因城市少数民族合法权益得不到保障引起的矛盾和纠纷，为构建和谐城市民族关系提供坚实的法治保障。

（一）贯彻落实国家有关城市民族工作的法律法规

为进一步规范城市民族工作的开展，充分保障少数民族流动人口合法权益，我国1993年颁布实施了《城市民族工作条例》并第一次在国家行政法规中明确提出"城市少数民族"的概念。云南省认真贯彻落实民族

区域自治法，认真贯彻落实《城市民族工作条例》等法律法规，把切实保障城市少数民族群众的合法权益作为城市民族工作的出发点和落脚点，让党的民族政策体现在和落实到各项具体工作中。在坚定不移走中国特色解决民族问题的正确道路、围绕改善民生推进民族地区经济社会发展、促进各民族交往交流交融、构筑各民族共有精神家园、提高依法管理民族事务能力、加强党对民族工作的领导六个方面贯彻落实中共中央、国务院印发《关于加强和改进新形势下民族工作的意见》，加强和改进新形势下城市民族工作，把民族法律法规贯彻落实到城市民族工作的每一个领域和环节。

（二）建立健全云南省城市民族工作的法律法规体系

云南坚持宪法确立的有关解决民族问题的基本原则和基本框架，建立健全与民族区域自治法相配套的具体规定，充分尊重少数民族的风俗习惯和正常宗教信仰，尊重少数民族群众的感情和心理，建立完备的民族法律法规体系，依法保障少数民族合法权益。云南省于1999年5月27日发布《云南省城市民族工作条例》，使城市少数民族权益保护工作走上了法制化的轨道。2016年云南省民族宗教事务委员会组织开展了《云南省城市民族工作条例》修订工作的调研；2017年召开了两次专家论证会，全面启动《条例》的修订工作。[1] 制定了《关于进一步加强城市民族工作的意见》和《关于进一步加强和改进少数民族流动人口服务管理工作的实施意见》，对规范少数民族流动人口的服务管理，保障少数民族流动人口的合法权益，维护社会秩序，促进经济社会协调发展提供了重要的法规保障。同时，出台并落实《关于进一步加强少数民族干部队伍建设的意见》，把加强少数民族干部队伍建设作为考核各级党委和有关部门的一项重要内容，坚持"六个优先"[2] 选用少数民族干部等。先后出台了清真食

---

[1] 陆永耀：《在"六个方面"着力推进城市民族工作》，载《民族时报》2018年10月18日。

[2] 对德才兼备、政绩突出的少数民族干部，优先提拔使用；对具备任职条件的少数民族干部，优先放到正职岗位上；对与少数民族工作密切相关的部门，优先配备少数民族干部；对本地区本单位急需配备少数民族干部一时又缺乏合适人选的，打破地区、行业、部门界限，统筹安排，在更大范围内优先配备少数民族干部；对少数民族人口相对比较集中的地方，优先配备少数民族干部；同等条件下，优先安排少数民族妇女干部和少数民族党外干部。

品认证标准，各地也纷纷制定出台了清真食品、回民殡葬、流动人员管理等法规或规范性文件，保障少数民族在传统节日、饮食、丧葬、宗教活动等方面特定需求的相关保障措施，云南省在城市周边建立了 20 个回族公墓。[1] 制定了少数民族法律援助等方面的法规和政策措施，切实保障少数民族合法权益。经过多年的探索实践，云南城市民族立法工作取得一定成绩，有力地推动了城市民族关系的和谐发展。

昆明市、曲靖市、大理州、蒙自市、楚雄州等也相继出台了贯彻落实《云南省城市民族工作条例》的规范性文件。昆明市在全省率先制定了《昆明市清真食品管理条例》《昆明市回族等少数民族殡葬管理办法》《昆明市流动人口管理条例》《关于进一步加快少数民族和民族地区跨越式发展的决定》《关于建设民族团结进步边疆繁荣稳定示范区的意见》《关于进一步加强城市民族工作的意见》《关于加强和改进新形势下民族工作的实施意见》等文件，把切实保障城市少数民族群众的合法权益作为出发点和落脚点，让党的民族政策体现在和落实到各项具体工作中。这些地方性法规和政府规章，加快了城市民族工作法制化和规范化进程。[2]

曲靖市出台了《中共曲靖市委、曲靖市人民政府关于进一步加强民族工作促进民族团结加快少数民族和民族地区科学发展的决定》《曲靖市人民政府关于进一步繁荣发展少数民族文化事业的实施意见》《中共曲靖市委、曲靖市人民政府关于加强和改进新形势下民族工作的实施意见》及《曲靖市清真食品管理办法》等一系列政策措施，为促进民族地区经济社会发展和保障城市少数民族权益提供有力的政策保障。

大理州制定出台了《关于进一步加强城市民族工作的意见》《大理市居住证（卡）管理暂行办法》等相关政策，率先在全省建立了州级民族学会和宗教团体联席会议制度，并将团体工作纳入地方民族工作部门年度目标管理责任制进行考核。

楚雄州结合实际，深入调查研究，广泛听取和征求城市各少数民族的

---

[1] 李正洪：《推动城市民族工作创新发展 促进民族团结进步边疆繁荣稳定示范区建设》，载《今日民族》2011 年第 11 期。

[2] 昆民：《昆明：积极探索城市民族工作社会化之路》，载《中国民族报》2016 年 3 月 22 日第 002 版；《推动城市民族工作创新发展 促进民族团结进步边疆繁荣稳定示范区建设》，载《今日民族》2011 年第 11 期。

诉求和愿望，研究制定条例的实施意见和办法，《楚雄彝族自治州人民政府城镇民族工作规定（送审稿）》已按相关程序报州人民政府审定，《规定》把《条例》的原则和规定具体化，《规定》的出台实施必将促进《条例》落实到具体化，使城市少数民族群众真正共享改革开放和城市发展成果，为构筑和谐城市民族关系创造良好的条件。

（三）形成城市民族工作法律法规监督检查机制

云南以问题为导向，抓住各族干部群众普遍关心的重点、难点和热点问题，不断扩大城市民族法律法规监督检查工作内容和对象的覆盖面，注重发现问题、分析问题、解决问题。加强城市民族关系监测、预警、评估，发现问题快速反应，立即督查，及时处理，将问题化解在基层，消灭在萌芽状态。建立各部门各方面协调配合，自查与督查相结合，采取专题检查与重点抽查结合等方式，重在平时抓好平常的长效机制，切实加强监督检查工作，解决民族关系协调中出现的问题和存在的薄弱环节，推动各民族交往交流交融和社会稳定，确保各项法律规定真正落到实处。

昆明市在全省率先成立了7个事业编制的清真食品监督管理办公室，保障清真食品管理有机构、有经费、有人员。成立清真食品行业协会和宁夏清真食品国际贸易云南认证中心。

官渡区于2014年8月成立了昆明市第一家县区级清真食品监督管理机构——"官渡区清真食品监督管理办公室"，属官渡区民族宗教事务局下属全额拨款事业单位，编制6人。加大《昆明市清真食品监督管理条例》宣传贯彻执行力度，保障穆斯林群众的清真饮食和风俗习惯，为清真食品行业在官渡区健康发展保驾护航的同时，确保官渡区不因清真食品引发少数民族矛盾纠纷，为民族团结稳定做出了积极贡献。

呈贡区认真贯彻落实《昆明市清真食品管理条例》，聘请清真食品义务监督员，工资纳入政府公益性岗位财政拨款，监督员对清真食品生产经营单位实行分片区网格化管理。成立了清真食品监督管理办公室，由区委编办下达《关于设立呈贡区清真食品监督管理机构的通知》（呈编办通〔2015〕23号）文件，明确了机构职责、人员编制等事宜，安排了5个事业单位人员编制，确定办公场地，选调3名办公人员到岗，有效推进清真食品监督管理工作。通过发挥呈贡区伊斯兰教协会和宗教教职人员作用，协助开展清真食品日常监管工作。

玉溪市做好清真食品的服务和监管工作，政府投入20万元在城外的回民聚居大营新建了清真宰牛场，实行肉牛集中定点屠宰，彻底解决环境污染和安全隐患问题。

（四）完善城市民族工作法律法规的宣传教育机制

云南坚持把宣传教育纳入民族法律法规体系的建设中，做好城市民族地区社会主义核心价值观和爱国主义教育，使正确的国家观、民族观、宗教观、历史观、文化观、社会主义核心价值观根植于每个城市居民的心灵深处，使民族法律法规和团结意识在心里生根发芽，使各民族同呼吸、共命运、心连心的光荣传统代代相传。加强常态化机制建设，把民族法律法规宣传教育纳入国民教育、干部教育、社会教育全过程。创新宣传教育理念、方法和手段，扩大媒体和社会传播，拓展网上传播平台，改变单一的"大水漫灌式"的方式，针对不同对象和受众特点做"滴灌"，开发多媒体数据库和多形态宣传品。推进创建活动融入城市社区建设，贯穿国民教育体系，延伸到新经济组织、新社会组织当中，不断总结宣传教育的新成效、新典型、新经验，创造可复制、能推广的经验。

昆明市呈贡区在社区积极开展民族团结稳定"月、周、日"宣传教育活动，深入少数民族聚居和散杂居社区宣传《云南省城市民族工作条例》《昆明市清真食品管理条例》及《昆明市回族等少数民族殡葬管理办法》等政策法规。每年在城内清真寺组织清真食品生产经营从业人员开展清真食品宣传培训，围绕《昆明市清真食品管理条例》《云南省清真食品认证通则》等内容进行专题讲授和入户宣传，发放宣传资料，增强从业人员法治观念、责任意识和规范经营的自觉性。

五华区每年7月26日举办"民族团结进步宣传月"活动，在全区广大干部群众中广泛开展马克思主义民族宗教理论、党和国家民族宗教政策、法律法规宣传教育。通过成立少数民族文明公民教育分校，在区属民族聚居社区广泛开展文明公民教育。印制《民族区域自治法》《城市民族工作条例》《昆明市清真食品管理条例》《中国公民确定民族成分的规定》等民族法律法规宣传资料发至基层，以街道办事处、社区（村）居委会为载体，利用各种宣传形式，搭建有效宣传平台，在全社会营造维护各民族团结人人有责、促进各民族共同繁荣个个出力的浓厚氛围。

红河州蒙自市充分利用城市社区宣传阵地，组织社区党员和小区居民代表集中培训学习,通过文艺作品、专栏标语、民族团结联谊活动以及利用哈尼族"苦扎扎"节、彝族火把节、苗族"花山节"等少数民族重大传统节日等时间节点,宣传党的民族理论、民族政策、民族法律法规,提高社区干部和群众的民族团结意识,让民族团结理念深入人心,家喻户晓。

临沧市临翔区把城市民族工作的宣传教育纳入区委宣传思想工作中,由宣传部、组织部、统战部和民宗部门共同负责,以民族宗教"六进"活动为载体,以民族干部和民宗人员素质提升为重点,以《中华人民共和国民族区域自治法》《城市民族工作条例》《宗教事务条例》以及党在民族工作方面的方针政策为主要内容,组建民族宗教宣讲团,到街道、社区、宗教场所进行宣讲;利用傣族泼水节、基督教的圣诞节、伊斯兰教的圣纪节等民族宗教传统节日以及每年"民族团结月"和"宗教政策法规学习月",集中开展宣传教育;以印发宣传手册、制作宣传横幅、召开少数民族代表座谈会、邀请专家做专题报告等多种形式,深入开展学习宣传教育活动[1],营造文明守法、民族和睦、团结进步的社会氛围。

四 实施城市民族团结示范社区创建,建立社会化管理服务平台

城市已成为民族工作的重要阵地,少数民族群众进入城市后,社区是他们生活的重要场域,也是他们活动的起点,社区民族工作所体现出的群众性、广泛性与直接性,是其他领域无法取代的。[2] 依托社区基础上,使城市民族工作和城市民族关系协调的充分立足,实施城市民族团结示范社区创建,建立社会化管理服务平台,更好地联系和服务少数民族群众。

(一)开展民族团结进步示范社区创建

2010年,云南省民委深入昆明市调研后,提出以"管理好、服务好、治安好、环境好、团结好"为建设标准,选择昆明市四个主城区的重点

---

[1] 杨中美、张绍玲:《临翔区开创城市建设与民族工作双推进新局面》,载《临沧日报》2016年5月28日。

[2] 陆永耀:《在"六个方面"着力推进城市民族工作》,载《民族时报》2018年10月18日。

社区开展了省、市、区三级联创共建民族团结进步示范社区活动，其他15个州市民委也选择所在城市至少1个社区作为试点开展创建活动。各个社区按照云南省民委制定的《创建城市民族团结示范社区指导意见》，依托自身优势，积极开展创建活动。2019年12月9日，国家民委正式发文，命名昆明市为"全国民族团结进步示范市"。昆明成为全国首个创建成为"民族团结进步示范市"的省会城市。至2019年10月，云南省规划并实施122个省级民族团结进步示范社区，打造了一批率先发展、全面小康型的民族团结进步示范社区，6个社区被评为全国民族团结进步示范单位，在云南省起到了示范带动、标杆引领作用。云南省民族团结进步示范社区覆盖全省16个州市和67个县市区，占全省129个县市区的51%，正在建设的新一轮60个省级民族团结进步示范社区分三年完成。[①] 云南省在示范社区创建工作中，注重加强党的基层组织建设，切实解决创建工作中的实际困难和问题；通过网络化管理，夯实创建基础；开展丰富创建活动载体，营造良好的创建氛围；协调各方支持，合力推进创建工作；解决好少数民族创业、就业等问题；调处化解各种纠纷矛盾，增强社区凝聚力、感染力、向心力[②]，通过多样化的活动载体，将城市民族工作融入和谐社区建设中，极大地推动了城市民族工作和城市民族关系协调发展。

昆明市坚持示范引领，以创建民族团结进步示范社区建设工作为抓手，出台了《关于在全市进一步深入开展民族团结进步示范社区创建活动的意见》，成立了市、区两级领导小组，街道党工委、办事处分别成立街道民族工作进社区领导小组、社区民族工作协调小组和街道、社区少数民族联谊会，形成"党委政府领导、民族部门牵头、相关部门配合、社区居委会主办、社会各界支持、群众广泛参与"的民族团结进步示范社区创建组织。按照民族团结进步创建活动的"五好"标准，坚持把社区作为开展民族团结进步创建活动的主阵地、主渠道，以多民族社区为单位，开展多种形式的民族团结进步示范社区创建活动。建立民族团结宣传长廊、进城务工人员培训学校、少数民族联谊会、民族之家、爱心超市等平台，采取发放民族团结联系卡、服务电话、法律援助等方式，开展评选

---

① 云南省民族宗教委"城市民族"官方公众号推送，2019年10月1日。
② 陆永耀：《在"六个方面"着力推进城市民族工作》，载《民族时报》2018年10月18日。

"十星级文明楼院"、"民族团结楼院"和"民族团结之星"等活动，促进各民族和睦相处、和衷共济、和谐发展。随着民族团结进步示范社区创建活动的深入开展，涌现出多个民族团结进步示范社区和单位。截至2019年11月，昆明成功创建全国民族团结进步示范单位10个、全省民族团结进步示范单位64个、全市民族团结进步示范单位567个、各级命名示范单位2127个，形成了以点串线、以线连片、以片带面的创建格局。2019年12月9日，国家民委正式命名昆明市为"全国民族团结进步示范市"。

五华区顺城社区聚居着回、彝族等少数民族，少数民族人口占社区总人口的28%，在创建活动中开展点亮"团结灯、进步灯、民心灯、安居灯、幸福灯、祥和灯"活动，充分激发社区群众的积极性。顺城社区成为昆明市楼宇经济先行社区、民族团结模范社区、宗教和顺窗口社区、都市经济引领社区。桃源社区整合社区资源，建设"少数民族之家"，打造一站式民族事务服务平台。

官渡区太和街道办和平路社区建成了全市首家少数民族爱心蔬菜超市，充分考虑社区居民的民生需求，把解决社区居民最关心、最急需、最现实的需求作为创建工作的突破口。

位于昆明市西山区海口街道办事处的里仁社区，随着城市化进程的推进，由"村"转变成了一个厂社交融和多民族兼有的复合型社区，由于民族团结，社会和谐，先后被国务院、省、市评为"民族团结进步先进集体""云南省民主法治示范村""云南省民族团结进步示范社区"等荣誉。

呈贡区从2010年将回回营社区、城内社区纳入省、市、区三级联创示范社区创建范围以来，连续投入建设资金，扶持两个社区完成了道路修建、人畜饮水工程、宣传栏制作、休闲文化广场（活动室）建设、失地农民技能培训等项目，为改善少数民族群众生产生活条件，提高文化水平做出了积极贡献，被云南省民委授予"云南省民族团结示范社区"称号。

普洱市在思茅区南屏镇倒生根社区开展民族团结进步示范社区创建活动后，各县都选择一个社区作为民族团结进步社区进行试点。至2016年2月，12个社区都设有民族宗教事务工作室，共有民族宗教工作联络员36人，少数民族社团6个。

(二) 实施两轮"十百千万"创建工程

云南民族团结进步示范区建设启动以来，根据云南省委、省政府安排部署，按照"重点突破、以点带面、示范引领、全面推进"的思路，省民族宗教委于2013—2015年制订实施了示范区建设"十县百乡千村万户示范创建工程"三年行动计划。三年间，通过资源整合、层层抓点、合力攻坚，在全省范围内打造了一批民居有特色、产业强、环境好、民富村美人和谐的民族团结进步示范村镇，涌现出一大批民族团结进步示范典型。示范创建地区的经济社会发展步伐不断加快，各族群众生产生活水平不断提高，民族团结、边疆稳定、社会和谐的局面不断巩固。示范创建工程成为示范区建设深入推进的有力抓手，成为云南省民族团结进步事业的生动实践，深受各族干部群众的欢迎和好评。

云南省在认真总结第一轮示范创建工程的基础上，决定实施《云南民族团结进步示范区建设"十县百乡千村万户示范创建工程"三年行动计划（2016—2018年）》。创建坚持民族因素和区域因素相结合、目标导向与问题导向相结合、突出重点与统筹兼顾相结合，其中选择创建1000个民族团结进步示范村（民族特色村、民族团结进步示范社区），打造一大批类型多样、各具特色、具有标杆性的示范典型，创造可复制、能推广的经验，推动示范区建设形成以点串线、以线连片、以片带面创建格局的形成。

各地结合云南省实施的"十百千万"工程，因地制宜，创造条件，将城市民族工作和城市民族关系协调融入示范区建设，为各族群众搭建交往、交流、交融的连心桥，示范社区秉承"民族团结一家亲、同心共筑中国梦""各民族都是一家人，一家人都要过上好日子"的理念，全力营造"你中有我、我中有你、谁也离不开谁"的和谐氛围，努力提高社区服务管理水平，把社区建设成为各族群众的精神家园，真正让少数民族留在城市，更好地融入城市。①

德宏州在全省启动实施"十县百乡千村万户示范点创建工程"三年行动计划后，及时启动了德宏州"11121示范点创建工程"建设工作，认

---

① 陆永耀：《在"六个方面"着力推进城市民族工作》，载《民族时报》2018年10月18日。

真做好"十县百乡千村万户示范点创建工程",采取"国家补助、地方支持、部门配合、群众投入"相结合方式,投入75660万元(其中,国家和省补助12530万元、州级筹措11700万元、县市自筹51430万元)重点打造1个示范市(瑞丽市)、10个示范乡镇、100个示范村(包括65个示范村、35个民族特色村寨)、2个示范社区、1000户示范户。截至2016年4月,已争取国家及省"十县百乡千村万户示范点创建工程"建设资金11410万元,其中投入700万元建设瑞丽示范市、投入2200万元建设9个示范乡、投入5230万元建设70个示范村、投入3200万元建设32个少数民族特色村寨、投入80万元建设2个示范社区,切实将民族团结稳定和边疆稳定落在实处。

截至2016年2月,曲靖市先后争取将南宁街道黄家庄社区、寥廓街道康桥社区、白石江街道幸福社区列为云南省民宗委"十百千万"工程城市民族团结进步示范社区创建,其中省民宗委每年补助黄家庄社区20万元,区政府每年配套20万元,补助三年;康桥社区、幸福社区分别补助60万元,在示范社区中建立"七有",即有少数民族服务窗口,有少数民族维权热线、有少数民族之家、有少数民族外来务工人员联络员制度、有少数民族外来务工人员法律援助点、有少数民族矛盾纠纷调处中心、有社区民族团结联系卡,让少数民族外来务工人员能够真正融入城市,形成自觉维护民族团结、社会稳定的力量。

(三)建立社区社会化管理服务平台

云南省各市、县、区聚焦民生实事,深入挖掘和整合社会资源,建立社会化管理服务平台,及时倾听民意、为民解困,切实抓好少数民族的管理与服务工作,让务工、求学的少数民族找到归属感。

1. 建立服务联系平台

建立少数民族联络员制度和少数民族服务中心,设置民族团结联系卡、少数民族事务受理点、绿色窗口、服务热线,及时倾听民意,畅通少数民族流动人员与政府间的信息通道,优先帮助少数民族解决困难。

2. 建立信息服务平台

建立信息服务平台,将民族成分更改、民族企业证照等在政府公众信息服务网上办理,方便少数民族办事。建立社会治理与公共服务信息化平台，对少数民族流动人口实行动态、高效、便捷的服务管理。建立民族关系信息员队伍，常态化分析研判涉及民族热点问题。

3. 建立创业就业服务平台

为就业困难的少数民族提供公益型岗位，依托社会机构对少数民族群众进行创业就业培训。

4. 建立纠纷调处和法律援助平台

在有条件的街道、社区依托法律专家、领导干部、民族人士等建立少数民族矛盾纠纷调处中心和法律援助点，充分发挥其在化解民族矛盾、协调民族关系中的独特作用，免费为少数民族外来务工人员提供法律援助，及时把涉及少数民族群众的矛盾隐患和矛盾纠纷化解在基层，消除在萌芽状态。

5. 建立清真食品管理平台

设立清真食品管理站，建立了民族、食品药品、工商等部门协调配合的执法检查机制，加强对清真食品企业管理。

6. 建立民族社团培育平台

由民族工作干部、民族企业代表、民族人士、民族问题专家组成民族团结进步促进会、联合会、协会等社团组织，增强社区民族工作社会化活力。

7. 建立学习培训平台

依托民族团结进步示范社区，定期组织少数民族流动人员开展民族政策、法律法规培训和实用技术培训、运动会、联欢会、有奖知识竞赛、民族节日庆典等活动，让少数民族流动人员更好地融入城市，让城市更好地接纳少数民族流动人员。

8. 建立民族交往交流交融平台

建立民族宣传长廊、和谐民族广场、少数民族之家、爱心捐助家园、养老服务站和爱心食堂、少数民族港湾、少数民族就业培训室、少数民族绿色网吧等活动阵地，使辖区各民族更好地交往、交流、交融。

昆明市以主城区民族聚居社区为重点，按照集中民智、汇集民力、服务于民的精神，以社区为载体，依托社区内资源，率先开展《民族团结公约》教育活动，率先成立昆明市少数民族法律维权中心，建立了一批少数民族服务中心、民族文化大舞台、民族广场、民族图书阅览角、少数民族就业创业培训基地，开通了少数民族热线电话通道，利用社区卫生服务中心资源建立了少数民族计生卫生室等，为少数民族提供系列社会化服务，搭起政府、单位、少数民族的"连心桥"，使少数民族在社区社会化管理服务中找到了家的感觉[1]，巩固了和谐城市民族关系，昆明市先后两次荣获"全国民族团结进步模范集体"荣誉称号。

五　创新城市少数民族流动人口工作方式，提升服务管理水平

随着云南城市化、工业化持续深入推进，各民族交往交流交融日益频繁，越来越多的少数民族流动人口进入城市。云南通过建立"流入地—流出地"协作机制，开展少数民族流动人口服务管理试点工作，提升少数民族流动人口服务管理水平，拓展少数民族流动人口就业创业渠道，健全少数民族流动人口"进得来、留得住、过得好、能融入"的服务体系，把少数民族群众对城市美好生活的向往变为现实，已经成为城市民族关系协调中的重要措施。

（一）建立"流入地—流出地"协作机制

云南按照"两条腿"走路的工作思路，"一条腿"做好流入地的服务管理，制定出台政策措施，将任务分解到省直20多个部门和16个地州市，抓好落实；"另一条腿"做好流出地的协作配合，主动走出去，先后与多省建立战略协作机制，同时重点为在滇学习的少数民族人员做好服务与管理工作。[2] 流入地和流出地"两头对接"，即流入地要加强对少数民族流动人口统计登记工作，及时将信息通报流出地；鼓励和支持规模较大、流向集中的流出地在流入地设立服务工作站，流入地予以全力支持配合，逐步形成区域联动、资源共享、信息互通的协作机制。云南省级层面建立了滇疆合作常态化工作机制，新疆派出工作组，开展在滇新疆籍各族群众和学生的服务管理工作；云南省民族宗教事务委员会与山东省民委以

---

[1] 云南省民族宗教委、云南省民族学会、昆明市民族宗教委联合调研组：《昆明市城市民族工作的主要做法》，载《今日民族》2018年第9期。

[2] 云南省民族宗教委"城市民族"官方公众号推送，2019年10月1日。

"加强信息沟通、加强联动协作、开展政策法规教育、开展服务管理、加强经验交流"等内容为主,建立云南省与山东省少数民族流动人口服务管理跨区域合作机制,签订了合作协议书。① 2019年6月,云南省民宗委调研组赴浙江、江苏调研两省城市民族工作,分别与浙江、江苏民宗委建立少数民族流动人口流出地、流入地区域协调合作机制,签订《少数民族流动人口服务管理跨区域协调合作协议书》。少数民族流动人口服务管理跨区域协作机制以"属地管理、资源共享、信息互通、密切协作、权益保障、维护稳定"为基本原则,以"改善民生、保障权益、维护稳定、增进和谐"为目标,以"教育培训、权益维护、信息通报、重大突发事件应急处置、矛盾纠纷调处"为主要内容,建立完善少数民族流动人口服务管理体系,为妥善解决少数民族流动人口生产生活和社会交往中面临的困难和问题,更好地促进各民族交往交流交融,进一步巩固民族团结和社会稳定的良好局面搭建桥梁。

昆明市与全国35个少数民族聚居州市驻昆办建立联系沟通制度,支持少数民族流动人口输出地在昆设立办事机构,协助驻昆单位、企业建立党工委、党支部。② 会泽县新街乡在昆明等地经商、务工的人员达1.4万余人,占全乡总人口的37%,依托新街回族乡成立的驻昆流动党总支和下设的6个流动党支部、17个党小组、19个管理网点,加强联系与沟通,协调劳资纠纷,做好对外出务工党员和各民族务工人员的民族团结教育和维权服务工作,引导外出务工人员守法经营、文明经商、勤劳致富,配合做好流入地的城市民族工作,维护民族团结。

玉溪市开展"农村劳动力转移就业扶贫"和"技能扶贫"专项行动,依托市人力资源部门与广东省惠州市、博罗县、石湾镇建立劳务对接机制。

曲靖市在辖区麒麟、宣威、陆良、罗平、会泽等县市区建立少数民族流动人口流入地与输出地协作机制。

红河州泸西县、河口县、石屏县、红河县4县相互建立"对接共建"

---

① 陆永耀:《在"六个方面"着力推进城市民族工作》,载《民族时报》2018年10月18日。
② 李正洪:《推动城市民族工作创新发展 促进民族团结进步边疆繁荣稳定示范区建设》,载《今日民族》2011年第11期。

协作机制。

云南各地根据实际，以加强"教育培训、权益维护、治安处罚、干部交流、信息通报、重大突发事件应急处置、矛盾纠纷调处"为主要内容，积极探索建立少数民族流动人口流入地与流出地协作机制，取得了较好效果。①

（二）开展少数民族流动人口服务管理试点工作

云南省结合城市民族工作中突出的难点和重点，从2015年起，率先开展少数民族流动人口服务管理试点工作。试点工作安排了相应的试点经费，紧紧依托社区，建立信息系统服务平台、构建沟通协作机制、开展创业就业培训、加强权益保障和开展民族团结宣传教育活动。2018年4月，云南在全省范围内开展为期6个月的少数民族流动人口基本情况摸底调研和少数民族流动人口问卷抽样调查。摸底调研范围覆盖全省16个州市、129个县（市、区），为建立我省少数民族流动人口信息数据库，实现省、州（市）、县（市、区）、乡镇（街道办事处）、村（社区）五级同步动态监测管理奠定基础。至2018年10月，少数民族流动人口服务管理试点工作已覆盖9个州市，达17个社区，争取2020年前少数民族流动人口服务管理试点工作实现全省16个州市全覆盖，达30个社区。② 通过逐步扩大试点覆盖面，适时制定出台《关于进一步加强城镇少数民族流动人口服务管理的意见》，建立健全的城市民族工作综合信息平台。

昆明作为辖自治地方最多、世居民族最多、少数民族人口总数位居第二的城市，全市30万少数民族流动人口，如何帮助他们克服融入城市的困难，是昆明创建工作中的一大重点。通过动员社会各个方面力量，全市形成上下齐抓共管民族团结、齐抓共管民族团结进步创建和示范市创建工作的格局。2017年，昆明市被国家民委确定为"少数民族流动人口服务管理试点城市"，2018年国家民委又将昆明市列为深入推进少数民族流动人口服务管理体系建设试点城市之一。

盘龙区认真做好少数民族服务管理试点工作，通过搭建信息共享、服

---

① 陆永耀：《在"六个方面"着力推进城市民族工作》，载《民族时报》2018年10月18日。

② 陆永耀：《在"六个方面"着力推进城市民族工作》，载《民族时报》2018年10月18日。

务联系、学习培训、纠纷调处、法律援助 5 个平台，优化对少数民族流动人口的服务管理。同时，建立"四当五服务""八到家""真情七送"①，把少数民族流动人口服务管理工作落实到温暖民心、稳定民心、赢得民心上。

呈贡区在少数民族聚居的雨花街道回回营社区以及少数民族人口较为集中的龙城街道城内社区，建成城市社区民族事务信息化服务平台，定期收集、更新社区少数民族人员信息。在民族团结进步示范社区回回营、城内、万溪冲社区建立了完善的"四个一"少数民族服务平台，并以平台为依托，健全了少数民族流动人员服务管理协作机制，通过入户走访、填写登记表、完善服务平台等措施，切实维护少数民族流动人员的权益，为他们解决困难、调解矛盾纠纷。动态掌握少数民族流动人口数据，便于服务管理。2015 年，呈贡区回回营社区被省民宗委确定为城市少数民族流动人口服务管理工作试点社区。

(三) 提升少数民族流动人口服务管理水平

中共云南省委、省政府办公厅制定印发《〈关于进一步加强和改进少数民族流动人口服务管理工作的实施意见〉的通知》（云办发〔2017〕45号），通过建设少数民族流动人口管理服务体系，旨在构建"管理网格化、服务均等化、引导社会化、活动常态化"的服务管理新模式，按照"同城化待遇、属地化管理、市民化服务"的原则增强与少数民族流动人口的相互适应，引导其融入社区生活，实现"流动有序、成果共享"的目标，提高少数民族流动人口服务管理水平。

1. 完善少数民族流动人口信息

在相关单位的联动下，增加民族、宗教相关信息，借助公安、计生等部门力量，摸清辖区内的少数民族流动人口情况，建立少数民族流动人员信息台账制度，以定期开展走访摸底的方法，及时掌握辖区内流动人员动

---

① "四当"，即把少数民族的事当自己的事来办、小事当大事办、缓事当急事办、分外事当分内事办；"八到家"，即新婚喜事庆贺到家，办理丧事慰问到家，家庭纠纷调解到家，有病住院看望到家，计生走访关爱到家，两劳、重点人员帮教到家，生活保障发放到家，下岗待业安置到家；"真情七送"，即为少数民族送关怀、为少数民族送平安、为少数民族独居老人送健康、为少数民族弱势群体送关爱、为少数民族送"绿色"、为少数民族送"精神食粮"、为少数民族待业青年送岗位。

态，使少数民族流动人口纳入所在社区有效管理，加强与公安、工商、城管、卫生等执法部门的联系协作。

2. 加强服务管理人员配备

确保少数民族流动人口服务管理工作责任到人，部分城区设立了少数民族流动人员管理领导小组，并以社区劳动和社会保障服务窗口为核心成立少数民族流动人口就业创业工作小组，配备专人、增加投入，制定相应的管理措施，加强对这一特殊人群的沟通、协调和服务管理工作，引导城市社区少数民族流动人员更好、更快地融入城市生活。

3. 提供人性化服务

在城市管理中多做耐心细致的工作，避免因简单粗暴执法引发矛盾冲突。搭建"四个一"少数民族服务平台，即设立一个少数民族事务受理点和少数民族群众信访窗口；开通一条少数民族群众服务和维权热线电话；发放一张社区少数民族居民服务联系卡；设立一个"少数民族之家"，固定活动日、活动场所、活动经费；建立一支法律援助队伍；组建一个人民调解组织，为少数民族群众办实事、做好事、解难事，及时反映他们生活、工作中存在的问题，为有困难的少数民族同胞提供就业、助学、低保、医疗等服务。

4. 建立流动党支部

为流动党员提供政治学习、组织生活、诉求反映、就业信息、志愿帮扶等服务，增强对党组织的信任感、亲切感和归属感。

5. 推进民族工作网格化管理

根据外来少数民族流动人口租住情况，每个居民代表和社区联防队员、计生服务信息员分片包干，及时掌握流动人口的各种情况。与流动人员签订卫生、安全、计划生育责任书，填写流动人口信息登记卡，准确、动态掌握少数民族流动人员信息，向流动人员宣传法律法规、计划生育、村规民约等内容，引导他们自觉维护好社区和谐稳定。

关上中心社区是典型的新型城市社区，于 2015 年 7 月被确定为全省 4 个少数民族流动人口服务管理体系建设试点之一。社区常住少数民族人口 3162 人，少数民族流动人口 7561 人，其中以年轻人居多。社区居民可以通过"互联网+"实现在线互动，提出服务诉求。社区利用现有的少数民族信息服务平台和微信服务平台，及时掌握社情民意，有效化解矛盾。

社区还整合辖区公共单位和企业资源，为少数民族流动人员提供就业培训服务；为其子女提供优质课内教学和课外辅导活动；依托"为民助老呼叫援助信息服务平台"和社区现有服务资源，着力为少数民族老人打造"十分钟服务圈"，有效提高对少数民族流动人口的服务管理水平。

大理州切实解决城市少数民族流动人员住房问题，州市两级政府先后投入近 200 万元，为下关镇小花园 20 多户藏族同胞建盖了 24 套住房；解决城市少数民族流动人员随迁子女入学、考试等问题，制定下发了《关于做好非大理州户籍进城务工人员随迁子女接受义务教育后在我州参加初中学业水平考试和高中阶段学校录取工作的通知》，解决城市少数民族流动人员随迁子女就学问题；结合示范州创建活动，在州人民医院、州附属医院等州内主要医疗机构专门设立少数民族服务咨询台和服务窗口，开辟绿色通道，为少数民族群众，特别是到大理市就医的藏区群众提供便利；积极为少数民族流动人员在就业、证件办理、法律援助等方面提供服务和帮助；进一步加大对少数民族特需商品定点生产企业和民族贸易企业的生产补助和财政贴息；积极协调解决信教群众宗教活动场所问题，修缮大理市经济技术开发区清真寺、下关镇天宝街基督教堂等宗教活动场所等；以关迤社区为试点，充分利用社区服务大厅，完善少数民族一站式服务平台，在社区网格化管理中心建立社会管理综合治理信息平台和 6995 "十户联防"管理平台，对采集到的每一位网格员的基础信息进行录入、分组，实行动态管理，已建成大理市万花、五华、祥云县祥城镇城东等 16 个城市民族工作"网格化"管理试点社区，同时将矛盾纠纷排查调处、少数民族流动人员管理等工作纳入网格化管理，通过网络终端、手机终端及时上报至州综治信息平台，更好地为少数民族居民和少数民族流动人员服务。

丽江市创新机制，加强和改善对少数民族流动人口的管理服务，建立少数民族流动人口登记备案制度。各区县成立流动人口管理工作协调领导小组，在社区设立流动人口和出租房服务管理站，配备流动人口管理协管员。全面实行流动人口居住证管理和房屋租赁登记备案制度，由各社区对辖区暂住的外来少数民族人员登记造册，对可能影响社会治安的重点人员建立档案，使流动人口置于所属社区的有效管理之中。

（四）拓展少数民族流动人口就业创业渠道

云南省城市民族社区十分注意根据自身特点和优势，通过各方面可以利用的资源和方法，不断开拓少数民族流动人口就业创业渠道，为少数民族流动人口就业创业和尽快融入城市生活创造良好的条件。

1. 开辟绿色通道

以少数民族流动人员服务窗口为途径，开辟联通社区企业、社区少数民族群众和社区、街道劳动保障服务部门的通道，并通过这一绿色通道为社区储备更多就业岗位。

2. 加强就业创业培训

不断加强少数民族流动人口就业创业培训，以人社部门主导的职业技能培训和创业扶持为基础，针对不同层次的少数民族流动人口开展劳动技能、法律知识、社会保障等不同类型的就业培训，帮助少数民族流动人口尽快就业创业。

3. 提供补贴和资金支持

部分有条件的社区，积极争取为具有创业意愿的少数民族流动人口提供创业补贴、创业岗位开发补贴以及担保贷款等方面的资金支持。

4. 搭建创业就业服务信息平台

社区工作人员在详细了解少数民族流动人口的就业愿望、职业技能、身体状况、年龄结构、学历结构、培训意向等基础信息的基础上，有针对性地免费提供就业培训、就业岗位信息，开展职业介绍和职业指导，优先安排就业。

蒙自市积极组织开展外来务工人员技能培训，截至2016年1月，共开展培训36期1200余人次，让少数民族群众的合法权益得到保障，让少数民族流动人口感受到城市的温暖，有效促进少数民族群众就业。

六 开展少数民族失地群众试点工作，探索可持续发展机制

在云南市场化、工业化、城市化进程加快的背景下，少数民族失地农民可持续发展十分重要。云南通过加强基层调研、宣传引导转变少数民族失地农民就业观念、组织培训，提高其就业能力、多渠道搭建和拓展就业平台、树立典型鼓励自主创业等方式，有效地促进了少数民族失地群众的可持续发展。

结合城市民族工作中突出的难点和重点，从2015年起，云南省率先

开展少数民族失地群众可持续发展试点工作。① 少数民族失地群众可持续发展试点以城乡接合部翻牌社区、整体搬迁安置社区、经济文化型社区、中心城镇社区等类别为切入点，从开展技术培训、搭建就业平台、建立劳务输出、壮大集体经济、鼓励自主创业等方面探索新时期失地少数民族群众可持续发展的机制，确保城市失地少数民族群众长远生计有保障。同时，尝试在城市社区开展互助资金模式，为城市少数民族创业就业提供资金保障。② 云南省民族宗教事务委员会自2016年起，选择了一些社区③作为失地少数民族群众再就业试点社区，探索新形势下城市少数民族失地群众的可持续发展机制，切实解决少数民族失地群众面临的特殊困难和问题，确保失地少数民族群众长远生计有保障，推动城市民族工作稳步发展。2018年10月，少数民族失地群众可持续发展试点工作已覆盖12个州市中14个失地少数民族群众相对聚居的社区，所开展的可持续发展试点工作，旨在让城市失地少数民族群众更好地生活，让流入省内城市的少数民族群众共享均等公共服务，更好地融入城市。④ 试点工作取得了一定的成绩和经验，还将继续扩大试点范围，争取2020年前少数民族失地群众可持续发展试点工作实现全省16个州市全覆盖，达20个社区。⑤

（一）重视和加强基础调研

根据云南省民族宗教事务委员会2016年调研发出的100份调查问卷

---

① 从2015年起，云南率先开展少数民族流动人口服务管理试点工作和少数民族失地群众试点工作两项试点。

② 陆永耀：《在"六个方面"着力推进城市民族工作》，载《民族时报》2018年10月18日。

③ 分别是昆明市呈贡区吴家营街道办事处缪家营社区、昭通市昭阳区凤凰街道办事处文渊社区、楚雄州楚雄市鹿城镇栗子园社区、文山州富宁县新华镇新兴社区、怒江州泸水市六库镇江西社区、临沧市云县爱华镇新云洲社区、丽江古城区金山街道办事处东元社区、大理州大理市大理镇五华社区、曲靖宣威市宛水街道办事处新文社区，这些社区中，城郊接合部的社区有富宁县新华镇新兴社区云县、爱华镇新云洲社区、丽江古城区金山街道办事处东元社区、宣威市宛水街道办事处新文社区等，城市中心的有大理市大理镇五华社区、昭阳区凤凰街道办事处文渊社区、六库镇江西社区，整体搬迁安置的社区有楚雄州楚雄市鹿城镇栗子园社区、呈贡区吴家营街道办事处缪家营社区。

④ 云南省民族宗教委"城市民族"官方公众号推送，2019年10月1日。

⑤ 陆永耀：《在"六个方面"着力推进城市民族工作》，载《民族时报》2018年10月18日。

分析，城市化进程是导致云南省城镇周边农民失去土地的主要原因。失地少数民族群众（含10%的汉族群众）整体受教育水平不高，大多从事服务行业、建筑业等工作，收入较低。试点社区根据自身情况，因地制宜，多措并举扎实推进少数民族失地群众的可持续发展。

1. 成立试点工作领导小组

试点社区均成立了试点工作领导小组，将该项工作列入社区重点议事日程，不仅制定再就业试点工作方案，还明确责任分工，切实推动少数民族失地群众可持续发展试点工作取得积极成效。

2. 进行情况摸底调研

各试点社区对辖区内的失地少数民族群众的详细情况进行调研摸底，包括文化、年龄结构、技能特长和培训就业意向等，建立个人档案，全面了解掌握失地群众信息，为社区开展培训方向、向用工单位推荐人员奠定基础，形成良性双向选择就业机制，确保多方位、多形式就业。

（二）宣传引导转变就业观念

各试点社区结合各种宣传日和活动开展失地群众创业、就业和社会保障政策宣讲，努力引导失地群众转变就业观念，破除"等、靠、要"等思想，提高参与市场竞争的积极性和自觉性，鼓励他们多渠道、多方式创业、就业。

为使来自不同自然村的各族群众相互交融在一个小区生活，栗子园社区积极引导村民改变生活习惯，进行社会主义核心价值观、民族团结知识、民族宗教政策法规学习宣传教育和法律、法规、感恩教育、文明习惯、交通安全、消防安全等内容为主的户长培训，使得失地群众逐步转变就业观念，变成企业员工。

江西社区在开展培训过程中，努力转变少数民族失地群众的"小钱瞧不起，大钱挣不了"的思想，着重在转变观念、提升素质上下功夫，采用多种教学手段，有效提高少数民族失地群众的培训积极性，同时把城市少数民族失地群众再就业宣传融入各类节日的活动中，共发放宣传册600余份，并利用《怒江日报》、怒江电视台等媒体开办试点活动专版、专栏，进行失地群众再就业宣传活动，带动了失地少数民族群众创业、就业。

（三）组织培训提高就业能力

各社区在调研基础和掌握失地群众就业意向的基础上，开展培训家政、电工、泥水工、食用菌种植、计算机、烹饪、刺绣、手工编织等种类繁多的技能培训，帮助失地群众再就业。

栗子园社区专门举办计算机、烹饪、保安、物业、美容美发、家政、挖机装载机、中老年按摩、茶艺、民用建筑、营业员、酒店服务、餐饮服务等技能培训，至 2017 年 10 月已经开展 32 期，培训 3625 人次，培训少数民族居民 467 人。

随着大量耕地被征用，呈贡区大部分农民变成了失地农民，其中有大量的少数民族群众，除丰富的种植经验外，无其他劳动技能。在向非农移转过程中，仅有少数人能利用自己的优势外出租地、自主择业、创业，大部分人处于就业弱势，重新找到就业岗位较为困难，特别是"4050"（女性 40 岁，男性 50 岁）人员问题更为突出，导致居民收入来源减少，社会闲散人员增多，维护社会稳定压力增大。为丰富少数民族失地群众转移就业劳动技能，帮助他们实现再就业，解决因收入减少导致的生活水平降低的问题，呈贡区累计投入民族专项资金金额，专门用于扶持各街道开展失地少数民族群众转移劳动技能培训，并与就业单位联系，通过举办失地农民专场招聘会等方式，拓宽就业渠道。

（四）多渠道搭建和拓展就业平台

搭建和拓展失地少数民族的就业平台，是保障失地少数民族后续生活质量的关键。只有失地少数民族群众顺利就业，才能缓解因失地带来的矛盾，才有益于构建和谐城市关系。

1. 发展社区经济带动就业

通过大力发展社区经济，壮大集体经济，辐射失地少数民族群众，解决后续发展问题。

缪家营社区利用呈贡新区建设多，成立集体经济组织力煌经贸有限公司，主要经营土石方工程、弃土场、流转社区剩余耕地开发高原特色农业项目，发展集体经济解决了社区内 110 名失地群众的就业问题。

为了解决失地农民的发展问题，丽江市义和社区大胆尝试，积极探索"城中村"失地农民增收的有效途径，社区以房屋和临街商铺出租、集体经营旅社、建立农贸市场等方式创收集体经济，提高失地农民参与社区管理、发展集体经济的自觉性和主动性，同时也为失地农民提供了再就业的机会。社区居民从事非星级宾馆、客栈、农家乐，从事房屋出租等经营，又开发了忠义、昭庆、三家村三大综合集贸市场，组建集体企业，集体分红款已完全能够保障失地农民的基本生活。

新兴社区成立合作社，吸收失地群众参与经营，极大地调动了群众的积极性，提高了少数民族失地群众的收入。

栗子园社区结合"锦翔模式"（公司+基地+农户）①，总结成功的经验做法，帮助少数民族种菇户就业，增加了收入。

2. 搭建失地少数民族与企业合作平台

发挥社区就业服务平台和劳动保障部门的桥梁纽带作用，共享劳动就业信息，加大劳动力输出力度，有条件的社区依托服务平台，和辖区、州市内、省内及省外企业合作，积极推动少数民族群众就业。

栗子园社区派出工作人员到州、省以及国内一些用工单位联系洽谈，举办居民就业专场招聘会45场。经不懈努力，多数移民走进城市的酒店、建筑工地、餐馆、商场、居住小区、医院、厂矿、保安公司务工，其中200多名居民到外省就业。2016年小区就业人数达到5036人，其中235人走进楚雄市锦翔食用菌开发有限公司的生产基地，370多人走进了楚雄烟厂实现就业，260多人加入了州市保安队伍，200多人在州市医院保洁服务岗位工作，许多居民成了用工单位的生产能手和管理骨干。经过几年的努力实践，社区成功探索出"九个一批"的就业新模式，即"技能培训就业一批、劳务用工输出一批、社区管理服务岗位使用一批、交通城管协勤岗位使用一批、公益性岗位使用一批、龙头企业吸纳一批、创业扶持

---

① 所谓"锦翔模式"，是由公司负责租地、搭棚、做包，待菌丝长满后，再交由农户管理。公司按成本价每包3元把菌包卖给农户，其中农户每包投资2.5元，公司垫付每包0.5元，公司保证农户利润不低于1元，如果种植户的利润低于1元，公司每包1元付给农户，由公司负责补足给种菇农户，确保菇农利益。在这一过程中，农户有三项收入，一是土地租金，每亩每年1300元；二是农户给企业打工收入，在农户管理菇包之前，可以给公司打工，主要从事菌包生产及菇棚搭建；三是种菇收入，每包1元以上的收入，由公司合同保证，确保菇农利益。"锦翔模式"与农民结成了"以服务连心、以利益连体"的共同体，公司保证农民赚钱，打消了农户"怕亏本、怕赚不到钱"的心理，解除了农户的后顾之忧。

就业一批、承揽活计吸纳一批、自主创业致富一批"①，社区为广大居民提供各类用工岗位 9716 个，小区适龄劳动力就业率一直保持在 96% 以上。2021 年 1 月楚雄市人社局在鹿城镇栗子园社区举办了农村劳动力转移就业"百日行动"栗子园社区专场招聘会，874 名栗子园社区居民和附近有就业意向的求职者进场求职。

江西社区与驻社区企业、宾馆、物业公司、绿源公司、保安公司、和佳公司进行协商，推荐失地群众就地就业 265 人，利用市人力市场资源局推荐失地群众外出务工 11 人，就业创业率达 39.39%。

新文社区实行"企业+劳务输出"模式，向辖区内客运站、酒店、餐厅输送 50 多名失地少数民族群众，可实现年人均收入 15000 元。

3. 以网络信息平台为基础拓展就业渠道

通过搭建现代化就业信息平台，积极培育网上人力资源市场，为失地少数民族群众提供就业信息，拓展就业增收渠道，使得以网络信息平台为基础拓展就业渠道变得更加快捷、方便、高效。

丽江市金山街道办事处为辖区失地农民搭建劳务就业的金山网，办事处把有传统绘画与雕刻技能的人名、照片、技能特长、从事过的工作展现在平台上，通过这个政府主导的务工平台，这些能工巧匠不仅在省内承包业务，还有不少把业务做到了省外。

新兴社区建立完善社区社会工作数据自助查询平台，为社区居民提供劳动就业、社会保障、民政救助等各种相关信息。其中，就业信息平台中有用工单位的联系方式、用工工种、资薪待遇、公司劳保等各种信息，需要就业的居民可以通过平台查询与自己相关的或自己需要的务工信息，查询后再与对方联系沟通，达成共识意向，解决再就业问题。信息平台自 2014 年建立以来，利用平台查询就业信息，并成功到文山、昆明、广东、浙江等地区就业人员共计 300 余人。此外，社区还帮助联系本地那乙、莫勺两地制砖厂，帮助解决了 33 名失地群众的就业，到砖厂工作的群众实现个人年收入约 3.5 万元。

（五）树立典型鼓励自主创业

典型就是榜样，就是无形的资产。江西社区利用省级试点资金作为少

---

① 张铁山、李薇薇：《"要让大家的日子越过越好"》，载《云南法制报》2018 年 11 月 19 日。

数民族群众创业的周转资金,由社区专户管理,限期收回本金,滚动使用,取得了良好效果。社区将 6 位自主创业的少数民族失地群众树为典型,促使还未就业、创业的失地群众到社区报名参加社区开办的创业就业培训班。根据少数民族失地群众的实际情况,2017 年 7 月,社区将余二新等 8 户失地群众列入泸水市林业局党员进社区服务的"菜单"中,投入 20 亩软籽石榴苗进行种植,按长远规划,将进行土鸡套养,发展双重经济。

新兴社区积极鼓励有能力的群众成立专业合作社,带领群众共同致富。其中失地少数民族农兴富、黄跃宽创办养殖合作社,开发种植基地 25 亩,专业种植和培育金橘、草莓、李子等果树苗木,养殖基地建有 2 亩鱼塘,1 亩鸭场,可养殖 10000 条尾鱼和 2000 只土鸭,合作社每年经营收入约 29 万元,每户社员每年可分红约 5000 元。

七 改善城市民族工作条件,营造团结和谐的良好氛围

城市民族关系协调工作是一项长期性、经常性工作,需要一定的工作条件。云南省重视经费投入,加强民族工作部门建设、民族工作队伍建设和民族工作信息化建设,不断改善工作条件,营造团结和谐的良好氛围,以确保各项活动的顺利开展。

(一) 加大城市民族工作经费投入

云南省委、省政府出台的《中共云南省委 云南省人民政府关于进一步加强民族工作 促进民族团结 加快少数民族和民族地区科学发展的决定》明确提出:"安排专项工作经费,健全工作机制,为城市民族工作提供必要的工作条件。"2010 年 12 月,云南省委民族工作领导小组会议确定"每年安排 1000 万元作为城市民族工作和民族团结进步创建活动专项经费"。云南省政府出台《关于进一步加强城市民族工作的意见》(云政发〔2012〕118 号)明确要求牢牢把握民族工作主题,顺应城市民族工作发展新趋势,各地、各部门要逐步加大对城市民族工作的经费投入,保障相应的城市民族工作条件。

昆明市从 2010 年起,市财政每年安排城市民族工作经费 300 万元,

其他民族专项资金也按10%的比例逐年增加。① 2011年至今，昆明市级财政投入中，民族机动金、少数民族发展资金、散居民族工作经费均按每年10%的比例增加，在资金安排上新增300万元城市民族工作经费，并逐年增加，主要用于主城区民族团结进步示范社区创建工作。② 从2016年开始，每年还将在2015年市级民族宗教专项经费的基础上，增加2000万元示范区建设专项资金。

呈贡区民族专项资金投入连年增加，专门安排城市民族工作经费。并按照每年10%的比例递增，从2013年开始，区财政每年安排不少于30万元的城市民族工作经费，用于开展城市民族工作，协调民族关系，维护民族团结稳定，推动城市民族工作发展。从2014年起，区级安排少数民族文化经费也从之前的3万元增加至10万元，用于传承和弘扬本区少数民族优秀文化项目。2015年区级民族机动金已增长为73.2万元。2010年至今，累计投入区级资金200余万元，用于黑板冲回民公墓基础设施改造，并安排城内社区回民公墓改造建设经费20万元。

丽江市人民政府出台《关于进一步加强城市民族工作的意见》后，城市民族工作从此有了明确的政策支撑和资金保障。从2013年起，市财政每年安排城市民族工作专项经费100万元，健全城市民族工作机构，加强对城市民族工作的管理。

(二) 进行城市民族工作机构设置

云南省民族事务委员会设置城市民族宗教事务处，专门负责城市民族宗教事务管理工作，研究提出城市少数民族法治化、社会化管理的政策建议，会同有关部门做好城市宗教活动场所的规划布局工作，拟定并实施好年度项目资金计划。

昆明市重视加强民族工作自身建设，在市民委增设城市民族工作处和监督检查处；在城市街道办事处设立专职民族工作助理员，在社区设立民族工作专干或联络员，形成了横向到边、纵向到底的城市民族工作网络。

大理州强化城市民族工作机构，率先在州市一级民族工作部门成立了

---

① 李正洪：《推动城市民族工作创新发展 促进民族团结进步边疆繁荣稳定示范区建设》，载《今日民族》2011年第11期。
② 昆民：《昆明：积极探索城市民族工作社会化之路》，载《中国民族报》2016年3月22日第002版。

城镇民族工作科，增加了人员编制，使城市民族关系协调工作真正落实到人。

（三）注重城市少数民族干部队伍和工作人员建设

云南重视民族干部队伍和工作人员的源头建设，加强选拔配备。组织开展省管后备干部工作，开展少数民族干部培养选拔工作。根据省级机关中25个世居少数民族厅级领导干部配备情况，开展干部日常选配和换届工作。单设岗位招录少数民族考生，鼓励各地各单位单设岗位招录普米族等8个人口较少民族考生和苗族等6个少数民族干部比例偏低的少数民族考生。在州市、县（市、区）、乡镇领导班子换届工作中，注重选拔使用少数民族干部，不是民族自治地方但辖区内少数民族聚居较多的市、县（市、区）和乡镇，注意选拔优秀少数民族干部进班子。采取定向培养、在职教育、集中培训、多岗锻炼等方式，建设一支专业化、规模化、高素质，能应对处置复杂局面和矛盾纠纷的民族工作队伍。2020年10月13日至23日，由中共云南省委组织部和云南省民族宗教事务委员会联合举办的"学习贯彻党的十九届四中全会精神，提升城市民族宗教工作治理能力"专题培训班在云南民族干部学院开班。云南省16个州（市）民族宗教工作部门领导、省级相关部门业务处干部，16个示范社区所在县的党委或政府分管负责同志，16个州（市）相关社区书记或主任共60多人参加培训。其间，还开设云南、四川两省的现场教学活动。[①]

五华区委坚持按照《中共五华区委关于进一步做好培养选拔优秀年轻干部、妇女干部、少数民族干部、党外干部工作的实施意见》确定的目标任务和工作要求，着力培养、选拔优秀少数民族干部。在少数民族干部的配备使用上，坚持德才兼备、以德为先，充分考虑白族、彝族、回族三个少数民族人口较多的特点，先后在民族工作部门专门配备回族、彝族等少数民族领导干部，在白族人口聚集较多的西翥街道办事处，适当配备熟悉白族语言和民族传统习俗和文化的科级领导干部。在民族工作部门干部队伍建设上，坚持领导班子成员均配备少数民族干部，同时注重保持领导班子和干部队伍的相对稳定，确保工作的连续性。同时，每年都要通过以会代训、专门办班和参加省、市举办民族宗教干部和民族宗教人士培训

---

① 云南省民族宗教事务委员会"城市民族"官方公众号推送，2020年10月13日。

班的形式，对基层民族宗教干部和宗教人士加强政策理论和业务培训，不断提升民族宗教工作者政策理论业务水平。

阿拉街道办事处不断加强社区少数民族干部队伍建设，关注少数民族干部的培养，壮大少数民族干部队伍。街道办事处有工作人员定期深入少数民族群众中，沟通思想、了解情况，及时为他们提供政策扶持。

临翔区民宗部门设有专人专职负责城市民族宗教工作，各乡（镇、街道）设有专职民族宗教助理员，每个城市社区设有民族宗教事务联络员，实现了城市民族工作专人化和制度化，形成区、街道、社区三级城市民族工作网络。临翔区从2019年起，按照"新成立的居民小区型城市社区，每个社区配备6名社区工作者，其他混合型社区，每个社区配备10名社区工作者"的标准，采取选任、选派、公开招聘三种方式，分"三步走"有计划地选优配强社区工作者队伍。至2019年8月，该区职业化专业化社区工作者达到117人，35岁以下、大专以上学历者均在70%以上，全区高素质职业化社区工作者队伍体系初具雏形。[①]

（四）打造云南省城市民族工作综合宣传阵地

2017年1月，云南创建的"城市民族工作专题网站"在"云南民族宗教网"正式开通，"城市民族"微信公众号同时开通，充分整合各方面资源，运用融媒体的理念，在城市创建民族团结进步示范社区，推进民族团结进步宣传教育活动大众化、时代化、特色化、实体化、常态化，实现了运用新技术打造实体化的宣传阵地。[②]

八 建立城市民族关系调控机制，提高矛盾预判应对能力

针对当前及今后城市中少数民族不断增多以及涉及城市少数民族的问题复杂、敏感的现实，云南不断调整城市民族工作思路，建设云南民族信息平台，网络延伸至县级民族工作部门和民族工作任务较重的乡镇；建立民族关系监测分析、突发事件应急处置、少数民族和民族地区经济社会发

---

① 张光菊：《临翔区建强社区工作者队伍》，临沧市临翔区人民政府官网，http://www.ynlx.gov.cn/lxqrmzf/lxqrmzf/zwdt72/bmdt88/356810/index.html。
② 云南省民族宗教委"城市民族"官方公众号推送，2019年10月1日。

展统计分析、民族团结宣传和民族工作舆情等系统平台；建立和完善民族团结稳定的信息收集、分析和处理机制等，探索建立能够预判、应对并消减城市民族问题对城市民族关系影响程度的民族关系调控机制。

（一）建立事前防范预警机制

云南通过开展团结稳定形势分析研判，加强网络舆情监测预警和情报信息收集，全面推行重大决策、重大项目社会稳定风险评估机制，严格执行重大事项请示报告制度建立事前防范预警机制，做到城市民族关系的事前预防预警。

1. 定期开展团结稳定形势分析研判

坚持"团结、教育、疏导、化解"的方针，正确区分两类不同性质的矛盾，妥善处理矛盾纠纷，把问题解决在基层，化解在萌芽状态。

2. 加强网络舆情监测预警和情报信息收集

按照"打主动战、下先手棋"的思路，以防止危害、消除影响为目标，综合运用多种有效手段，密切关注境内外敌对势力的活动动向，有效做到"早发现、早化解、早处置"，从源头上预防和化解各类矛盾纠纷。

3. 推行项目社会稳定风险评估机制

全面推行重大决策、重大项目社会稳定风险评估机制，量化评估标准，强化公众参与，充分发挥风险评估在维护社会稳定方面的事前防范作用，努力从源头上预防和减少影响社会稳定的矛盾和问题。

4. 严格执行重大事项请示报告制度

民族宗教工作复杂敏感，政治性和政策性都很强，一旦处理不当，就会在社会上造成不良影响，各州市民族宗教工作部门切实履行责任，处理民族宗教领域重大问题、敏感问题，在报告当地党委、政府的同时，也及时报告省民族宗教委。

昆明市坚持"团结、教育、疏导、化解"的方针，多次召开民族团结稳定形势分析研判会，分析研判了当前影响民族团结和社会稳定问题特点及存在的问题，突出少数民族融入和权益保障两个关键点，深化全市民族团结稳定工作。

五华区坚持排查不稳定因素制度，围绕各个时期的中心工作，坚持每周排查一次，在重大节庆活动期间坚持民族宗教领域团结稳定零报告制度。在"热点""难点""重点"地区增设信息员、联络员和调解员，明确职责,完善工作网络。本着"变上访为下访、化积怨为和谐"的理念,在民族宗教领域开展"大下访"活动,民宗干部深入民族聚居村社、各宗教活动场所排查矛盾隐患,切实为少数民族和信教群众解决实际问题,及早掌握民族宗教领域中的各种苗头性问题,预防在前,把矛盾消除在萌芽状态。

临沧市临翔区妥善处理涉及民族宗教矛盾纠纷,制定完善的民族工作预警机制、突发性事件联合处置机制和应急预案及时启动机制,坚持召开联席会议制度分析研判问题,坚持重大和突发事件第一时间报告、第一时间处置制度,按照"团结、教育、疏导、化解"的方针,定期排查和妥善处理影响民族关系的问题,确保把工作做在平时,把问题解决在社区,把矛盾化解在初期。[1]

安宁市党政领导高度重视,及时妥善处理少数民族问题突发事件,完善了应急工作机制,为及时妥善处理民族问题提供了有力的组织保障。注重对涉及民族宗教方面的矛盾、纠纷排查调处工作,民族宗教部门及时介入,相关部门通力合作,少数民族人士积极发挥作用,确保将矛盾纠纷全部解决在基层,化解在萌芽状态。近年来没有因落实政策不到位,引发的突出矛盾纠纷,促进了民族团结、宗教和谐,维护了一方稳定。

(二)建立事中排解应对机制

健全完善省、州、县三级同步监测监管民族宗教关系和联动响应处置突发事件的工作机制。围绕"两区一线一中心",对问题"发现一件、立档一件,发生一件、化解一件、销档一件",实现同步发现、同步监管、联动处置。

1. 认真排查隐患和调处矛盾纠纷

为维护民族团结和社会稳定的大局积极探索创新矛盾纠纷调解机制,充分整合调解资源和力量,综合施策化解矛盾纠纷。重点从加强领导、理顺关系、完善机制、拓宽领域入手,建立重大矛盾领导包案制度,综合运用法律、政策、经济、行政等手段和教育、协商、疏导等办法,妥善处理人民内部矛盾,促进社会和谐稳定,使纠纷矛盾"发现得早、化解得了、控制得住、处置得好"。

---

[1] 杨中美、张绍玲:《临翔区开创城市建设与民族工作双推进新局面》,载《临沧日报》2016年5月28日。

2. 强化应急处置机制建设

整合各方面处置力量，积极构筑党委统一领导下各级各部门分工负责的应急处置联合指挥的工作格局，超前做好应急处突准备。遵循"团结、教育、疏导、化解"的工作方针，按照"属地管理、分级响应、依法处置"的工作原则，积极稳妥地处理民族矛盾纠纷。

（三）建立民族团结宣传教育机制

坚持横向到边、纵向到底，不断拓展城市民族团结进步创建活动的覆盖面和纵深度，在全社会开展民族团结宣传教育，把创建活动有效地融入城市社区建设，贯穿于国民教育体系，延伸到新经济组织、新社会组织当中，营造"民族团结人人做，民族团结一家亲"的浓厚氛围。在民族团结进步创建活动"六进"基础上，探索推进创建活动"六进"+三个自选动作，全面深入开展"九进"活动。广泛开展民族团结"宣传月、宣传周、宣传日"和"民族宗教政策法规学习月"活动，深入推进学校民族团结教育，继续开展省级"和谐寺观教堂"创建活动。

昆明市针对城市民族工作的特点，定期举办"清真食品安全宣传月""民族团结宣传月"活动，举办民族政策、民族理论、民族知识、少数民族就业技能等各种教育培训班，提高各族群众对民族团结重要性的认识，增进相互了解和相互尊重。全市46所中小学评为省级民族团结教育示范学校，一些小学把民族团结教育寓教于乐，编排了集彝、傣、藏、维吾尔、蒙古等民族舞蹈为内容的课间操。通过广泛宣传党的民族政策和法律知识，进一步提高各族群众对民族团结重要性的认识，形成城市民族团结的良好社会氛围。顺城社区坚持不懈地为外来务工少数民族人员进行素质培训，每年在核心商业区以文艺演出等形式开展民族团结宣传教育活动。桃源社区在桃源广场开展丰富多彩的民族体育比赛、民族歌舞展演，举办傣族泼水节等活动。

大理州面对城市民族工作的新形势、新要求，始终坚持开展民族团结进步宣传教育活动，加大宣传，营造良好氛围，把每年的8月份确定为"民族团结进步创建活动宣传月"。在全州各中小学校深入开展"民族团结教育、红色传承教育、法治宣传教育"进校园活动。充分利用新闻媒体宣传报道民族团结进步创建工作和城市民族工作，进一步宣传普及党的民族政策、法律法规和民族知识，营造"民族团结一家亲"的良好氛围，努力使"三个离不开"思想深入人心，形成全社会积极参与共建共享的城市民族工作格局。

文山州积极举办民族成就展、知识竞赛、文艺会演，全方位、多层次地开展党的民族宗教政策及法律法规宣传教育进小区、进学校、进家庭、进广场活动。在举办壮族"三月三"、苗族"花山节"、彝族"火把节"、瑶族"盘王节"等民族节日节庆活动的过程中，展示高尚的民族风俗，弘扬优秀传统文化，搭建各民族交流交往平台，让"各民族水乳交融、唇齿相依、休戚相关、荣辱与共"观念深入人心，使"各民族都是一家人，一家人都要过上好日子"思想成为共识。

第二节 云南城市民族关系协调的主要经验

通过进一步强化城市民族关系协调工作的组织领导，加快城市少数民族和民族地区经济社会发展，建立健全民族法律法规体系，建立社会化管理服务平台，增强少数民族流动人口和失地少数民族群众的获得感、幸福感，改善城市民族工作的条件，提高矛盾的预判应对能力，不断巩固城市民族团结和社会和谐的良好局面。疏理云南城市民族关系协调的具体实践可知，"民族关系和谐发展"是关键词及核心解读。通过大量卓有成效的实践工作，云南在城市化进程中，构建了平等、团结、互助、和谐的社会主义民族关系。各民族不仅认识到"你中有我、我中有你"，相互离不开，而且在实践中不断深化"交流、交往、交融"，形成了"多元一体、美美与共"的和谐关系[①]，其核心经验主要体现在以下几个方面。

一 坚持从全局和战略高度引导并建构城市民族关系

城市民族关系是云南改革发展稳定大局中重要的社会关系，对全省率先全面建成小康社会战略目标的如期实现，对民族地区的跨越式发展都至关重要。云南省委、省政府始终坚持从基本省情出发，从全局和战略高度

---

① 王延中、管彦波：《云南建设民族团结示范区与和谐民族关系的基本经验及启示》，载《民族研究》2014年第3期。

不断深化对云南城市民族问题的重要性、长期性、特殊性、复杂性的认识，不断提高对城市民族工作的重视程度。随着云南城市化进程的加快，云南城市民族关系协调的重要性更加凸显。全省各级各部门深刻认识做好新形势下城市民族关系协调的重大意义，主动把城市民族问题和城市民族工作放到全省经济社会发展大局中去思考、去研究、去谋划。一切重大决策不忘多民族实际，一切重要工作体现多民族特点，切实加强和改进新形势下的民族工作，强化城市民族工作意识，逐渐形成了符合云南实际的城市民族工作理念和基本立场，把"重视城市民族工作""学会抓城市民族工作"成为城市各级党政组织和广大干部的自觉行动。

二 坚持把加快经济社会发展作为建构城市民族关系的重要基础

发展是团结的前提，大多数群众的生产生活水平得到提高并感到有平等的发展前景，就有了团结的群众基础。[①] 城市少数民族受到传统语言文化、受教育程度、谋生技能、经营策略等条件制约，难以进入城市正规的企业就业或成功创业。经营清真食品、民族商品、民族药品等城市民族经济带有鲜明的民族特色，产业同质化程度高，生产规模小，产值不高。云南充分发挥劳务经济输出、输入地政府作用，利用政府与市场"两只手"，优化城市产业结构，培育和壮大民族经济，加强民族区域联动，引导少数民族流动人口就业创业，最大限度调动各族群众积极性，增强自我发展内生动力，通过推动城市少数民族发展，引领和谐民族关系的构建。同时，始终正视发展不平衡的客观现实，把解决发展不平衡、发展差距拉大的问题作为主要任务之一，把各族干部群众的注意力凝聚在发展上，通过在城市民族地区实施民心工程，带动民生项目，落实差别化政策，大力改善民生，确保资金精准下达和各项政策措施的实效性，有效推动各民族共同繁荣发展，共享改革成果。通过采取特殊政策，进行分类指导，实现基础设施配套化、基本公共服务均等化，坚持民族因素与区域因素相结合，整合力量，形成合力，重点突破，补齐短板，保障城市少数民族群众

---

① 徐畅江：《民族关系的国家建构——以云南为例》，博士学位论文，云南大学，2013年。

生活水平不断提高，民族文化活动丰富多彩，民族文化设施不断改善，民族教育蓬勃发展。少数民族在融入城市的过程中获得平等机会，感受到民族政策的温暖，激发出发展的希望和信心，为城市民族团结奠定了坚实的群众基础。城市民族地区经济社会的跨越式发展，为维护城市民族团结和社会稳定提供了坚实力量。

三　坚持严格区分和正确处理两类不同性质的矛盾

在处置民族问题的过程中，非对抗性与对抗性矛盾往往交织在一起，由于判断失误和工作不慎，某些非对抗性矛盾会激化为对抗性矛盾。[①] 云南各级在接访、接报、处理涉及城市民族关系的问题和案件时，高度重视，严格区分和正确处理两类不同性质的矛盾，耐心倾听、了解民族群众的合理诉求和特殊需求。认真走访、核实，对确实存在不尊重少数民族风俗、伤害少数民族感情、歧视少数民族行为或妨碍少数民族就业创业等情况，进行细致的疏导、引导工作，坚持是什么问题就按什么问题处理的原则，以说服教育为主，认真讲解事件处置的相关法律法规和政策依据，协调各部门力量，依法通过正常合法途径解决矛盾纠纷，要求当事人要遵守国家的法律法规和城市管理规定，避免任何形式的矛盾冲突再次发生。在矛盾和纠纷调处的过程中，做好涉事群众思想工作，说服群众相信党和政府会妥善处理；严格控制不实信息传播，正确引导群众舆论；及时召开会议研究调处方案，积极协调有关单位商定处置矛盾的具体思路和办法，落实责任到人，综合运用政策、法律、经济、行政等手段化解，控制事态扩大。案件侦破后，密切关注后续反映，认真进行尊重少数民族风俗习俗方面的教育培训，引导各族群众遵法、学法、知法、守法、用法，杜绝类似事件再次发生或引发更大的矛盾、纠纷。由于坚持"团结、教育、疏导、化解"的方针，坚持不伤害民族感情，不把群众推向对立面，团结信任大多数和孤立打击极少数，防止矛盾性质由非对抗性转变为对抗性，不把涉及少数民族群众的民事和刑事问题归结为民族问题，不把涉及少数民族的一般性矛盾纠纷简单归结为民族矛盾，切实保障各族群众合法权益，建立完善城市民族关系协调机制，大部分群众对涉及云南

---

① 徐畅江：《民族关系的国家建构——以云南为例》，博士学位论文，云南大学，2013年。

城市民族关系的事件处置结果都较为满意,对事件处置持信任、包容态度,自觉抵制煽动、利用行为,没有出现聚众上访现象,对遵守党和国家的民族政策的重要性形成共识,有效地把问题解决在基层,处理在萌芽状态,维护了城市民族团结稳定和社会和谐。

四 坚持引导形成城市民族关系建构的文化认同和精神家园

2014年中央民族工作会议指出,加强中华民族大团结,长远和根本的是增强文化认同,建设各民族共有精神家园,积极培养中华民族共同体意识。党的十九大强调要"铸牢中华民族共同体意识"。云南城市民族社区历史上就形成了以汉族为主体多民族杂居共处的格局。在开展城市民族工作和进行城市民族关系协调的过程中,宝贵经验之一就是坚持文化认同是最深层的认同,坚持构筑中华民族共有精神家园,重视发展民族文化,加强民族间的交往交流交融,重视运用精神力量铸牢中华民族共同体意识。在实践中涌现的"金星社区一桌'百家宴'融融民族情""桃源社区民族风情博物馆""阿诗玛号'文化列车'""王家桥社区'一勺米'拉近你我他""云南民族大学传承非遗经典增强文化自信""官渡区幼儿园以中华优秀文化浸润童心""古滇名城跨越千年的民族团结盛宴""建设'1+1'主题教育馆全面铸牢中华民族共同体意识"等案例,是新时代城市民族共同团结奋斗、共同繁荣发展的生动实践,饱含着这片土地上各民族"一起走过"的历史经验,"一起生活"的现实经历,"一起实现"中华民族伟大复兴中国梦的美好愿景,代表着民族团结进步创建工作融入城市各项工作的点点滴滴,增强着城市中各民族的情感联系、文化共性、心灵共鸣,正成为城市各民族共有的精神家园。正是深刻认识到民族文化的珍贵价值,云南在逐步构建城市各民族共有文化的过程中,把少数民族文化建设作为维护城市民族团结和发展民族关系的重点,积极挖掘少数民族优秀的文化元素及其现代价值,构建城市多元社会支持体系,引导形成各民族相互尊重、相互信任、相互帮助、相互包容的价值观,使各民族文化繁荣发展的过程越来越成为各民族相知、相亲、相惜的过程,越来越成为民族团结的润滑剂、催化剂、黏合剂,不断打牢民族团结的思想基础、文化基础,解决文化上的"求同""认同"的问题。通过建设各民族共有精神家园，积极培养中华民族共同体意识，切实增强各民族群众以"文化认同"为基础的"五个认同"。在对伟大祖国、中华民族、中华文化、中国特色社会主义道路和中国共产党"五个认同"的凝聚和统领下，尊重、包容、欣赏、鼓励、支持、帮助民族文化多样性繁荣发展，是推动民族关系亲密融洽的重要动力。①

五　坚持发挥各民族精英在建构城市民族关系中的关键作用

做好新形势下云南城市民族关系协调工作，离不开一批熟悉民族政策、热爱民族文化、通晓民族语言文字，了解民族风俗习惯和宗教信仰的少数民族干部、专业技术人才和民族代表人士。坚持发挥民族精英在建构城市民族关系中的关键作用，有利于巩固城市各民族大团结，促进城市建设全面发展和少数民族全面发展。中共云南省委一直把用好少数民族干部和熟悉民族工作的干部作为解决民族问题、做好民族工作的关键，坚持大力培养、大胆选拔、充分信任、放手使用少数民族干部，大力培养少数民族优秀人才，广泛联系民族代表人士，确保党对民族工作的领导力，打牢民族团结的干部和人才基础。云南坚持把熟悉民族工作作为领导干部选拔使用重要标准之一，提出"在云南，不懂民族工作的领导干部不是合格的领导干部"的要求。选拔任用的少数民族领导干部，让少数民族群众有当家作主的感受，对中华人民共和国的各级政权组织有认同感。少数民族干部在带领本民族群众开创事业，调解涉及少数民族关系的矛盾时也发挥着重要作用。多年来，云南省、州（市）、县三级少数民族干部所占的比例都高于少数民族人口比例。在实践中历练、成长的各级少数民族干部，忠诚于党，把自己的前途和民族的希望与党的事业紧密联系在一起，成为推进云南城市民族团结进步事业和经济社会发展的重要力量和坚强保证。同时，积极编制实施少数民族人才发展规划，制定民族地区人才支持计划和专业人才支援方案，培养一支不同层次、门类齐全的实用人才队伍。充分发挥少数民族专家学者、专业技术人员、学科带头人、企业管理

---

① 郭家骥：《民族文化推动民族关系亲密融洽的云南经验》，载《云南社会科学》2016年第6期。

人员、文化文艺界知名人士、非物质文化传承人和少数民族代表人士的特殊作用。建立健全各级领导干部联系少数民族代表人士机制，做到思想上引导、政治上团结、工作上尊重、生活上关心，充分发挥他们在维护民族团结、咨政建言、协调关系、化解矛盾中的特殊作用，把代表人士紧紧团结在党和政府周围。城市少数民族的干部队伍、知识分子队伍、产业工人队伍、代表人士得到迅速发展，在城市民族关系协调中产生了重要作用。明辨大是大非立场特别清醒，维护民族团结行动特别坚定，热爱各族群众感情特别真挚的民族精英成为云南城市民族团结的重要因素和力量保障。

六 坚持把城市民族关系建构纳入法治层面

云南省委、省政府不断创新工作思路，以法治思维、法治方式，坚持在法律范围内、法治轨道上处理涉及民族因素的问题。坚持各族公民在法律面前一律平等，依法保障各民族公民的合法权益，坚持把城市民族关系建构纳入法治层面。认真贯彻落实《城市民族工作条例》《关于加强和改进新形势下民族工作的意见》等国家有关城市民族工作的法律法规。制定《云南省城市民族工作条例》《关于进一步加强城市民族工作的意见》和《关于进一步加强和改进少数民族流动人口服务管理工作的实施意见》等地方法律法规和政策文件，使城市少数民族权益保护工作走上了法制化的轨道。随着城市民族工作的发展，为提高条例的适应性，启动《城市民族工作条例》修订工作。先后出台了清真食品认证标准和清真食品、回民殡葬、流动人员管理等法规或规范性文件，为少数民族在传统节日、饮食、丧葬、宗教活动等方面的特定需求完善相关保障措施。云南省昆明市、曲靖市、大理州、蒙自市、楚雄州等州市相继出台贯彻落实《云南省城市民族工作条例》的规范性文件，使城市少数民族群众能真正共享改革开放和城市发展成果。不断扩大城市民族法律法规监督检查工作内容和对象的覆盖面，注重及时发现问题、分析问题、解决问题，尽力消除因城市少数民族合法权益得不到保障引起的矛盾和纠纷。同时坚持把宣传教育纳入民族法律法规体系的建设中，纳入国民教育、干部教育、社会教育全过程中，促进各民族相互了解、相互尊重、相互包容、相互欣赏、相互学习、相互帮助，为构建和谐城市民族关系创造良好的条件，提供坚实的法治保障。

七 坚持使党和政府成为少数民族群众的主心骨

云南重视城市民族工作机构和民族工作队伍的建设，重视与各民族群众的联系沟通，把它作为党和政府与少数民族群众之间的桥梁和纽带，作为城市民族关系协调的重要力量。不断完善党委领导、政府负责、有关部门协同配合、全社会通力合作的城市民族工作格局，不断充实完善民族工作领导小组和团结进步示范区建设工作领导小组的工作机制，研究解决城市民族工作中的重大问题，协调推进民族团结进步示范区建设工作。加强城市民族工作部门的领导和人员配备，在工作任务较重的街道、社区明确领导负责民族工作，明确专人做好日常工作，加强街道、社区党组织建设，健全基层组织体系，选好配强基层党组织书记，充分发挥党员的先锋模范作用，全面推进基层服务型党组织建设。加快村居民小组活动场所建设，建立健全市、县、乡、村四级为民服务平台，打通服务群众"最后一公里"，促进为民办实事和化解矛盾纠纷。坚持民族工作社会化，最大限度地发动社会力量支持和参与城市民族工作，推动城市民族工作与其他工作相统一、相促进，形成做好城市民族工作的强大合力。加强民族工作信息化建设，推进民族事务管理体系和治理能力现代化。实践证明，民族工作机构和队伍在上情下达和下情上达，保持有效和畅通渠道，保持党和政府与少数民族群众之间的密切联系；动员和组织少数民族群众建设家园，发展社会事业；研究建议民族政策，抵制外来渗透，排处矛盾纠纷，教育引导各族干部群众共同团结奋斗，共同繁荣发展，增强少数民族群众对党和政府信任、依靠等方面发挥了积极的难以替代的作用。尽管很多时候民族之间的纠纷和冲突具有偶然性，但在处理方式上是依靠本民族自己的力量来维护和争取利益，相信党和政府的处置能力，依靠党和政府具有必然性。党和政府能否成为少数民族群众认同、信任和依靠的主心骨，实际是民族关系国家建构的一个重要环节。[①]

[①] 徐畅江：《民族关系的国家建构——以云南为例》，博士学位论文，云南大学，2013年。

第四章　云南城市民族关系发展中的主要问题和影响因素

云南各级党委、政府高度重视城市民族工作，全面贯彻落实党的民族政策，加快推进城市少数民族和民族地区经济社会发展，积极促进各民族之间的交往交流交融，及时、妥善处理涉及民族方面的矛盾纠纷，各民族之间的共同性和亲近感不断增强，平等、团结、互助、和谐的社会主义民族关系不断巩固和发展，成为当前云南城市民族关系的主流。随着城乡区域经济结构、社会结构和人口结构发生调整，城市民族构成随之变化，民族成分增多。城中村改造、棚户区改造、旧城改造、危旧房改造大量征用农村土地，农民以低廉的价格失去赖以生存的土地，变成城镇居民，其中含有大量少数民族群众，其既缺乏城市生产生活需要的技能，又面临物价上涨，就业、就医、就学、最低生活保障优惠政策落实兑现等诸多问题。因务工、经商、学习、旅游等方式流入城市的少数民族人口数进一步增加，面临的首要问题是就业、创业等经济文化的城市适应。民族之间、地区之间经济文化的发展差距依然存在，因风俗习惯、宗教信仰产生的摩擦和矛盾仍然是影响城市民族关系的一个重要因素。城市信息传播便捷，加之国内民族问题与外部联系更加密切，容易形成较大范围、更加迅速的影响。同时，指导城市管理和城市民族工作政策法规和现实工作的需要相比还显得较为滞后，各级政府虽然采取了各种积极有效的应对措施，仍无法完全妥善解决城市关系协调中的问题。云南城市民族关系状况总体良好，但影响城市民族关系的因素日益复杂，涉及民族方面的突发事件时有发生。因此，及时、准确地梳理云南城市民族关系发展中的主要问题，分析产生问题的影响因素并妥善处理这些问题，对维护云南城市民族团结和社会稳定大局，加快民族团结进步示范区建设具有重要意义。

第一节 云南城市民族关系发展中的主要问题

长期以来,云南开展民族工作的区域以农村地区为主,在散居民族地区,尤其是在城市,对民族工作的关注、思考和实践显得比较薄弱。改革开放以来,云南城市民族地区经济社会快速发展,民族团结进步事业取得显著成就。但同时,民族特点和民族差异将长期存在,城市民族关系发展中还存在着一系列问题和矛盾,主要表现在:一是城市民族地区综合实力提升、自我发展能力增强与发展不平衡、发展差距拉大相互并存;二是社会事业长足发展、民生改善显著与基础设施薄弱、基本公共服务体系不完善并存;三是特殊群体中还存在贫困与返贫问题;四是各民族"你中有我、我中有你、谁也离不开谁"的关系更加紧密与影响民族团结的矛盾并存;五是民族工作重要性认识得到普遍增强、民族工作社会化进程稳步推进与部分干部做好新形势下民族工作的能力和水平不足并存;六是各民族交往交流交融日益加深、城市民族关系稳中向好与城市少数民族维权困难、城市少数民族服务管理体系薄弱并存。这些问题和矛盾的存在,导致城市民族关系更加复杂、更加敏感,更易传播扩散,在一定时期内不断变化,使得城市民族关系协调的任务更加繁重。

一 对城市民族关系的理解认识不到位

随着城市化进程的加快推进,构建和谐城市民族关系不仅是增强中华民族凝聚力的必然要求,也是建设社会主义和谐社会的必然要求,更是巩固执政党执政基础的必然要求。但是有的地方、有的部门认为城市少数民族人口少,所占比例小,城市民族工作做不做都无关紧要,对进一步做好城市民族关系协调工作,巩固和发展和谐的社会主义民族关系认识不到位,城市民族关系协调工作在政策指导和措施上都比较滞后。

(一)对当前民族关系协调重点的转向认识不足

随着社会转型速度的加快,云南已进入社会矛盾和民族问题多发时期,这些社会矛盾和民族问题大多集中在城市,民族问题城市化的特点日趋突出,城市日趋成为民族关系协调的重点和难点地区,民族工作的重点也应随之向城市转移。① 目前一些地方和部门对这一转移还没有充分认识，依然认为云南是多民族贫困地区，要把主要精力放在农村，而城市民族工作是内地发达地区考虑的事，有的地方甚至连城市民族工作的概念都没有，仍将民族工作的重点主要放在边远地区和广大农村，没有很好地将城市民族工作纳入城市发展总体规划和城市社会管理工作之中，对城市民族工作的特点规律研究也尚有差距，遇到矛盾和问题，要么不敢管、不愿管、不会管，相互推诿；要么就处理问题方法简单，导致小事情酿成大问题②，在一定程度上影响了和谐城市民族关系的构建。

（二）对新时期城市民族关系的时代特征认识不足

一些地方、部门对城市民族关系的复杂性、敏感性、特殊性、辐射性和突发性等特征认识不够。

1. 复杂性

一些地方和部门对少数民族进城人员的认识存在偏差，对少数民族在城市化发展进程中的认识不足，甚至认为其文化水平低、素质差，破坏城市环境，影响了市容市貌。③ 有的认为城市少数民族与其他市民的差距和差异不大，忽视了少数民族的特殊感情和特殊需求。城市少数民族人口比例小，但总量不少，民族成分多，其在社会交往中既存在经济利益关系，也存在文化利益关系，既有世居民族问题，也有少数民族流动人口问题。他们具有不同的教育背景，在城市工作生活的目的不一样，身份各异，增加了处置矛盾和问题的难度。

2. 敏感性

城市是少数民族人才荟萃之地，少数民族干部、知识分子比较集中，其中还有不少是各民族的代表人物，他们不仅同民族聚居区联系密切，而且在国内外有较大影响。他们对生存环境条件和社会地位是否满意，对民族政策能否执行，民族文化尤其是宗教信仰和风俗习惯是否得到尊重十分

---

① 郭家骥：《云南省城市民族关系面临的问题与对策》，载《云南民族大学学报》（哲学社会科学版）2012年第6期。

② 李正洪：《推动城市民族工作创新发展 促进民族团结进步边疆繁荣稳定示范区建设》，载《今日民族》2011年第11期。

③ 李正洪：《健全少数民族服务体系构建和谐城市民族关系》，载《今日民族》2010年第9期。

敏感。

3. 特殊性

城市少数民族的民族意识较强，一般都很关心本民族的政治地位和发展进步，对涉及本民族的荣辱、利益等问题都比较关注。尤其是有回族聚居的社区，清真食品和丧葬管理等工作，既涉及民生，又涉及尊重穆斯林风俗习惯，对这些特殊生活习惯和宗教信仰应在政策上给予关注。

4. 辐射性

城镇信息传播速度快，大大增强了城乡群体之间的联系，个体或小范围发生的矛盾纠纷在时间上和空间上引起共振的概率不断提高。对民族关系或民族工作不利的因素，一般都是从城市通过"核裂变效应"扩散出去，从而影响一个地区乃至一个国家的稳定和发展。

5. 突发性

城市社区中各个民族之间工作生活互动性加强，当个体之间或地域之间产生一些摩擦和矛盾，尽管这些个体成员之间的纠纷与民族问题毫不相关，但处理不及时或处置方法不当，或被别有用心的人或组织操纵利用，极易引发群体性事件。[①]

(三) 对构建和谐城市民族关系的重要性认识不足

当前一些地方、部门面对这一"送上门来的民族工作"，思想认识和准备不足，没有把城市民族关系协调摆到应有的位置，在干部中还存在不少模糊认识，有的认为"城市少数民族与汉族差不多了""问题不大了""不必多此一举"，有的认为，"城市民族工作没有自治地方民族工作那么重要"，有的提出，"城市中的少数民族人数比较少，民族特点不够突出，开展针对这个群体的工作是无的放矢，完全应该把它置于城市人口的总体管理序列之中"，因而往往掉以轻心，形成城市民族关系协调工作可有可无的局面，跟不上城市民族工作发展的需要。

同时，对城市民族工作，特别是社区民族工作的重要性认识不足。社区是城市的"细胞"，社区民族工作是城市民族工作和城市民族关系构建的基石。长期以来，各级领导干部甚至民族工作部门和从事民族问题研究

---

① 新时期城市民族关系的时代特征参见马泽《在创新社会服务管理中推进云南城市民族工作》，载《今日民族》2011年第10期。

的专家学者,对社区民族工作的重要性都存在认识不足的问题。

再者是认为少数民族给城市管理和民族关系带来隐患。实际上,在经济社会迅速发展的过程中,必然会带动人口的大流动,在人口高度集中的城市,不同区域和不同民族人员的流动将会更加频繁,这是不可阻挡的大趋势。一些工作人员认为如果少数民族形成比较集中的聚居社区,往往会形成人多势众的态势,增加管理难度,自觉不自觉地把少数民族当作防范对象,简单地认为城市民族关系协调工作就是抓少数民族稳定的工作,就是把少数民族管住,不让他们闹事。于是对事关少数民族的问题,不是着眼长远去解决,而是能推就推,能压就压,结果是问题越积越多,由此可能导致不稳定事件的发生。

(四) 对民族团结理解的偏差性影响城市民族关系的构建

在开展民族团结工作中,一些工作人员存在误区,认为民族工作就是少数民族工作。所以在实际工作中,一些活动或者政策都只针对少数民族。如果片面理解民族团结,过于强调少数民族身份,而忽略民族团结工作的对象首先的身份是公民,也会影响城市民族关系的构建。在个别社区出现过这样的情况,过年过节发放优惠福利只给具备少数民族身份者,而没有把汉族身份的困难群体纳入进来,这种做法容易引起汉族同胞的反感,从心理上排斥接纳少数民族,不利于汉族与少数民族之间构建和谐民族关系,不利于民族团结工作的开展。

二 部分城市少数民族之间和民族地区经济社会发展不平衡

由于历史、自然等原因,一些城市少数民族和民族地区自我发展能力弱,发展方向模糊,经济社会发展不平衡,还面临着不少困难和问题;一些社区少数民族在城市化进程中因重大工程项目、道路交通建设等移民后面临着生计维持和文化发展的现实困难;一些失去土地的农民转为社区居民后面临着社会保障等一系列问题;一些社区民族文化保护、传承困难;少数民族流动人员则常常面临融入城市和就业、创业等困难等。同时,由于社会对城市民族关系协调的重要性认识不到位,政策法规贯彻落实不力或缺位,受经费和工作人员不足的影响,城市民族关系协调依然面临较大压力。

经济因素已经成为影响当前城市民族关系的深层次原因。计划经济时期所有资源都掌握在政府手中，民族之间的经济关系由政府调节，相对比较单一。市场经济的发展使得各民族之间经济联系更加密切，相互依赖、相互竞争成为民族关系的基本态势之一。由于历史和现实原因，各民族之间还在一定程度上存在着经济、文化、社会等方面事实上的不平等，特别是在经济社会转型时期，这种差距还有日益拉大的可能。不同民族之间经济社会发展与居民收入水平的持续拉大，容易在民族之间形成隔阂，不利于各民族之间的相互认同，甚至还容易引起发展程度较低的民族的失落感和相对剥夺感，不利于和谐城市民族关系的构建。[1]

（一）少数民族困难群体依然存在

城市少数民族由多民族组成，分布在社会各个领域，各民族之间交往密切，联系广泛，但又在经济社会发展水平上存在着差距。其中，既有新的城市少数民族贫困群体，也有城市少数民族流动人口和失地人群生存发展困难，少数民族就业和再就业问题是城市民族工作面临的主要问题之一，这些问题往往也成为引发矛盾和纠纷的主要因素。

1. 出现新的城市少数民族贫困群体

城市少数民族中的下岗职工、失业人群、残疾人、老年人及部分文化层次较低、社会适应能力较差的人群成为城市新的贫困群体，如何帮助他们解决生活困难、实现再就业以及少数民族大中专毕业生优先就业等问题，成为当前城市民族工作和城市民族关系协调中亟待解决的问题。

2. 少数民族流动人口融入适应和生存发展的困难

以务工经商为主，工作调动、分配录用、学习培训、拆迁搬家、婚姻介入、随迁家属、投亲靠友以及其他原因为辅的大量少数民族人口流入城市，具有显著的多元性特点，部分已经是二代移民，乃至小部分三代移民已经出现。他们一般因血缘、亲缘、地缘、业缘关系"大分散、小聚居"集中在城市社区，兼具少数民族、农民工、流动人口等共有特征，受自身条件限制、社会排斥等因素的影响，相对于城市居民而言，部分人并未实现脱贫目标，甚至"因病致贫、因病返贫"而陷入新的贫困，既包括因

---

[1] 张劲松：《经济转型期城市民族关系的影响因素及预警调控研究》，载《广西民族研究》2010年第2期。

收入不足而达不到基本的物质生活条件,也包括他们在教育、健康、生活方式等社会文化方面的不足。

在逐步融入城市的过程中,少数民族流动人口与当地城市居民之间,由于在社会保障、生活水平、社会地位和相关的权益等方面仍存在着差别,形成了潜在的利益摩擦。在以汉族为主体的地区因缺乏对公民身份的认同大多转而依靠族群的力量,遇到困难时大多首选寻求老乡帮忙,有的对当地政府部门还存在一定的排斥感,导致发生纠纷冲突后容易出现群体上访。现实生活中,有关部门的一些做法也加剧了这种认识,个别排斥和拒绝少数民族人员的情况仍有发生,特别是某些管理部门的工作人员简单行事,激化了矛盾和纠纷。同时,过分片面强调少数民族素质方面的不足,不考虑特殊性;有的甚至采取"花钱买平安"的短期办法,产生的示范效应客观上进一步加大了处置同类纠纷的难度。[1]

3. 失地少数民族群体的生活问题日趋严峻

由于当前城市少数民族权益保障政策还存在"缺位""不到位"的问题,使得城市少数民族群众的一些利益受到冲击,尤其是近年来由农民转为市民的少数民族群众,脱离了世代赖以为生的土地,但由于体制、政策不配套,城市经济关系没理顺,城市公共资源共享问题还没有完全得到落实,以及少数民族群众自身经济基础、生活方式、思维方式等方面的不适应因素相互作用,呈现出贫困、分散、就业率低、打工薪酬低、享受低保面小等困难,导致部分失地农民转化为城市贫民,少数民族群众自身的发展与城镇化进程不相适应的矛盾十分突出。

截至 2016 年 2 月,怒江州 15 个社区中有 4 个社区涉及失地问题,社区失地人员 1389 人,其中少数民族 1375 人,占社区失地人员的 98.9%。各级政府执行征地补偿政策,对失地农民进行就业培训和指导、组织劳务输出等,但失地人群仍然面临许多困难问题,成为城市化进程中的隐忧。失地少数民族人员中实现就业率低;生活用品通过购买获得,生活成本增加;养老、医疗、教育等没有长远计划,少数人在短时间内把征地补偿款挥霍掉,经济来源枯竭,生活困难;创业创新人才少,失地后失地人群在

---

[1] 陆宏强:《加强城市少数民族流动人口的服务与管理——来自浙江的实践》,载《观察与思考》2013 年第 5 期。

社区无工可做；许多用工单位不与民工签订劳动合同，在工资待遇、劳保福利、社会保险等方面也不依照合同执行；城乡接合部人员复杂，居住环境差、治安差，这些都严重影响着和谐社区与和谐民族关系的构建。

(二) 城市民族地区经济发展相对滞后

现阶段，城市民族地区经济发展还存在着产业发展困难、产业链短，一些城市民族社区经济发展方向模糊，城镇化水平低，城市民族地区经济发展滞后、发展不平衡常常成为引发矛盾的根源。

1. 城市民族地区产业发展困难

由于历史、地理等条件限制，一些城市民族地区产业，如少数民族特色饮食（清真食品等）、手工艺品、少数民族医药等发展困难，增收渠道狭窄，少数民族自主择业和灵活就业的条件薄弱，家庭生计困难，仍是制约城市民族经济发展的主要因素。

随着丽江古城旅游业的发展和城市化进程的加快，少数民族群众的收入水平也有了一定程度的提高，但民族经济规模小、产业结构不尽合理、竞争力弱的状况没有得到根本改变。城市周边社区的群众，基本以房屋出租和宾馆客栈经营为主，部分群众从事运输行业，部分失地少地的闲散居民，就业问题一直得不到很好的解决。少数民族群众进城务工、创业起点低、增收渠道狭窄等问题仍是制约民族经济发展的主要因素。

2. 部分城市社区经济发展方向和规划不明确

部分"村"转"居"社区未来发展方向和规划不明确，社区经济发展乏力。社区缺乏明确发展目标，群众缺乏稳定生计来源。长远来看，社区经济发展亟须政府层面产业政策支持和引导，摆脱简单的征地拆迁模式建设，逐步摸索建立具有地方特色的产业发展之路。

呈贡新城建设全面启动后，大量农田变为城市用地，社区居民多以出租房屋和外出务工为生，经济来源较为单一。为促进集体经济发展，社区自发成立土石方工程公司和绿化环卫公司，但这远远不足以对社区经济发展提供支撑作用。

官渡区矣六街道子君彝族社区属于城中村改造规划的农转城社区，随着一次又一次改造工作的开始和停滞，社区工作人员大部分时间和精力都投入其中。尽管子君社区紧邻年销售额过百亿的小商品批发市场——昆明螺蛳湾国际商贸城，附近小区密集，但是社区集体经济薄弱，规划不能如期实施,影响社区未来的发展方向。

3. 部分社区城镇化水平总体较低且不平衡

由民族乡撤乡建镇、改办后形成的城市民族社区,基础设施建设滞后,改办后一段时间内,社区仍存在着城镇规划水平低、规模小、发展不平衡、功能薄弱的问题,水、电、气、交通、通信等基础设施的配套建设无法在短时间内实现,导致城镇布局各功能区划分不明确。在城乡一体化的进程中,乡镇企业吸纳农村剩余劳动力的能力有限,社区城镇化水平总体较低。部分民族乡改街道办事处后经济发展速度不如改办前快。有的甚至把民族乡的城镇化建设简单地理解为"住房建起来,耕地圈起来,农民住进来"。城镇化过程中还出现大量失地农民。失地后的村民没有文化,没有技术,没有资金积累,就业难成为一个突出的问题。干部村民要求村转居后得到土地赔偿,企业改制后集体资产处置后再做分配,原来村民应享受的各种待遇如果处理不善,会导致社区矛盾突出,造成不稳定因素。[①]

(三) 城市少数民族社会保障不健全

一些城市民族社区公共文化服务设施薄弱,供给不均衡,多层次的社会保障体系尚未建立起来,一些基本保障制度的覆盖面比较窄,基金统筹层次低,保障水平不高。由于发展差距导致的社会区隔问题有所表现,社会分层与民族结构具有一定相关性。如果城市少数民族在发展方面的边缘化趋势进一步加剧,将会极大地影响到和谐城市民族关系的构建。

1. 城市少数民族社会保障水平和汉族相比还有差距

随着经济社会的发展,城市少数民族的居住条件、生活环境、医疗条件有所改善,就业率不断提高,参加低保的人数有所增加。但跟汉族相比,城市少数民族社会保障水平还有差距,部分少数民族群众的生活还处在贫困线下,一部分人还要依靠相关部门救助。同时,参加各类保险的人数较少,少数民族群众面临天灾人祸时,抵御风险的能力几乎为零,因而成为影响城市民族关系的重要问题之一。由于城市改造、大项目建设等原

---

① 王俊:《民族乡撤乡建镇、改办的思考——基于昆明市 6 个民族乡的案例研究》,载《云南民族大学学报》(哲学社会科学版) 2015 年第 4 期。

因，搬迁城市的少数民族人口逐渐增多，其劳动力素质普遍偏低、劳动技能缺乏、文化程度不高、自主创业能力较弱，在经济、文化、社会、心理等方面存在一系列不适应状况，使其在城市中"淘生活"面临着比汉族群众更大的困难，部分少数民族搬迁群众面临城镇工作选择艰难和个体经营困难的问题，就业和社会保障体系建设需求日益剧增。

2. 少数民族流动人口社会保障水平较低

少数民族流动人口由于流动性强，很难纳入居住地社区管理，因此也就很难得到就业、就学、就医、住房保障、最低生活保障等城市的基本公共服务及相关市民待遇。他们特殊的风俗习惯和宗教信仰需求也很难得到满足。尤其是汉族与少数民族间的就业差距问题，不仅影响民族关系，强化了少数民族群内社会认同，给城市经济和社会发展带来不稳定因素。少数民族尤其是少数民族流动人员因无法就业或就业不足而产生的消极社会体验，造成不同民族群体间收入差距拉大及利益分配失衡，在内群体与外群体的认同上形成了一种所谓的消极区分。[1] 少数民族流动人员签订劳动合同比例比较低，导致少数民族流动人口能够享受的社会保障有限，除医疗外，养老、失业、工伤、生育保险等制度的实施困难较多，参加人员意愿低，一旦有事故，他们首先想到的是亲戚、同乡的帮助，而不是寻求保障制度提供的帮助。

3. 失地少数民族社会保障能力弱

由于城市扩大征用土地，或因国家重大工程建设征用土地，部分失地少数民族群众的生活从原来富裕的城郊农民迅速转为城市贫民，陷入了"种田无地、就业无岗、低保无分"的尴尬境地。土地被征用后，对失地群众的补偿普遍实行货币补偿，养老、医疗、失业等方面社会保障基本由失地群众自行解决，加上农村传统的医疗保健意识，"因病致贫、因病返贫"现象突出。由于失地农民社会保障未纳入城镇管理体系，普遍存在失地农民养老无可依、失业无保障、生病无保险现象，不稳定因素增多。在征地中一般采取一次性货币补偿和宅基地（公寓式）安置方式。短期看，失地农民一次性领取了一笔可观的补偿安置费用，但许多失地农民对

---

[1] 陈纪：《社会认同视角下多民族社区和谐民族关系建设研究——以天津市 H 街道为例》，载《西南民族大学学报》（人文社会科学版）2012 年第 10 期。

于征地款的使用缺乏规划，随着过渡时间的延长，"坐吃山空"的问题十分严重。

因中石油项目搬迁进城的草铺街道办事处权甫村委会的苗族于2015年12月整体搬迁到安宁市连然华府小区居住，变为失地少数民族。搬迁之后，苗族群众就业率低，进城生活难度增加。同时，苗族群众既离土又离乡，来到城市以后，难以适应城市生活。

近年来因呈贡区整体市政规划和新区建设的需要，呈贡区征地拆迁出现大量失地农民，其中很多是少数民族群众，由于劳动技能缺乏，文化水平相对偏低，少数民族失地农民再就业难度大，经济来源减少。此外，虽然城乡居民社会基本养老、医疗保险已覆盖，但标准较低，居民最低生活保障覆盖面不大，且保障水准不高，这些社会保障尚不能解决失地贫困人员的生活问题，使得社会保障在现实中的矛盾逐渐凸显出来，给经济发展和社会稳定带来了压力。

（四）城市社区文化建设发展困难

城市多民族杂居社区逐步增多并将成为今后我国社区发展的主要趋势之一。与一般社区相比，多民族社区具有自身的特点，对于社区文化的需求更为迫切。然而现实是，城市多民族社区文化建设既先天不足，又面临着后天种种困境，给社区内族际交往和发展新型城市族际关系带来了很大障碍。[1]

1. 对社区民族文化的保护与传承没有给予应有的重视

云南城市社区民族文化既体现出和大多数民族地区在保护、传承民族文化方面的共性问题，又体现出"城市化""散居"的个性问题，具有丰富性、独特性、交融性和脆弱性等特点。一些社区民族文化的典型代表虽已经申报列入非物质文化遗产，但申报层级多为市级、区县级，发挥的社会影响力和经济效益十分有限；一些民族文化随着城市化进程中人们的生活生产方式的改变而加快消失，同时也为机械生产所取代或者部分取代，如刺绣；一些民族文化，由于和人们的生产生活还有联系，如舞蹈，能在健身、娱乐、社会交往等方面发挥日渐重要的作用，有传承的条件和可

---

[1] 李晟赟、薛炳尧：《需求迫切与发展困境：城市多民族社区文化建设研究》，载《西北民族大学学报》（哲学社会科学版）2012年第5期。

能，但在传承的过程中，也在为不断适应新的环境和需要发生了变迁。总体而言，城市社区民族文化传承面临着产业化、市场化程度低；民族文化传承工作和基层文化建设工作之间存在一定的矛盾，机构不顺，管理人员及专业人才的缺乏；经费投入不足，民族文化资料收集、整理、分析及保护、开发、研究、展示的工作十分滞后；社会参与民族文化产业开发程度不高，尽管开发意识已经萌动，但真正实现产业化的部分总量很小，亟须进一步加大引导和扶持力度；民族文化逐渐势微，传承机制脆弱，城郊接合部失地社区文化生活单一，缺乏多样化的、健康的集体娱乐活动。

2. 民族文化的解释和提升不够，宣传内容与形式单一

由于缺乏专门的民族工作人员，以及工作人员本身所存在知识和能力的局限，导致社区居民对民族文化的内涵理解不够，难以有效地通过发挥民族文化的积极作用，丰富民族团结进步宣传活动的内容和形式。以少数民族节庆文化为例，无论是瑶族的盘王节、彝族的火把节、壮族的三月三等都蕴含着丰富的民族团结因素。每逢节日，人们无论身在何处，都会泛起乡愁，总是共享节日欢乐。但是社区在民族文化、民族节日的宣传中缺乏深层次文化的挖掘与有效利用，借助节庆欢聚时开展中华民族共同体、"五个认同""三个离不开"等宣传教育活动的深度不够，对民族文化进行讲解往往只是停留在歌舞表演和餐饮活动这一层面上，通过宣传墙或者长廊介绍民族文化的内容篇幅和深度受限，一定程度上影响了社区居民对民族文化价值的认知，阻碍了民族团结工作的深化。

3. 青年一代对民族文化保护的意识较弱

少数民族流动人员进入城市，不仅活跃了城市的经济，增进了各民族间的交流与合作，而且促进了城市文化的多样性，各民族的饮食、服饰、音乐、舞蹈、语言等文化相互交融、相互影响，民族间相互依赖、相互依存、互助合作、共同发展的关系更加牢固。但一些社区没有专门的少数民族文化活动场所和设施，造成了青少年对民族文化的保护意识较弱。加之以民族文化保护作为生计来源单薄，老一辈难以带动新一代的继承人继续研习民族文化，在调动广大民族群众，尤其是年轻人参与民族文化保护时较为困难。

(五) 民族教育适应性体现不足

城市民族教育工作是城市民族工作的重要组成部分，也是城市少数民

族的基本诉求。开展好城市教育工作，对于促进各民族交往交流交融有重要意义。随着城市化进程和城市改造的加快，城市少数民族人口迅速增长，现有的民族教育还不能完全满足日益增长的少数民族人口对教育公平机会的诉求，教育政策落实不到位，教育课程设置多样性不足等，难以有效接纳并帮助少数民族常住及流动人员子女接受教育，成为影响民族关系的因素之一。

1. 少数民族教育体系应对新形势显得乏力

大量少数民族人口进入城市，原有的少数民族教育体系在新形势面前显得应对乏力：一线大城市的部分民族学校因发展乏力，逐渐衰落或暴露出许多问题。其经验既难以向市内的普通学校拓展推广，也难以为其他城市提供有效借鉴。尤其需要指出，由于世居在此，许多少数民族群众的生活起居与城市其他居民趋于相似，子女分散在非民族学校就读的情况也较为普遍。近年来，城市民族学校在城市拆迁改造的大潮中失去了大量生源，许多学校的民族特征名存实亡，亟待重新定位或转型。内地西藏班和新疆班作为一种具有较强政治意义的办学模式，服务于特定的教育对象，尚不具备向其他少数民族群体普遍推广的条件，也很难在更大程度上接纳少数民族流动人员子女入学。大城市的情况尚且如此，二、三线城市的学校教育体系对少数民族人口涌入更是缺乏历史经验和现实准备。[1]

2. 城市外来少数民族流动人口获得公平教育机会的诉求强烈

城市外来少数民族流动人口对于随迁子女的教育诉求并不是要求得到特殊的待遇，只是希望能得到受到公平教育的机会。除了语言、宗教信仰、风俗习惯等文化习俗方面差异性的照顾，期待能与城市户籍居民真正享受同等的权利和义务，渴望被社会和城市认同、接纳，摆脱社会边缘群体、弱势群体的身份，与城市当地居民和谐相处、共同发展。[2]但这一诉求也很难在短时间内顺利得到满足。

3. 课程设置多样性不足

国家统一制订课程计划、教学大纲和教材，地方和学校执行国家统一标准。但是，这种课程体制难以完全解决由于地区差异、民族文化差异、

---

[1] 陈云：《关键词五：城市民族教育》，载《中国民族教育》2015年第12期。
[2] 付晓华：《关键词五：城市民族教育》，载《中国民族教育》2015年第12期。

学校差异带来的问题，也很少涉及当地少数民族传统文化、传统科技内容，较少开设民族常识课程、开展研究性学习活动、开办民族文化展示活动及开发民族节日教育活动或开设民族文化艺术社团，造成城市民族地区民族教育质量不高，少数民族学生对学习的挫败感相对较强，有的地方出现学生流失率、辍学率高及"读书无用论"。

三 城市民族政策法规体系不健全

我国散居少数民族的立法工作尚处于立法体系的形成阶段，城市少数民族的立法保障已经成为我国民族立法的主要瓶颈，主要表现出立法内容的政策化，立法形态的非系统化和立法效果的滞后化三个典型特征。[①] 云南的地方立法也体现出相同的特点，在经济体制的转变及城市化进程加快的过程中，原有一些保障城市少数民族权益的政策措施逐渐失效或难以落实，相应的修订完善还不能满足现实的需要；现有法律法规立法层次不完善；相关的配套立法较为宽泛、抽象，可操作性不强，指导性的法令较为单调，没有在真正意义上形成与城市民族工作相匹配的比较独立的法规、政策；相关的政策和法规只能对城市少数民族提供原则性的权益上的保障，缺乏实质性的保障机制，一部分城市民族工作部门仍然依靠行政调节解决民族问题；一些地方和部门在贯彻落实中大打折扣；城市少数民族权

---

① 李扬：《我国城市散居少数民族立法实证研究》，载《云南行政学院学报》2014年第5期。

立法内容的政策化：我国关于城市散居少数民族权益保护的立法内容较为笼统，缺乏可操作性。由于直接照搬国家民族政策，条款更多的是以提纲挈领的方式概况规定了对城市或散居少数民族公民权益保护的方向，因而其导引作用和象征意义远高于法律的规定性作用。立法的政策色彩较为浓厚，违法责任条款大多语焉不详，导致当司法实践中出现侵犯城市散居少数民族公民权益的情形时，受侵害的少数民族公民很难以相关民族立法为依据通过行使诉权的方式来纠正违法行为，维护自身合法权益。立法形态的非系统化：我国城市散居少数民族立法尚未建立起自上而下的法律体系，我国城市散居少数民族立法存在严重的地区不均衡以及民族自治区域立法与散居少数民族权益保障立法上的不平衡。

立法效果的滞后化：立法时间较早，修订频率较低；城市散居少数民族所需求的部分具有时代特征的发展权益却没有及时地以立法的形式加以确认。

参见李扬《我国城市散居少数民族立法实证研究》，载《云南行政学院学报》2014年第5期。

益保障的有效性、连续性还有待加强，在调节民族关系方面效果有限。随着法治中国建设的不断推进，城市民族工作的法治化也逐渐系统化，只有加强城市少数民族政策法规的研究和补充修订，才能有效保障城市中的少数民族的各项权利。①

(一) 立法层次不完善

从法律体系的层次结构来看，缺少调整城市民族关系的基本法。我国针对城市少数民族出台的政策法规，包括中央人民政府颁布或批准的关于散居少数民族权益保障方面的文件和有关城市少数民族问题的专门行政法规，如《城市民族工作条例》成为推动城市民族工作法治化的有力依据和重要指引，对保障城市少数民族政治、经济、文化等各项权利做出了具体规定；国务院及各部委关于城市少数民族问题的部门规章制度，如《国务院关于殡葬管理的暂行条例》《国家民委党组关于做好杂居、散居少数民族工作的报告》《国家民委、中宣部、中央统战部、文化部、广电部、新闻出版署、宗教局关于严禁在新闻出版和文艺作品中出现损害民族团结内容的通知》《国家教委关于加强民族散杂居地区少数民族教育工作的意见》等；各省、自治区、直辖市及部分省会城市地方人大制定的关于少数民族问题的工作条例和地方法规、规章，如《河北省散居少数民族权益保障条例》《黑龙江省城市民族工作条例》《湖南省散居少数民族工作条例》《湖北省散居少数民族工作条例》等，上海市出台了《上海市少数民族权益保障条例》《关于加强清真食品管理工作的通知》《关于进一步加强清真食品义务监督员管理工作的通知》，武汉市出台了《武汉市城市民族工作办法》等。② 但是从立法层次来看，还存在着不完善的问题。

1. 散居少数民族法规纵不成体系、横不成规模

全国人大民族委员会从 1986 年起就开始起草《散居少数民族权益保障法》，十易其稿，截至目前还没有颁布统一的《散居少数民族权益保障

---

① 彭谦、李晓婉：《加强城市民族工作法治化建设》，载《中国民族报》2015 年 6 月 12 日第 005 版理论周刊。

② 彭谦、李晓婉：《加强城市民族工作法治化建设》，载《中国民族报》2015 年 6 月 12 日第 005 版理论周刊；沈林、李志荣：《散杂居民族工作政策法规选编》，民族出版社 2000 年版，第 1—6 页（目录）。

法》,保障城市少数民族权益的法律体系不完善,国务院制定《城市民族工作条例》,但还达不到核心法律的要求。从各地的立法实践来看,也只有部分省市制定出台了《散居少数民族工作条例》,云南还未出台,造成散居少数民族法规纵不成体系、横不成规模。①

2. 立法适应性不足,数量较少

已有的法律、法规、规章等也大多以决定、单行条例、政府报告、工作条例、办法等文件形式出现,属于行政法规之下的较低效力的法律规范性文件,立法层次较低,在法律效力上低于法律、法规,同时适应性不足,配套的法规过少,相互间协调程度低,内容参差不齐,从立法数量上看,专项立法和相关条款相对较少,不能满足现阶段城市民族工作和立法体系建设的需要。

(二) 立法操作性不强

有关城市民族工作的法规性文件少,可操作性不强。民族政策"疲软",有关规定表述模棱两可,因未作明确规定,政策极易落空,操作难度很大,城市少数民族权益保障不到位。

1. 立法原则性强,强制性弱

在《中华人民共和国城市居民委员会组织法》《城市民族工作条例》等法律法规中,虽对配备少数民族干部、安排少数民族各项事业发展资金等方面有一些规定,但只是原则性的,非强制性的,缺乏可操作性,民族法制建设整体上还不完善。如在保障少数民族权利的途径方面,诸如"可提请当地人民政府予以帮助解决""可以向有关机关提出申诉和控告,有关机关必须及时处理"等规定,但在提请及申诉和控告的方式、有关机关的保证措施、解决问题的期限、推诿怠延者的责任等方面却没有规定。② 有些城市处理民族关系问题的实际情况表明,城市相关工作部门处理民族关系事件时没有强有力的法律作支持,加之靠经验办事,在工作中存在局限性,行政协调几乎是唯一可以倚重的手段。③

---

① 王俊:《论云南散居民族的权益保障问题》,载《云南社会科学》2011年第2期。
② 徐合平:《完善城市民族立法的思考》,载《中南民族大学学报》(人文社会科学版) 2006年第3期。
③ 陶斯文、杨风:《加强社区民族工作 构建和谐民族关系》,载《江苏省社会主义学院学报》2007年第6期。

2. 立法重点不突出，语言、名称使用不规范

1993年国务院《城市民族工作条例》颁布之后，各地积极响应。但是立法过程仓促，立法技术较为粗糙，在立法体例上追求"大而全"，导致重点不突出、任务不明确。立法用语不规范，存在许多不明确、不肯定、含糊不清、伸缩性很大的法律语言，实际操作性不强。在已颁布实施的各类地方法规中，如"配备适当数量"的少数民族干部；"安排一定数额的经费""予以适当照顾"等。而"适当数量""一定数量"之类的模糊语言往往使法律规定流于形式。法的名称不统一，缺乏规范性。如在清真食品管理方面，有的名称为"条例"（如上海），有的名称为"办法"（如广州），有的名称为"规定"（如成都）等，容易使人产生疑惑。[①]

3. 立法内容针对性不强，重管理轻权利

不同城市、不同地区所面临的族际互动关系及需要解决的问题是不同的，而在已有的部分城市民族立法中却大多依照国务院的《城市民族工作条例》而制定，缺乏对各城市所面临的民族关系特点的总结归纳，对各地区在发展过程中所产生的新的民族关系也没有开展深入的专题研究。这种立法虽然涵盖全面、反映地方特色的内容少、针对性不强，因此形同虚设，立法本身针对性和实效性大大减弱。[②] 行政管理色彩过于浓厚，不少地方法规的名称中都直接标有"管理"二字，法规在规范公民、法人及其他组织的权利义务及规范国家机关的权力与责任时，偏重于设定义务而忽视权利。[③]

（三）贯彻落实不到位

现行城市民族权益保障法制因为缺乏有效的监督和法律制裁措施，加之执行者的认识水平参差不齐，影响着城市民族法律法规贯彻落实的具体效果。

1. 法律后果缺失导致强制性和权威性降低

立法与执法、司法是完整的锁链构成，任何一环的缺失都难以保障法

[①] 徐合平：《完善城市民族立法的思考》，载《中南民族大学学报》（人文社会科学版）2006年第3期。

[②] 范军：《我国城市民族立法工作中存在的问题及对策研究》，载《理论月刊》2011年第3期。

[③] 徐合平：《完善城市民族立法的思考》，载《中南民族大学学报》（人文社会科学版）2006年第3期。

治的正常实施。① 立法逻辑结构不完整,缺乏法律监督和法律制裁措施,直接影响到法规的具体实施。法的规范由行为模式和相应的法律后果两个要素构成。城市民族法规的许多规范都只有行为模式而缺少相应的法律后果,很大程度上失去了强制性和权威性,立法效果不明显,贯彻落实不到位。

2. 时代特征变化导致部分内容无法落实

现行城市民族法律法规基本都形成于20世纪90年代,这正是中国社会由计划经济体制逐步向社会主义市场经济体制过渡的社会转型时期,因而这些相关的法律法规难免会有计划经济的色彩。现在一些条款已经无法落实,因修订不及时导致部分内容很难得到有效的贯彻。

3. 认识水平参差不齐导致贯彻落实不力

云南城市少数民族权益的政策法规不具备强制力,也没有切实有效的监督执行机制,其贯彻执行水平很大程度上取决于相关部门的认识水平和重视程度。一些地方和部门违反法律规定,习惯于搞"一刀切",但却没有相应的评价机制和监督机制。② 少数干部和行政执法人员工作方法简单粗暴,对党和国家的民族政策掌握不全面,工作中不注意民族政策、不考虑少数民族的特殊性,歧视或变相歧视、伤害民族感情的言行时有发生,侵犯少数民族的合法权益而引发事端。有的新闻出版人员不了解少数民族的风俗习惯和宗教信仰,以致伤害少数民族群众感情的事件时有发生。有的认为在城市的少数民族已经与汉族没有什么区别,不应该再有什么"照顾"和优惠政策,或是"某某民族"就犯嘀咕、绕着走、躲着走,不敢管、不愿管、不会管,处理起来进退失据,无原则地"息事宁人"甚至"花钱买平安"现象不同程度存在。③

(四)修订完善不及时

城市民族法律法规修订不及时,对某些亟须保障的少数民族权利缺少相应规定,如城市少数民族失地群众再就业、少数民族流动人员的生计转型和文化融入、民族乡撤乡建镇、改办或村转居后城市民族

---

① 范军:《我国城市民族立法工作中存在的问题及对策研究》,载《理论月刊》2011年第3期。
② 王俊:《论云南散居民族的权益保障问题》,载《云南社会科学》2011年第2期。
③ 李正洪:《推动城市民族工作创新发展 促进民族团结进步边疆繁荣稳定示范区建设》,载《今日民族》2011年第11期。

社区的发展、城市少数民族的清真饮食、殡葬管理等直接关系到少数民族最基本生存和发展的问题不能妥善解决,就会影响和谐城市民族关系的构建。

1. 立法修订时效性不强

我国针对城市和散居少数民族的立法修订周期较长,与我国经济社会发展速度及其他民族立法相比较,立法具有较为严重的滞后性。[①]《云南省城市民族工作条例》是1999年发布实施的,已使用20多年,没有具体实施细则,原有一些城市散居民族权益保障的措施带有计划经济体制色彩,条款内容已不适用,在内容和措施上有明显局限性。城市少数民族在扩大经营规模、征地、盖房、信贷支持等方面多会遭遇困难,在处理有关城市民族问题时也缺乏足够的依据,难以有效地保障少数民族的合法权益,增加了服务管理工作的难度。

2. 民族乡撤乡建镇改办后配套政策滞后

根据《云南省民族乡工作条例》第34条规定:"民族乡根据法定程序撤乡建镇的,按本条例继续享受民族乡待遇。"这个条款只是规定了"撤乡建镇",而没有对民族乡改为办事处的情况做出说明。因此,改办后的民族乡就失去了享受民族乡待遇的法律主体地位,从民族工作的角度上来说已经属于城市民族工作范围。民族乡实施乡改办、村转居后,在土地管理、集体资产处置、无房户建房、社区公共服务、人员素质提升和技能培训、水电路等基础设施建设、农村合作医疗保险转为城镇医疗保险等一系列问题上缺乏具体的配套政策,使得很多工作无法有序开展。土地的历史性遗留问题多,部分地区规划滞后,群众建房难,买房贵,子女求学考录难等问题凸显。[②]

3. 针对少数民族流动人口就业创业的专项政策缺位

目前,云南省尚未出台针对少数民族流动人口就业创业的专项政策,如企业用工优惠、创业孵化等,加强城市少数民族流动人口的依法服务和管理工作难度大。与现行户籍制度改革相配套的少数民族流动人口贷免扶

---

① 李扬:《我国城市散居少数民族立法实证研究》,载《云南行政学院学报》2014年第5期。

② 王俊:《民族乡撤乡建镇、改办的思考:基于昆明市6个民族乡的案例研究》,载《云南民族大学学报》(哲学社会科学版)2015年第4期。

补、小额贷款及各项金融利好政策，由于户籍不在当地、贷款风险大等各种客观原因，少数民族流动人口还不能充分享受到"同城待遇"。促进少数民族流动人口融入城市的政策保障体系尚未建立，对少数民族流动人口的权益保障和服务水平有待提高，少数民族流动人口异地就医困难、医疗费用负担过重、子女异地入学困难等方面的问题依然存在。

4. 有关失地少数民族群众生存保障方面的专项政策不足

失地少数民族群众大多缺乏城市工作所需的文化知识，缺乏从事非农产业的技能，难以在短时间内适应快速发展的社会就业需求。同时，针对失地少数民族群众就业，至今还没有出台相应的政策措施。失地少数民族群众的就业得不到有效保障，面临诸多就业困难。尤其年龄偏大的失地少数民族群众要实现就业转移更加困难。加之一些地区由于工业经济发展缓慢，第三产业还不发达，难以为失地少数民族群众提供更多的就业岗位。

5. 应对城市民族突发事件的政策法规缺位

从实践来看，城市民族突发性事件多涉及风俗习惯、宗教信仰、民族利益，这些事件多发生在基层。例如，在城市现代化进程中，城市面临新的建设和改造，涉及具体的拆迁问题，许多居民按照政府的安排，迁居到其他地方或是获得相应的赔款。对于那些有特殊风俗习惯的少数民族，聚集区不仅仅是简单的生存空间，更多的是文化交流、宗教信仰的承载地。搬迁则意味着少数民族居民被分散，传统文化面临现代化冲击。政府在实施具体拆迁过程中，如果没有注意到这些问题，忽略少数民族的情感因素，单纯用经济赔偿政策来协调，很容易产生摩擦和冲突。相关政策、条例治理方式不能从根本上解决问题，只会使相似事件再次发生。如果在城市民族工作中有配套的法律法规对突发性事件进行统一治理，不仅能够保障少数民族的权益，也有利于提高基层城市民族工作人员的工作效率。[①]

（五）普法宣传任务艰巨

城市少数民族外显特征淡化的同时，民族意识和民族感情依然强烈，

---

① 彭谦、李晓婉：《加强城市民族工作法治化建设》，载《中国民族报》2015 年 6 月 12 日第 005 版理论周刊。

一般都比较关心本民族的政治地位和发展进步，对本民族的荣辱、利益问题比较敏感。同汉族结婚的少数民族，其子女基本上都选择少数民族一方的民族成分，少数民族自我意识比较强。因此，在城市民族关系协调中做好普法宣传，让民族法律法规贯穿在少数民族的日常生活中，让法律根植在人们的心中，才能有效发挥民族法律法规的作用。但是，部分少数民族群众自身法律意识淡薄，在突发性事件中，很少用法律来维护自己的权益，解决问题不走法律途径，遇事习惯"抱团"解决，往往通过串联、聚集、上访等非理性的措施，甚至跨州（市）群访、重访等非法治渠道取代依法维权。云南各地建立了专门针对少数民族的法律服务机构，为少数民族群众提供免费的法律业务服务，切实保障少数民族群众合法权益，但是实际发挥效果有限。各级相关部门对民族宗教政策及有关法律法规的宣传力度不够，综合利用各类媒体的能力有待提升，进一步有效完善系统，开展形式多样的宣传计划，做到让少数民族流动人口在增强法律意识，树立懂法、知法观念，维护好自己的合法权益等方面的工作力度仍需加大。

四 少数民族流动人口融入适应城市难度大

随着城市化进程的加快，越来越多的少数民族人口进入城市工作、生活，这些少数民族流动人口呈现出群聚性、短期性、流动性、受教育年限短、收入低的特征。因少数民族风俗习惯得不到本地汉族群众的尊重和理解，或因对城市管理规则不熟悉违反行政法规、地方性法规和地方政府规章，会引起矛盾和冲突。在实际工作中，少数民族流动人口面临着融入城市、子女教育、谋职就业、医疗卫生等诸多现实问题，城市少数民族流动人口工作侧重治安管理和城市管理，在提供服务方面较为薄弱，不仅加大了服务管理难度，也带来了引发矛盾的隐患。

（一）城市社区流动人口服务管理组织机构不健全

一些社区中尚未建立流动人口服务管理机构，少数社区建立了少数民族流动人口输入与输出地之间的沟通协作机制。省、市、区、街道、社区五级联动，民宗、人社、工商、计生、财政、公安等相关部门协调联合的工作机制有待进一步健全和完善。针对日益繁重的少数民族流动人口服务和管理工作，各级各部门缺乏专项工作经费，部分社区未设立专门的工作岗位。

（二）信息采集和共享难度大

社区对少数民族流动人口的信息采集难度较大，信息维护及追踪服务也存在很大的困难，特别是流入地与流出地的信息对接渠道不畅，两地之间信息的共享与对接形成阻碍。对少数民族流动人口底数不清、情况不明、信息不全。公安、民政、社区等部门和单位各自都有一套有关少数民族流动人口信息采集系统，但其数据共享不充分，容易造成信息系统的重复建设或各自为政。

1. 信息采集更新滞后

信息统计数据是开展人口管理相关工作的依据和基础。城市少数民族流动人口居住分散，流动性大，加上一些人员主动接受管理的意识不强，使得户籍管理等有关部门难以掌握变动情况，服务和管理难度加大。社区流动人口登记管理服务机制不健全，新建的商业区少数民族流动人口信息的采集和更新存在滞后，采集信息有限，难以掌握准确的数据。数据采集缺漏、更新滞后、维护不力等阻碍了数据的深入分析和价值挖掘。

2. 信息数据共享不足

在现有政府部门的管理模式下，各部门都使用着基本独立的信息管理数据库，这些数据库都是本系统按照实际管理需要开发设计的，统计数据不能共享。昆明市政协民族宗教委员会、昆明市民族事务委员会在调研中发现，由于统计方式上的差别，计生和公安部门的信息数据可能不完全一致。而民族工作相关部门在数据库信息数据共享时会遇到障碍，如部分需要的信息未被采集到，即在其他相关部门的信息数据中并未增设民族信息的录入；有的信息即使已经采集，但因为该数据库没有有效检索项（如民族成分等信息）而导致统计非常困难，甚至最后只能依靠手工统计。另外，还有部分数据库信息基于国家安全、保护公民隐私等规定的限制而未能实现与其他政府部门共享，加大了少数民族流动人口服务管理工作的难度，不利于相关部门更有针对性地开展服务管理工作。因此，少数民族流动人口信息管理由于各部门、各主体之间"平台不兼容""口径不统一"，信息数据共享程度低。

（三）就业创业能力及培训精准性不足

少数民族流动人口数据信息精确性方面，数据收集时较少对这一群体专门建档而将其简单纳入流动人口整体。少数民族流动人口进入城市后的就业创业，主要呈现出群体就业同质性高、工作时间普遍较长、收入增加但收入不高、出现阶层分化、与城市经济互嵌的广度和深度有限等特征[1]，一方面是自身素质不足所致；另一方面是与当前少数民族流动人口管理服务不到位有关。就业创业培训的精准度不足，使得少数民族流动人口在城市融入和适应方面难度加大。

1. 自身就业创业能力不强

少数民族流动人口和汉族流动人口一样面临着融入城市的共性问题。由于他们在传统文化、风俗习惯、宗教信仰等方面的特殊性，加之普遍文化层次偏低，缺乏城市就业创业的专业技能，大部分只能在低层次产业中就业，大多从事的是"脏、累、危、低"性质的工作，其生存、适应、融入的过程面临更多障碍，因此居住较为集中，生活圈子相对狭小，主动搜索就业创业信息的能力不足，在获取就业创业信息方面处于被动地位，就业面窄，就业机会少。

2. 就业培训供需信息传递不对称

提供就业创业政策咨询、信息发布、就业创业指导为主要内容的就业创业服务体系不够健全和完善，就业创业信息提供不够顺畅。一些少数民族流动人员对居住证的用途、办理的流程、办理地点及办理需要提供的证件不太了解或因办证的政策变化，导致在具体办理证件时发生误会，误认为是对方在有意为难而引发矛盾。有的少数民族流动人口希望学习的一些实用技能，其所在社区就有开办培训，但是信息的传达渠道少，方式单一，导致需要获取信息的少数民族流动人口没有获得必要的信息，同时社区活动没人参与，造成资源浪费。

3. 职业技能培训时间和内容安排不合理

城市社区在职业技能培训安排上存在着时间不尽合理，居住的少数民族流动人口多半为青壮年，白天忙于工作，不能积极参与社区开展的职业

---

[1] 黄丽、徐烈鹏：《湖北少数民族流动人口就业创业调查》，载《三峡论坛》（三峡文学·理论版）2019年第3期。

技能培训等各项活动。很多少数民族人口受教育年限短，在就业创业方面缺少城市工作需要的专业技能，社区虽然开展了一些就业技能的培训，但是还不够精细，针对性还不能满足少数民族流动人口群体的多样性，不能完全解决少数民族流动人口的就业问题。

（四）融入意识提升不足

由于宣传力度不够，加之少数民族流动人口的法规政策意识和社会参与意识不强，使其在融入意识的提升方面还显得不足。

1. 宣传力度不够

各级相关部门对民族宗教政策及有关法律法规的宣传力度不够，综合利用各类媒体的能力有待提升，进一步完善系统有效、形式多样的宣传计划，让少数民族流动人口在增强法律意识，树立懂法、知法观念，维护好自己的合法权益等方面的工作力度仍需加大。

2. 少数民族流动人口法规政策意识不足

城市中少数民族流动人口呈现日益增长的趋势，居住分散，流动性强，在融入城市方面存在着法律意识淡薄、主动接受管理的意识弱等问题。有些少数民族对城市相关法律法规不了解，如加入城市商品流通、餐饮服务等行业，在繁华地带摆摊设点、占道经营，与城市建设管理的相关规定和要求不适应，在遇到劳动就业纠纷时权益往往得不到保障，易发生纠纷甚至会转化为对抗性矛盾。

3. 社会参与意识不强

城市少数民族流动人口在社会融入过程中，由于一些城市居民存在偏见与歧视，自身社会关系网络狭隘及融入能力不足，加之社会资源匮乏等障碍，往往选择聚居和抱团，喜欢以同乡、同民族形式聚居，带有明显的地域性和民族性，处于城市生活的边缘，对经济收入、社会地位及邻里情感感受强烈；对教育、社会活动参与、政府就业扶助和政治参与等方面的满意度偏低，导致他们与社区其他民族交流互动的意愿较弱，参与社区生活的积极性不强，融入城市较为困难。

由于经济的快速发展，个旧市、开远市、蒙自市和弥勒市成为红河州经济发展的领头羊，外来少数民族人口的涌入越来越多，对繁荣城市经济发挥了重要作用，但由于语言、民族风俗习惯等因素制约，难以融入当地城市生活中，也带来了依法管理上的新问题。

随着丽江旅游业的发展，每年来丽经商、办企业及旅游观光的人数逐年增多，年均国内外旅游观光的游客已达 3000 万人次。大量外来少数民族人口涌入并处于无序流动状态，因语言、风俗习惯等因素融入当地生活速度较慢，给城市管理带来了挑战。

（五）服务管理体系不健全

少数民族流动人口服务管理工作涉及就业、就学、就医、社会保障等方方面面，需要多个部门齐抓共管。少数民族流动人口因不同的宗教信仰、民族文化、文化风俗，导致少数民族公共服务需求的差异性，公共服务体系的建设存在资源配置较为缺乏，运行机制尚未健全，服务体系尚未形成等问题。

1. 缺少服务和管理方面的政策规定

目前还缺乏明确的少数民族流动人口服务和管理方面的政策规定，这给加强城市少数民族流动人口的依法管理和服务工作带来新的困难和问题。

2. 城市少数民族服务管理平台还有待健全完善

城市服务管理体系中缺乏专门为少数民族流动人口服务的窗口部门，社区缺乏为少数民族服务的专职工作人员，致使少数民族群众办事找不着"门路"；随着城镇生活水平的提高，城镇户籍的少数民族群众在就业、城市拆迁改造、宗教信仰、风俗习惯、民族文化等方面要求政府提供更加便利、更加周到的公共服务的需求日益强烈；对清真食品生产、运输、销售等环节还缺乏规范化管理，个体经营基本处于自发状态，监管措施不到位。这些困难和问题给城市民族关系的协调带来了实际困难。

3. 少数民族流动人口服务和管理精细度不足

由于城市少数民族流动人口居住分散，流动性强，大部分白天外出打工，晚上才回出租房暂住；而社区工作人员和少数民族流动人口的"工作时间差"，导致社区工作人员正常上班时间基本找不到少数民族流动人口了解情况，加上一些人员主动接受管理的意识不强，使得户籍管理等有关部门对其情况难以掌握，在精细服务和管理上不到位。

4. 公共文化服务资源利用率低

社区公共文化服务资源供给由于未能完全与群众的需求相匹配，利用率较低。调研发现，由于大多数流动人口从事着技术含量低、体力负荷大、工作时间长的职业，下班后几乎没有过多的空闲时间和精力参与社区公共文化活动。社区提供的广场舞蹈、娱乐、健身、小型博物馆、图书馆、课后辅导班等文化设施与服务项目，服务时间多样化、个性化与其文化需求相比还存在差距。部分社区投入经费不足、设施陈旧老化，公共文化服务还存在供给总量不足、内容不丰富、形式较单一等诸多问题，在少数民族流动人口群体中的实际利用率不高、效能较低。社区公共文化服务与需求错位，导致资源闲置、设施"沉睡"、利用率低、效能不高；加之社会化、市场化程度不高，通过购买服务方式引进社会化组织参与社区文化服务水平还有待提高。社区工作人员的能力、精力、时间有限，平时承担着较多的社区工作，又无额外补贴，在开展社区文化活动时大都力不从心。除了社区组织的节庆（节日）文艺会演、职业技能培训等一些活动外，少数民族流动人口在城市社区的文化生活较为单调，睡觉、看电视、喝酒、打牌、带孩子、做家务成了更多人的"业余生活"。

5. 社区资源未得到完全认知和充分利用

社区被比喻为城市的"神经末梢"，资源有限，但是对社区公共单位资源的整合与利用已经有一些探索，有的整合和利用还是比较充分的，逐渐在朝资源整合、共建互助、资源共享方向努力。但是对城市少数民族中的精英人才、带头人、党员及各个民族学会等资源，认识程度较为有限，充分利用和发挥这些人员或学会的凝聚力、号召力还没有提上日程，在民族团结宣传教育和相关活动的组织开展中作用发挥有限。

五 失地少数民族群众民生问题突出

城镇化是一个农村向城镇、农业人口向非农业人口、农业向非农业转变的过程，是导致云南省城镇周边农民失去土地的主要原因。随着城市产业的增长和转移以及人口的聚集和膨胀，城市建设用地的增加必将日益扩大对周边非城市用地和农业人口的"侵蚀"，农民失地客观上有其必然性，其中就有大量的少数民族。在云南城镇化进程中，越来越多的农民离开他们熟悉的土地、生产方式和生活方式，成为没有土地的农民和无法融入城市的市民，徘徊在城市的边缘。虽然各级政府执行征地补偿政策，对其进行就业培训和指导、组织劳务输出等，但是由于相关政策不完善或落实不到位，失地人群仍然面临与他们切身利益相关的医疗保障、养老保障和就业问题，以及心理适应和生理健康问题，同时还关联到生计模式的转变、社会文化的变迁和所居住社区社会治安等诸多方面。这些问题既关系到他们个人，也关系着家庭和整个社会的和谐，成为城市民族关系协调中的隐忧。

（一）生计模式转型后生活水平失衡

对于少数民族失地群众而言，随着土地的锐减或者完全丧失，生计模式随着发生转变，部分群众的生活水平较低，生活消费支出增加，贫富差距加大，增加了因为生活水平失衡引发矛盾的可能性。

1. 生计模式转型后部分家庭经济困难

大部分少数民族家庭在失地前以种植业作为主要经济来源，失地后家庭土地面积锐减或者全部丧失，传统的单纯依靠种植业获得经济收入的模式正转换为多元的生计模式，有的家庭为了增加收入，不得不经营店铺、外出务工、出租房屋或从事其他行业，然而从事第二、三产业的失地农民所占比例毕竟不大，由于自身或家庭原因（如身体状况或家庭原因不能进行多种经营，或家中有孩子正在上学，有病人需要就医，有老人需要赡养）无法多元经营的家庭，就陷入经济困难的境地。

2. 居住水平不高

根据云南省民族宗教事务委员会2016—2017年在试点社区[①]所做的调查，少数民族失地群众居住条件主要以自建和自购房为主，抽样显示44%为自建房，48%为自购房，8%为租赁住房。住房面积普遍在100平方米以上，但是房子质量均不是太好，其住房有砖混、砖木、土木不同结构，居住水平不高。

3. "农转城"后生活消费支出增加

土地被征用后，对失地群众的补偿普遍实行货币补偿，过去可以从土

---

① 试点社区是：昆明市呈贡区缪家营社区、昭通市昭阳区文渊社区、楚雄州楚雄市鹿城镇栗子园社区、文山州富宁县新华镇新兴社区、怒江州泸水市六库镇江西社区、临沧市云县爱华镇新云洲社区、丽江古城区东元社区、大理州大理市五华社区、曲靖宣威市新文社区。数据为云南省民族宗教委员会此次"云南省少数民族失地群众再就业情况调研"所得。

地获得的生活来源失地后都要依靠货币购买获得。征地补偿费终究有限，补偿费一旦使用完，失地农民赋闲在家，又无土地耕作提供生活来源，维持生计非常困难。

4. 贫富差距加大

对城市失地少数民族群众而言，失去了土地就等于失去最基本的依靠。在得到一次性的征地补偿后，他们大多数由于没有多少经商意识和理财观念，只有少数家庭把这一笔钱用于创业。在这一群体中，不同社区、不同族群、不同个体在市民化的过程中，由于在城市生活技能和心态上存在较大差异，他们在机会获得上有明显的区别，从生计方式的转型上就有了区别。转眼间贫富差距就拉大了，和睦相处的邻里关系被打破了，不和谐因素增多了。①

（二）就业创业状况不理想

失地少数民族群众收入较低，就业存在"等、靠、要"的观念，就业能力不强，就业创业培训还未完成有效覆盖需求人群。

1. 收入较低

试点社区（同前）的失地群众就业渠道大致有：外出务工，主要从事建筑、保安、家政、餐饮等服务行业；从事临时性工作，这是主要方式，但是由于受季节性或市场需求等影响，就业不充分或处于可能随时失业状态；社区集体经济安排下务工；自主经商、创业，如开超市、餐馆等。就业渠道按照比例高低分别是自己应聘、别人介绍、劳务输出等。就收入情况来说，失地少数民族群众总体收入偏低，从抽样调查来看，1000—2000元占59%，2001—3000元占27%，3001—4000元占8%，4001—5000元占2%，5001元以上仅占4%，而且受工种影响，这部分群体收入均不太稳定。②

2. 存在"等、靠、要"的就业观念

失地群体缺乏主动就业的积极心态，过多寄希望于政府安置。自主创业、自谋职业的意识较差。原有拆迁补偿款没有合理的使用规划，不同程

---

① 张雪松：《城市化进程中失地少数民族市民化研究——以昆明彝族和回族聚居社区为核心的考察》，博士学位论文，云南大学，2017年。

② 数据为此次云南省民族宗教事务委员会"云南省少数民族失地群众再就业情况调研"所得。

度存在"等、靠、要"思想，导致再就业比较困难。

3. 就业能力不强

失地群众及其子女自身能力、知识结构和技能水平有限，创业、就业存在困难。虽然各有关部门想方设法搭建平台，积极创造条件帮助失地群众实现再就业，但在与城市下岗工人、大中专毕业生和返乡农民工的就业竞争中，基本处于劣势。失地后，除了极少数人及时转产就业外，大部分失地群体，尤其是中老年和女性，由于信息闭塞、缺乏技能，在就业上显得更加被动。失地群体子女如果成绩不好，不能继续升学，回家务农已经不再现实；而如果成绩良好，可以一直升学，则又因家庭普遍无力负担高中和大学的教育费用。对于已经赋闲在家的年轻人，有的完成了九年义务教育并参加了就业培训，小部分能够利用所学的知识实现就业和创业，大部分因观念、技能等问题，难以在短期适应社会的选择。

4. 就业创业培训还未完全有效覆盖需求人群

当前的就业创业培训在时间、地点安排上，可能还不便于需要照顾家中老人、小孩的普通农村妇女参加，对女性劳动力转移没有采取足够的帮扶措施；开设的培训课程时间相对较短，缺乏完整性和系统性，有必要增加适合中年人群或病残等弱势人群的培训；在技能培训的同时，开设心理讲座和辅导也很有必要；当前失地农民对信息的了解渠道有限，大部分不知道如何获得有效信息，对当前的政策也不完全了解。

截至2016年2月，怒江州泸水县六库镇江西、新城社区，贡山县茨开镇茨开、丹当社区参加过就业技能培训415人，通过培训实现就业267人。主要从事种养殖业241人、建筑业47人、加工制造业21人、餐饮及其他服务业81人、个体经营35人。从数据看，少数民族占失地人口比例高，通过培训实现就业的比例不高，主要是在重体力和服务行业就业。

(三) 医疗和养老保障不健全

对失地少数民族群体来说，除了再就业和创业之外，还要面临医疗、养老等问题。一些地方相关保障措施不到位，医疗保险水平低，社区群众养老补偿金有的不能在短期到位，一次性补偿方式远远不能为农民提供长久有效的保障。

1. 合作医疗保障能力有限

合作医疗对于农民来说是最基本的医疗保障，在一定程度上为农民看病就医减轻了负担。但是对于患有慢性病和重大疾病需要住院治疗的农民来说，合作医疗所能支付的费用只是杯水车薪，保障能力有限。

2. 传统的家庭养老模式受到冲击

农村地区目前的养老方式主要是依靠传统的家庭养老，这种以约定俗成的规则，依赖子女供给的养老模式，具有一定的社会风险，且农村的家庭规模日趋小型化，核心家庭增多，家庭的养老负担相对加重，在一对夫妻要赡养双方多位老人的情况下，家庭将不堪重负，而且年青一代思想观念正在发生着巨大的变化，"养儿防老"已经越来越不现实。失地农民由于文化素质较低，在面临着失去土地就相当于失业的情况下，将在更大程度上冲击着传统的家庭养老模式。

3. 农村特困户救助制度享受人群面小

农村特困户救助制度，为失地农民中的特困户在生活和就医上增加了一层保护屏障，但能享受的人群面很小。享受低保情况分两种，一种是享受城镇居民低保；另一种是享受农村居民低保。但是参保率各地有差异。

截至2016年2月，怒江州4个社区参加医疗保险1329人，参加养老保险123人；收入低于当地低保1111人、享受低保2474人。从数据看，参加医保比例较高，而参加养老保险的比例低，社会保障能力弱。

云县城市土地征用前，农民种田收益虽然不高，但这部分收入相对比较稳定，同时，农民可以享受农村计划生育、低保、义务教育等优惠政策，为农民提供了基本生活保障。但在失去土地后，失地农民因身份、角色转变，与失地前相比较，原本可以享受的一些农村优惠政策都不再继续享受，社会保障困难重重。

(四) 人际交往疏离而心理失衡

失地之后，村民之间也失去了共同劳动的场所和条件，加之面对未来生活没有明确的目标，缺乏与人沟通，闲下来后普遍感觉到心里空虚。到一定年龄的人会觉得精神上有失落感，他们反映说失地以前是"穷欢乐"，精神压力和危机感不大；现在觉得心理压力大，心理失衡。同时，原来天天在一起从事体力劳动，农忙时还互相帮忙的邻里之间，在一起沟通的机会减少了。为了生计不得不扩大活动范围，本地人之间见面减少，使得人际关系上有疏离感。无地可种而又无事可做，普遍反映身体素质下降。失地农民在面临一系列现实问题的同时，也面临着因生计模式转变带来的心理和生理的适应过程。

官渡区阿拉街道办事处石坝社区有 2000 人左右的本地人口，外来人口却有 2 万多人。由于本地人地少，依靠种植业获得的经济收入减少，只要有多余房间的村民，都愿意出租给外地人补贴家用。本地人在与外地人的关系上表现出由于房屋的租赁关系产生的相互需要，以及本地人在为了增加收入的前提下对外地人的接纳性；同时，由于外地人与本地人争夺教育资源，流动性强，难以管理，甚至发生违反治安管理的事件，本地人的安全感差，对外地人产生了排斥和提防心理，不利于和谐民族关系的构建。

（五）健康文明的生活风尚还未建立

失地少数民族群众的生产生活方式正在改变，人际关系出现新的特点，社会治安成为管理难点。民族语言的传承，由于多元的人口构成和主流文化的影响在儿童的群体中慢慢消失；传统服饰也逐渐淡出人们的视线；传统节日也会因为资金、场地、人员等问题无法举办活动。因为闲暇时间增多，如打麻将等一些不健康的娱乐活动影响了家庭和社会的和谐。传统文化发生变迁的同时，新的文化生活尚未完全建立。失地少数民族群众需要既能传承民族民间文化，又能增进人际沟通，促进心理健康的文化活动氛围。

六 民族乡撤乡建镇、改办及"村"改"居"后过渡不畅

民族乡作为民族区域自治制度的重要补充形式，在城镇化和工业化进程中，数量急剧减少。受利益驱动导致的民族乡撤乡建镇、改办，凸显出政策失效、措施缺位、角色错位等一系列现实问题，在某种程度上不利于民族区域自治制度的完善。[①] 由于经济社会发展水平达到或接近城镇水平，一些城市周边农村被"村改居"，有的之前就是少数民族比例达 30%以上的少数民族村委会。由于民族乡撤乡建镇、改办及"村"转"居"后形成的"翻牌"社区，少数民族的比例仍较高，居民同时具有城市社

---

① 王俊：《民族乡撤乡建镇、改办的思考——基于昆明市六个民族乡的案例研究》，载《云南民族大学学报》（哲学社会科学版）2015 年第 4 期。

区居民和农村居民的特点,由此产生了城市少数民族社区居民在过渡时期所面临的困难及对民族关系造成的影响。

(一)城镇化建设与民族乡建制的矛盾较难调和

云南的民族乡自建立以来,在省委、省政府的领导和各级有关部门的大力帮助下,经济社会有了很大发展,取得了显著成绩,各族群众的生活有了明显提高,尤其是《民族乡行政工作条例》和《云南省民族乡工作条例》的颁布实施,对民族乡建设与发展起到了巨大作用。但是,随着城镇化进程的加快,特别是在当前全面深化改革以及市场在资源配置中起决定作用的前提下,少数民族和民族地区的各种关系正在发生着根本性的变化,民族乡工作也出现了许多新的情况和问题,加之历史和自然条件等方面的原因,制约了民族乡的发展。民族乡撤乡建镇、改办面临兼顾经济发展和保障少数民族权益的两难选择,有关民族乡的法律法规体系还不能满足民族乡发展的需要。全国 1000 多个民族乡,仅有一部国务院行政法规《民族乡行政工作条例》予以规范。《宪法》《人民代表大会选举法》及国务院行政法规等只规定民族乡的行政地位,而没有"民族镇"的建制,因此影响了民族乡建制为镇的工作。由于民族乡建制的优越性体现不明显,受利益驱动导致民族乡撤乡建镇、改办的也为数不少。因此,在城镇化发展的进程中,如何调整城镇化建设与民族乡建制之间的矛盾,是民族乡撤乡建镇、改办首先要面对的问题之一。

(二)原有政策无法落实且配套措施缺位

目前有关民族乡的法律法规及政策所做出的规定原则性的多、刚性的少,缺乏可操作的细化指标。民族乡是基层政权组织,编制不多,机构少,没有立法的权力。《民族乡行政工作条例》和《云南省民族乡工作条例》部分内容已经无法落实,有的内容甚至与现行政策有较大冲突,亟待修订完善。随着城镇化进程的推进,原有一些政策无法落实或逐步失效,配套政策未能及时衔接。

1. 条例规定的政策措施落实不到位

《民族乡行政工作条例》和《云南省民族乡工作条例》规定的政策措施落实不到位,多数民族乡和享受民族乡待遇的镇没有按条例规定配备乡镇人大主席团副主席;多数民族乡没有按条例规定享受一般性财政转移支付高于非民族乡 5 个百分点的照顾;实行乡财县管后,乡级不再设预算,上级财政预算没有给辖区内的民族乡安排民族机动金；对民族乡基础设施建设项目等的补助没有享受到特殊照顾；对民族乡教育、文化、卫生等社会事业的扶持力度不够；少数民族干部人才比例偏低。

2. 促进民族乡加快发展的法律法规不完善

民族乡镇的经济发展相对较慢，整体水平低于一般乡镇，多数民族乡产业结构单一，农业产业化发展缓慢；多数民族乡基础设施薄弱，财政十分困难，缺乏税源、财源，发展后劲明显不足；部分民族乡贫困面大、贫困程度深。由于目前民族乡在城镇化发展方面还缺乏相应的政策支撑，致使其在撤乡建（并）镇以及改办街道过程中出现了政策失效、措施缺位、角色错位等一系列问题，不利于民族区域自治制度的完善，加强新形势下民族乡发展政策支撑体系建设势在必行。

3. 民族乡撤乡建镇、改办后政策落实困难

根据《云南省民族乡工作条例》第34条规定："民族乡根据法定程序撤乡建镇的，按本条例继续享受民族乡待遇。"这个条款只是规定了"撤乡建镇"，而没有对民族乡改为办事处的情况做出说明。因此，改办后的民族乡就失去了享受民族乡待遇的法律主体地位。同时，民族乡撤乡建镇、改办后，少数民族人口作为民族相对聚居的根本事实没有改变，但《云南省民族乡工作条例》在执行、监督、检查方面存在诸多问题，原有政策落实困难和逐步失效的问题十分突出。

(三)"村转居"后角色转换及组织管理错位

"村转居"之前一些地方并没有按照《中华人民共和国村民委员会组织法》规定的程序进行报批，有的也未经过村民会议同意，干部和村民的知晓率不高，对改办的意义缺乏认识。由于宣传不到位，有的干部甚至认为"改办就是换个牌子就完了，其他该干啥干啥"。加之"村改居"后，"社区不像社区，农村不像农村"，工作还按照原来模式推进。原村委会和村小组的管理方式和社区居委会的管理方式存在根本性差别。但是街道办事处村改居后的社区干部都是来自农村，短时间内尚难掌握城市建设的知识和方法，缺乏相应的管理经验，原村民对村集体的依赖程度大，造成社区和村小组的干部角色转换错位。由于街道办事处村改居后的社区干部都是来自农村，容易造成社区和村小组的干部角色转换错位，在管理方式上还不能完成适应城市社区管理的要求。

(四) 人口城镇化的水平不高

人口城镇化是经济城镇化的直接结果。转制除了经济社会发展的客观需要外，通过行政建制改变产生了制度性农村人口城镇化。少数民族在建制改变的过程中，外出务工谋求生计，这种劳动力转移以职业转移为特点，生计领域由农业向非农业转移，流动性强，长期性和稳定性较差，城市—农村"两栖"现象明显，在生产生活方式、社会意识、价值观念方面还没有转变为或接近于城镇职工和城镇居民，人口城镇化水平不高。这种低水平、粗放型的城镇化呈现出土地城镇化快于人口城镇化的特点。强制城镇化和"被市民化"的局面，并未带来人口"质"的同步提高，制约了改镇改办及"村"改"居"民族地区经济的可持续发展和民族关系的和谐发展。[1]

(五) 建制改变对民族关系的影响显现

世居少数民族在面对身份转变时，由受政策照顾的民族地区群众转变为撤乡建镇后的普通群众，短时间内对扶持民族乡政策的丧失和后续政策的接续关注度都比较高，面对居民身份，他们在求生存、谋发展方面都面临着具体的问题和心理负担，往往容易造成心理失衡，遇事容易冲动，对民族关系产生了一定的负面影响。[2] 民族乡在撤并过程中，经济社会发展不平衡的情况也会引起民族关系的变化。

西山区团结镇在城镇化过程中，各民族的生产条件和生活水平都有了不同程度的改善，团结镇各民族之间乃至与更大区域的昆明市各民族之间的交往、联系和互动亦更加紧密。团结乡和谷律乡合并前经济发展就存在不平衡的情况。合并之后，团结镇的16个村委会之间的经济发展和城镇化水平差异更加明显。发展水平最低的朵亩村委会和水平最高的龙潭村委会之间，农民人均纯收入相差1倍多，农业总产值相差近4倍，乡镇企业营业总收入相差68倍。如此巨大的差距给和谐民族关系建设带来的负面

---

[1] 有关城镇化建设与民族乡建制的矛盾较难调和、原有政策无法落实且配套措施缺位、"村转居"后角色转换及组织管理错位、人口城镇化的水平不高等观点参见王俊《民族乡撤乡建镇、改办的思考——基于昆明市六个民族乡的案例研究》，载《云南民族大学学报》(哲学社会科学版) 2015年第4期。

[2] 彭冠雄、王锐、沈常玲：《昆明城市民族关系问题研究》，载《民族论坛》2014年第2期。

影响是不言而喻的。① 被撤并的谷律乡本身城镇化水平低，基础设施条件差，农业产业和工商业欠发达，随着行政中心的转移，经济功能可能会出现萎缩和弱化。与之相反，两乡合并后的行政中心，可能面临规模增大的压力，如果不及时正确引导并有序调控，中心镇的经济发展短期内可能将受到一定的冲击。在进行基础设施建设和维护管理的同时，也容易造成顾此失彼，将有碍当地经济发展。发展差距扩大对民族关系的影响亦将进一步发展。

同时，在城镇化过程中，土地执法力度不够，管理难度较大，乱建乱盖现象依然突出，私挖滥采现象屡禁不止。由于石英砂源减少，开采难度加大，加之石英砂由集体开采转为私营企业开采，为了追求最大利益，有的企业无计划开采，造成森林植被破坏。龙潭和妥排两村交界处的村民，为了争夺石英砂资源矛盾频发。白眉村村委会的章白村民小组因村民私挖乱采石英砂，还引发了堵路事件。由于谷律地区的苗族没有矿砂资源，因此苗族被团结地区的彝族和白族排除在石英砂产业之外，苗族在该地区的民族交往中受到了显性或隐性的歧视。② 部分村民受到利益驱使非法开采铁矿，破坏了生态环境，造成矿产资源流失，安全隐患突出。山林矿山、土地、环保问题已经成为引发矛盾和冲突的难点问题。

七 维护城市民族团结和社会稳定的机制不完善

随着各民族之间交流交往不断增多，社区内各民族之间的共同因素不断增多，但民族特点、民族差异和各民族在经济文化发展上的差异将长期存在，可能引发涉及民族因素的摩擦、纠纷和矛盾。城市少数民族成分多，文化程度较高，政治参与意识、维权意识、平等意识和发展意识较强，社会联系广泛，在本民族中具有一定的影响力和号召力，对涉及少数民族的矛盾纠纷特别关注和敏感，不同民族间因语言、文化、风俗习惯、宗教信仰等因素引发的矛盾呈上升趋势，民族关系的敏感性、复杂性、特殊性越来越突出，如果不及时处理或处理不当，及易发生群体性事件。特

---

① 郭家骥：《云南民族关系调查研究》，中国社会科学出版社2010年版，第534页。
② 彭冠雄、王锐、沈常玲：《昆明城市民族关系问题研究》，载《民族论坛》2014年第2期。

别是"3·1"暴力恐怖事件后,很多群众把暴恐问题与伊斯兰教、新疆地区、维族相关联,对构建协调、和谐民族关系带来负面影响,影响民族关系的因素更加复杂,矛盾更加突出,处理更加困难。由于新旧问题相互交织,体制机制不完善,妥善处理民族关系、维护民族团结和社会稳定的任务十分艰巨。

(一)综合协调机制不健全

城市民族工作缺乏综合协调机制,存在部门职能交叉、责任不明的情况,遇到涉及少数民族的纠纷容易出现不管不问、放任自流的现象。由于职能的限制,民族工作部门在协调经济、医疗、就业、治安、教育等纠纷事件上缺乏有效手段,往往依靠民族干部和少数民族代表人士进行调解,难以形成规范的工作流程和工作合力解决问题。

1. 缺乏强有力的综合协调领导机构

民族问题城市化的趋势,使协调城市民族关系的任务日益繁重。当前城市民族工作突出表现为集中管理,过分依赖民族工作部门的作用。民族工作部门职能"大"而"全",工作"杂"而"散",限于其角色定位和职能配置,在实际管理中只能扮演协调者的角色,而无法成为具体民族事务的执行者和实施者,民族工作涉及的其他职能部门的作用未能充分发挥。由于缺乏强有力的综合协调领导机构,导致民族工作责任不明、多头管理、力量分散,在处置具有高度的政治性、敏感性、长期性和动态性的民族宗教事务时,未能形成有效的合力,缺乏长效协调机制。

2. 民族工作领导小组成员单位未形成有效协调体系

民族工作领导小组在形式上把与民族工作管理相关的政府部门联合起来,但在实际管理中并没有真正地解决民族工作部门"单打独斗"的现象。目前,多数成员单位在其工作制度、规定等方面没有明确民族工作管理的具体职责;各成员单位之间还未形成一套有效的协调体系等,民族工作管理机制需要进一步完善。

3. 基层工作网络不健全

外来少数民族流动人员大多不在城市长期定居,居无定所、分散且无组织性,这给处于基层的社区工作提出了新的要求。民族基层工作网络尚不健全,在基层社区,受制于人手少、经费不足、培训机会匮乏等原因,管理工作一般没有专人负责,而现有人员对少数民族习俗、宗教信仰也缺乏了解，工作力量不强。

昆明市有的区（县）民宗局人员少，没有专职的城市民族工作人员，各镇（街道）虽然有民族宗教助理员，但都是兼职，除已建成的民族团结示范社区外，其他社区都没有成立少数民族工作站，没有明确分管领导和专兼职民族工作人员，因此难以形成城市民族工作的上下联动机制。

部分州（市）因财政困难、编制不足等原因，目前还未能完全建立、完善与之相匹配的机构、人员、经费等保障机制，特别对于社区这个基础阵地而言，普遍存在工作人员少、工作任务重、基础设施滞后、工作经费紧张、工作条件差等问题，致使城市民族工作较为被动。

（二）参与机制联系群众和基层不够广泛

在城市民族关系的协调过程中，运行模式仍是传统意义上的行政管理，多数少数民族群众无法参与其中，真正民主、平等协商的社区民众参与模式尚在探索中，从动力到保障机制的建立仍是一个长期的渐进过程。同时，原有的城市社区对公共单位资源的整合与利用比较充分，但是对少数民族精英和学会的作用发挥十分有限。

（三）民族团结进步示范、总结、宣传机制作用发挥有限

各级民族工作部门在城市街道、社区创建了一批民族团结示范学校、民族团结教育基地、民族团结示范企业、民族团结文明社区，但因所需经费不足，各种宣传教育及设施建设未能真正达到示范目标。各地在推进城市民族团结进步示范社区的建设中结合实际采取了一些创新性举措，取得了明显成效，并涌现出一大批示范典型，但对此研究不深、总结提炼不够，缺乏"探索"和"示范"的意识和理念；即便有所总结提炼，但相关经验成果在全国、全省层面宣传和推广的力度也不够。

（四）应对突发、敏感事件处理机制不够科学有效

近年来，全国涉及民族因素的突发事件，80%以上发生在散居地区特别是城市，民族问题城市化的特点日趋突出。据有关资料显示，云南省内近年所发生的影响民族关系和社会治安的大小事件，80%涉及少数民族流动人员。其中主要是因管理不当、不服管理、利益纠纷、社会治安及刑事犯罪、不尊重少数民族风俗习惯、新闻和文艺作品伤害少数民族感情而引发的事端。这些问题由于涉及政治、经济、社会等诸多方面，而且相互交织，对城市民族关系的影响，有的是直接的，有的是间接的，有的是潜在

的。随着现代信息技术的迅猛发展,网络、微信、QQ 等即时通信工具的广泛运用,信息传播非常迅速并往往具有负面放大效应。当前舆情监测及民族联动机制还不完善,当有少数民族群众的正当合理诉求得不到及时反映和有效解决时,往往会通过这些渠道传播;再加之一些相关部门、企业由于对少数民族的特点,如语言、风俗习惯不了解,以及对民族政策掌握不够,对涉及少数民族的问题难以及时处理,易引发热点事件。目前应对突发事件的事前防范预警机制、事中排解应对机制、事后处理弥补机制等尚未形成科学有效的制度,民族工作联动机制响应速度慢,仍然是"消防队"式的处理模式。[①]

(五)民族工作社会化工作机制尚未完全形成

民族工作不仅是一个涉及社会生活方方面面的综合性工作,它需要全社会的共同力量来参与和支持,在一定程度上意味着政府部门要根据社会发展的要求,重新确定职能,缩小管理权限,管自己应该管的事情,不该由政府部门去管的事情要让位于社会中介组织或团体。昆明市民委和市政府研究室就"昆明市民族工作社会化的难点和对策研究"成立了课题组,认为在推进过程中还存在以下问题。

1. 统一共识难度较大

云南各地对民族工作社会化重视程度不高,认识的深度和广度还不够,由政府大包大揽的传统民族工作管理模式尚未得到根本改变。各级党委、政府已在有关文件中明确提出要把民族工作作为重要内容,纳入经济社会发展规划和年度计划,纳入财政支持的重点,这是对民族工作的重大支持,但由于缺乏具体工作制度和跟进措施,往往落不到实处。一些县区和民族事务管理部门用社会化的理念指导、推动工作不够,传统的以单个部门为主的工作方式还比较突出,还不善于思考和应用其他部门、社会组织、社会力量来推动工作。有的顾虑利用其他部门资源越权越位,有的怕发挥社会力量作用工作难做、自找苦吃,有的担心运用社会力量影响民委地位等。究其原因,主要是对民族工作社会化的理论学习研究不够,没有搞清基本含义;对外地经验做法关注度不高,影响认识水平的提升;对社

---

① 李正洪:《推动城市民族工作创新发展 促进民族团结进步边疆繁荣稳定示范区建设》,载《今日民族》2011 年第 11 期。

会化有误解,认为社会化就是民间化、社团化,影响政府主体责任、民委作用的发挥等。由于认识不深,一定程度上影响了民族工作社会化的推进。

2. 构建多层次、立体式社会管理模式的难度较大

在整合社会资源上,对发挥群团、社团、社会组织、企业的力量重视不够;在社会组织培育上,除少部分社区建立了一些民族工作社会组织外,省、市、县、乡、村五级社会组织体系不健全,政府购买服务的机制尚未形成;在组织管理体系上,省、市、县(区、开发度假区)、乡(镇、街道)、村(社区)五级管理体系中,乡、村两级较为薄弱,不仅缺专职分管民族宗教工作的人员,而且缺少明确的责、权、利等制度性规定,干与不干、干好干坏一个样,不利于调动工作积极性;一些乡、村民族工作信息体系不完善,缺乏为少数民族提供便捷信息化服务的能力。社会化管理服务体系不健全,制约了民族工作社会化资源的整合和开发利用。

3. 大多数社区在民族工作社会化中作用发挥难度大

在推进民族工作社会化进程中,作用发挥得较好的主要是民族团结进步创建活动示范社区,而大多数社区作用发挥不充分,社会化服务管理工作还未上路。一些社区民族工作观念落后、管理服务方式陈旧,习惯于简单的行政管理方式,对城市少数民族需求的变化缺乏考量,服务内容和服务手段单一。

(六) 城市社区服务管理体系建设滞后

市场经济的发展带动了社会管理体制相应发生变化,城市居民的服务和管理也从单位转变为社区,社区取代单位成为城市的基本单元。但是,由于社会转型落后于经济转型,大批城市居民已从单位人转变为社会人,而城市社区从基础设施建设、机构和人员配置、服务和管理功能都远远不能适应高速城市化的需要。社区民族工作更是面临诸多困难,诸如难以为群众开展就业指导和技能培训,难以维护少数民族的合法权益和特殊要求,难以及时化解涉及民族因素的矛盾纠纷,难以有效开展民族团结教育和民族团结进步创建活动等。[1] 清真食品缺乏制度化、科学化和常态化监

---

[1] 郭家骥:《云南省城市民族关系面临的问题与对策》,载《云南民族大学学报》(哲学社会科学版) 2012 年第 6 期。

督管理，回族等少数民族殡葬服务难问题依然存在，城市社区服务和管理体系建设滞后。

八 开展城市民族关系协调工作的条件有待进一步改善

云南省城市少数民族人口数量，远超内地许多省市全域少数民族人数。城市化进程使城市民族工作的地位、作用和影响日益重要，城市民族关系也日益成为最重要的社会关系。但在协调城市民族关系的过程中，云南与之匹配的工作力量却严重不足，城市民族宗教工作机构、场地、队伍、经费等方面与城市人口的迅猛增长不相适应，难以有效协调好城市民族关系。随着每年进入城市的少数民族不断增长，城市民族关系协调工作的条件亟待改善，主要有以下问题。[①]

（一）机构建设和场地建设不足

少数民族工作是一项政策性很强的工作，民族工作部门编制严重不足，部分地方的机构建设弱化，场地建设无法满足基层社区的工作需要，不利于民族关系协调工作有效开展。

1. 部分民族宗教部门机构编制不足

新一轮机构改革后，大部分县级民族宗教部门和统战部合署办公，出现了工作职责不清、工作关系不顺的问题。部分地区的民族宗教工作部门机构编制不足，力量不强。社区没有专门的民族工作办事机构和工作人员，无法保障基层民族关系协调工作的正常开展。

保山市、县（市、区）民族宗教局没有设城市民族工作科（股），5县（市、区）民族宗教工作部门已经合并到统战部，基层民族宗教工作力量弱化。昆明市除3个自治县外，其余县、区民族工作部门均与统战部合并。临沧市民宗局以及除耿马、沧源、双江外的5个县民宗局，均与统战部合署办公。

曲靖市、县民宗部门都未设立专职科室和专职岗位，城市民族工作压力较大。麒麟区地处曲靖政治、经济、文化中心，民族宗教局负责全区民

[①] 保山市、麒麟区、德宏州、泸水县、怒江州的数据截至2016年2月；盘龙区的数据截至2019年。

族、宗教和侨务事务三块工作，民族工作部门科室少，只设置秘书科、综合科。民族地区、宗教活动场所点多面广。秘书科只有1人，除秘书科职能外，还要对应市民宗委办公室、经发科、文教科、政法科、监督科工作职能，综合科1人也要对应市民委宗教1科、宗教2科和信访等。麒麟区各乡镇（街道）都设有民族宗教助理员，但大多都是身兼3—4个部门的工作，且常常是超负荷工作。村社均没有专门的民族工作办事机构和办事人员，民族工作大都交由文书或其他人员代管。

德宏州没有设立城市民族宗教工作机构，此项工作由民宗局监督检查科负责，工作人员3人，业务应对省民宗委监督检查处、城市民族宗教处；宗教科工作人员2人，业务应对省民宗委4个处。

2. 社区场地建设亟待加强

随着城镇化进程的不断推进，民族事务治理的重点从农村延伸到了城市。城镇社区是城市民族工作的基础，目前社区的功能设置、人员编制和工作条件是按照过去城市居民管理的需要制定的，如今社区工作面临极大变化，但工作手段、服务条件等诸多基础性建设还有待加强。[1] 社区是城市民族工作的基础，云南省城市少数民族服务体系还较为薄弱，大部分城市社区还没有建立相应的工作制度和服务平台，还没有充分考虑到城市少数民族群众在政治、经济、文化、心理、风俗习惯等方面的特殊情况，社区工作与过去相比面临较大变化，设施建设、机制完善、平台建设等问题亟待解决。

泸水县六库镇向阳民族事务服务体系不完善，社区文体活动室长期闲置、重阳社区老年人日间照料中心对外承包，基本没有居民来活动。据不完全统计，怒江州15个社区中，14个社区没有社区民族工作室，14个社区没有社区医院，6个社区没有文体活动场所，13个社区办公用房面积达不到400平方米的标准。社区用于民族事务方面的经费几乎为零。

（二）民族干部队伍和社区工作人员亟待加强

民宗局作为管理民族宗教事务的主管部门，机构小、编制少、职能和权限有限，民族工作队伍力量薄弱，干部结构严重老化。社区工作人员收

---

[1] 马泽：《在创新社会服务管理中推进云南城市民族工作》，载《中国民族报》2011年11月4日第005版。

入和待遇低，有的街道、社区仅确定一名分管民族宗教工作的领导和一名兼职干部，工作任务繁重。

1. 民族乡撤乡建镇、改办后民族干部培养困难

《云南省城市民族工作条例》中规定：少数民族聚居的街道办事处，应当配备相应的民族工作干部；少数民族职工较多的企业、事业单位以及直接为少数民族生产、生活服务的部门或者单位，应当有专职或者兼职人员负责民族事务。由于在《云南省城市民族工作条例》中对少数民族干部的配备要求与《云南省民族乡工作条例》中的规定有所差别，在实际工作中，存在民族干部培养困难的问题。

2. 民族干部结构不尽合理

少数民族干部人才是党和国家干部人才队伍的重要组成部分，与少数民族群众有着天然的联系性，是党和政府联系少数民族群众的桥梁和纽带，也是做好民族工作的重要骨干力量和加快民族地区经济社会又好又快发展的关键。目前，城市少数民族干部来源渠道狭窄，培养选拔缺少细化具体、可操作性强的上级政策依据和标准，对少数民族干部的选拔、培养、使用还有待进一步加强，干部结构还不够合理。

3. 基层民族工作队伍人员不足、年龄结构老化

基层民族宗教工作事杂量多、任务繁重，特别是目前示范区建设领导小组办公室都设在民宗部门，工作量大幅增加，基层民宗部门力量与承担的工作任务难以完全匹配。另外，部分基层民族宗教专（兼）职干部政策不熟、方法不多，在工作中存在不同程度"不会管、不愿管、不敢管"的现象。[①] 此外，编制少、人员老化是民族工作队伍存在的主要问题，部分州市民族工作部门1个科室只有1个人，很多县区民族工作部门编制不足10人，有的县区统战、民宗合署办公后，从事民族工作的仅有2—3人，很多乡镇没有配备民族工作专职干部。

4. 社区工作人员不足

城市民族工作落脚在城市民族社区，尽管社区承担了大量的政府部门下沉的行政事务，却没有配套的经费来保障这些工作的开展。正是由于经

---

① 赵新国、毛燕：《新时代云南建设全国民族团结进步示范区的新探索》，载《北方民族大学学报》（哲学社会科学版）2019年第6期。

费有限，待遇不高，加之事多人少的客观现实，社区工作人员队伍配备不足、不稳定，严重影响了社区工作人员的积极性，更难以吸引专业对口、年富力强的年轻人尤其是大学生村官到社区工作。社区工作"小马拉大车"，工作人员队伍不稳定，难以有效地开展城市民族工作。

5. 社区工作人员缺乏系统的指导和培训

长期以来，民族工作的重点主要是帮助农村少数民族群众脱贫致富，部分社区工作人员对城市民族宗教工作、管理工作认识不到位，又因机构设置不健全，人员和经费不足，对相应的法律法规和政策的熟悉程度不高，缺乏相应的工作经验，工作开展较为被动，难以适应新形势下城市民族宗教工作的需要。城市民族社区工作人员系统的指导和培训机会不多，仅靠1年1次的会议和一些文件难以提高工作水平，还存在对城市民族工作的性质、内容理解片面，对民族工作有畏难情绪等问题。

保山市有的县（市、区）民宗局编制仅5—6人，除现任领导和已经退居二线的老领导外，年轻干部就1—2人。

德宏州各县、市民宗局工作人员1人（有的是兼职），各乡镇1人（兼职），各社区民族宗教工作人员1人（兼职）。

昭通市除县级设有专门的民族宗教事务部门外，乡镇级仅有分管民族宗教事务的领导和联络员。2018年，昭阳区民族宗教局现有编制14人，在职在编人员12人（派驻小龙洞乡扶贫队员2人，区委安排任金江社区支书1人，单位实有9人），领导职数4人（1正3副），其中45岁以下干部6人，45岁以上干部6人。以民族工作为例，分管领导1人，民族科、民族事业科仅有1名科长，仅靠两人却要面对4个省级民族团结进步示范项目、城市民族工作、清真食品监管、民族教育、民族文化调研，以及上级各项检查调研等工作，工作开展十分被动。

昆明市盘龙区民宗部门只有4名行政编制，街道、社区未设有对应的民族工作机构，仅有1名分管民族宗教工作的领导和1名兼职干部，人力短缺现象较为突出。官渡区民宗局人员不足，人少事多的压力较大，现为区政府部门（不占编制，与区委统战部合署办公），2019年行政编制4人（含局长1人，工勤1人），下属事业单位官渡区清真食品管理站编制6人（含工勤1人），按照区级部门进行开合和工作安排，所有人员每人承担数项工作，人手不足，工作压力大。

(三) 工作经费投入不足

长期以来，云南民族专项资金对散杂居民族地区投入相对较少。省级专项经费不足，项目资金偏少，无法适应新时期城市民族工作的需要。城市民族工作经费短缺，县（区）级民族宗教部门没有设置城市民族管理科室的职能职责，制约着城市民族工作发展和亟须解决的问题。

怒江州4县均没有安排专门的城市民族工作经费，大多数社区用于民族工作的经费几乎为零。

2017年，昭通市安排了10万元资金，对失地少数民族中的部分群众进行了培训和帮扶，但由于资金量太少，覆盖面不全，未能从根本上解决问题。昭阳区文渊社区民族团结办公经费严重不足，部分活动因资金缺乏而无法启动，难以发挥示范带头作用。

(四) 民族工作信息化手段滞后

在信息化高速发展的背景下，充分利用信息技术手段做好民族工作，特别是利用网络舆情服务城市民族工作、维护城市民族团结的任务十分迫切。目前，一些地方社区民族工作信息化建设相对滞后，舆情搜集、监测、分析、研判的能力需要进一步加强。

第二节 云南城市民族关系发展的影响因素

在经济社会发展转型过程中，影响民族团结、宗教和谐的问题仍然十分突出。历史形成的民族之间、地区之间的发展差距短时间内难以消除，因土地、山林、水源等资源权属争端引起的矛盾纠纷逐渐增多。随着城市化进程的加快和流动人口增加，影响城市民族团结的因素更加复杂。一些过去未曾出现或不表现的民族歧视、民族摩擦事件时有发生，民事纠纷的民族问题化倾向突出，这些又主要显现于城市之中。[1] 因为经商务工、宗教信仰、不同文化心理和风俗习惯引起矛盾纠纷隐患增多，民族问题与宗教问题、社会矛盾相互交织，影响民族团结、宗教和顺的矛盾隐患趋于增多，城市民族关系面临着许多新的问题和新的矛盾，境外敌对势力和民族

---

[1] 郑信哲、周竞红：《少数民族人口流动与城市民族关系研究》，载《中南民族大学学报》（人文社会科学版）2002年第4期。

分裂势力不断利用民族宗教问题对我国进行渗透破坏,反分裂、反渗透的斗争形势更加复杂。协调民族关系的任务艰巨。处理难度加大,面对新情况新形势,从影响云南城市民族关系和谐发展的典型案例中,可以分析出云南城市民族关系发展的主要影响因素,从而提出客观的对策建议,以期创新、完善城市民族关系协调的体制机制,不断提高城市民族事务治理能力。

一 经济利益因素

城市少数民族成员(特别是少数民族流动人员)由于受到自身条件的限制,与汉族成员在经济发展和经济收益方面存在事实上的不平等,造成了他们与城市居民的根本差距,由此而引发的矛盾和问题时有发生。由于历史和地域的原因,一般情况下少数民族地区和少数民族群众基本上都处于经济社会发展相对较低的阶段,有的少数民族群众依然处于生产力水平比较落后的阶段,而城市则是市场化程度相对较高的地方。在这样的背景下,少数民族群体进入城市与其他民族共同生活在城市中,由于城市的分工细化和专业化,在市场经济的合作与竞争中,在族际交往、共同的生产生活中相互依存;同时,由于少数民族求生存、谋发展的精神压力和心理负担重,不可避免地也会因经济利益发生纠纷。这些经济矛盾,在特定的条件下会被有意无意地导向民族问题。因此,城市中不同群体利益关系日趋复杂的当下,有发生社会经济问题民族化的可能和趋势。[①]

二 宗教信仰因素

云南省信仰宗教的少数民族群众占全省信教群众的90%以上,少数民族群众在城市化进程中流动性不断增强,在少数民族大量涌入城市生活务工的情况下,他们更需要通过其特有的宗教仪式来表达虔诚。但在城市

[①] 郑信哲、周竞红:《少数民族人口流动与城市民族关系研究》,载《中南民族大学学报》(人文社会科学版) 2002 年第 4 期。

生活中，少数民族的宗教信仰处于一种非主流地位，有的城市社区在规划设计中没有考虑到少数民族特有的宗教需求，许多地方的宗教活动场所明显准备不足。境外敌对势力和民族分裂势力容易利用民族宗教问题对我国进行渗透破坏，反分裂、反渗透的斗争形势更加复杂；加之云南毗邻世界毒品种植和加工的主要区域，面临禁毒防艾的巨大压力。

三 民族意识因素

民族意识是一把双刃剑，引导不好会出现负面影响。当少数民族进入城市，与其他民族相遇时，会把自己所属群体与其他群体相区别，民族意识和相关的感情会浮现于其思维活动之中，也会影响其心理感情、价值判断和行为决策。民族意识显露、强化并发挥作用，在与异民族或文化的相互关系中更容易显现出来。由于少数民族在城市人口中总体比例小，民族认同意识和民族自我意识突出，具有强烈的民族自尊心和民族自豪感。对于自身民族的历史地位和发展特别关心；对于其他民族对自身民族的评价是否客观、公正，对自身民族的风俗习惯、宗教信仰、语言文字等是否尊重十分敏感；对于其他民族或民族成员对自身民族的歧视、侮辱等现象反应十分强烈，因而容易引起矛盾和纠纷。①

四 人口流动因素

少数民族群众在农村和城市间的流动成为影响当前民族关系的一个重要因素。少数民族群众向城市靠拢的趋势在促进民族交流、文化交融的同时也产生了一定的负面影响。流入城市少数民族的地域性和民族聚集性特点突出，仍然保持着传统而深厚的民族生活方式，与现代化的城市生活方式存在着较大的反差，难以在短时间内迅速适应城市的行为方式，在融入城市的过程中往往在繁华地带摆摊设点、占道经营，与城市建设管理的相关规定和要求不适应，影响正常的经营秩序。城管部门在执法过程中，因交流障碍、执法作风及部分少数民族群众法制观念淡薄等原因，经常发生

---

① 李吉和：《中、东部地区城市民族关系研究》，民族出版社2013年版，第133—134页。

纠纷，甚至采取不恰当的手段来执法或对抗执法，发生对抗性矛盾。部分少数民族群众因不懂城市管理规定，出现违规违法犯罪的情况，对城市居民接纳少数民族群众融入产生了不良社会影响，在处置引导不利的情况下，极易引发民族纠纷。①

五　风俗习惯因素

由于对民族知识、民族政策的宣传解释不够，部分群众对少数民族的风俗习惯不熟悉、不了解，在人口流动日渐规模化和普遍化、民族交往日渐广泛和经常的新形势下，因不尊重少数民族风俗习惯而引发的矛盾纠纷不断增多。不尊重少数民族饮食习惯而伤害少数民族感情的问题，主要是一些清真食品的生产和销售中出现了非清真食品的现象，经销假冒清真食品的现象，清真饭店"不清真"和非法悬挂清真牌子而经营非清真食品的现象，以及一些群众公然把猪肉拿到回民食堂的现象等，引起伊斯兰群众的强烈不满。部分从业人员法制观念、食品安全观念淡薄，监管难度大，因此引发的矛盾纠纷时有发生。以少数民族为题材的出版物、影视作品及宣传报道不够慎重、把关不严而出现的贬低或歪曲、侮辱少数民族历史或形象的话语和图像的事件时有发生。城市里出现对少数民族的歧视性行为而引起少数民族的不满，发生在饭店、旅馆拒绝接待少数民族人员的现象，以及发生对少数民族成员的歧视性语言，都会造成不好的影响。②

六　文化建设因素

城市多民族社区存在着文化资源上的部门分割、条块分割现象，造成社区文化资源浪费或者得不到充分利用。多民族社区中的寺庙、展览馆、活动中心、幼儿园、企业、公司等分属于民族宗教、文化、工商、环保、教育等不同的行政隶属部门，资金投入主体具有多元性，运作管理模式各

---

①　张雪松：《城市化进程中失地少数民族市民化研究——以昆明彝族和回族聚居社区为核心的考察》，博士学位论文，云南大学，2017年。

②　郑信哲、周竞红：《少数民族人口流动与城市民族关系研究》，载《中南民族大学学报》（人文社会科学版）2002年第4期。

异,政出多门,绝大多数多民族社区都没有直接支配权,致使诸多社区内资源难以共享,开展一次多民族社区文化活动需要和多个部门单位沟通协调、支付费用,时间长程序多,无疑大大增加了多民族社区开展文化活动的难度。条块分割还导致多民族社区自我发展能力较为薄弱,难以自主进行社区文化教育,又无力整合利用社会各类服务资源,致使目前多民族社区文化的教育功能主要依赖政府部门、党群组织的灌输式普及性教育,各民族居民之间相互直接交流学习的机会很少,延缓了形成社区文化认同的进度,难以吸引多民族社区居民积极主动参与,不利于培养产生多民族社区文化建设的内在动力。①

七 突发情况因素

在一定情况下,涉及民族问题和民族关系的偶发性事件或会诱发民族矛盾,影响民族关系,并在民族群体中激起强烈反应,导致无法想象的严重后果。这些偶发性个别事件的发生其诱发因素有一定的必然性,也是各种因素、各种社会力量角逐共同作用的结果。在当前的国际大背景下,偶发性的涉及民族关系的事件往往会被境内外的敌对和分裂势力插手利用,在更大的范围内激起更大的反响,造成更加严重的后果。目前城市民族工作在应对此类突发性事件的防范预警、应对化解和善后处理机制还处于不成熟、不适应的阶段。②

八 国际形势因素

云南周边国家边境地区经济社会发展总体水平与我省相比还比较落后,但其十分关注边境问题,注意争取民心,近年来针对边民民生问题采取的一系列特殊政策,对我国边民的心理产生了一定影响。云南省五大宗教俱全,信教群众达 440 万人,80%以上的信教群众为少数民族。境外敌

---

① 李晟赟:《共同社区文化:城市多民族社区和谐的纽带》,载《昌吉学院学报》2012 年第 2 期。

② 张雪松:《城市化进程中失地少数民族市民化研究——以昆明彝族和回族聚居社区为核心的考察》,博士学位论文,云南大学,2017 年。

对势力利用民族和宗教问题对我国遏制、牵制和西化、分化的图谋加剧，手段更加多样，反渗透反分裂的形势十分严峻。部分境外非政府组织往往打着"扶贫帮困、项目援助、学习宗教"等旗号，施以小恩小惠收买人心，一边开展项目援助，一边进行情报搜集活动，甚至进行非法传教，煽动群众对政府的不满情绪，削弱我国基层组织的战斗堡垒作用。在他们的支持下，"三股势力"不断借机生事，给维护国家安全、民族团结和边疆安宁带来严峻挑战。"3·1"事件的发生，表明云南省已成为"三股势力"潜入潜出的重要通道、实施暴力恐怖活动的洼地，暴恐分子企图通过制造事端来激发民族仇恨、煽动民族对立、破坏民族团结和祖国统一。

第五章 云南城市民族关系构建的对策建议和趋势展望

城市化进程促进了城市的繁荣发展，于此过程中城乡结构、人口分布结构和民族分布发生变化，带来城市的多民族化、文化多元化，同时也使得城市社会管理服务和少数民族合法权益保障出现诸多新的问题，使城市民族关系协调工作在民族工作全局中的地位更加突出。面临的新形势、新任务，切实转变认识，把城市民族关系摆到重要位置，增强对城市民族关系构建的责任感、使命感，坚定不移走中国特色解决民族问题的正确道路，通过促进经济社会发展、健全民族法律法规、帮助少数民族流动人口更好地融入城市，推动失地少数民族群众可持续发展，理顺民族乡撤乡建镇、改办及"村"改"居"地区的政策衔接，进一步健全维护民族团结的机制体制，改善城市民族关系构建的工作条件，打牢城市民族关系协调的思想基础、物质基础、法治基础、工作基础，加强分类施策，提高管理服务水平，才能构建和谐城市民族关系。可以预见，未来云南城市民族关系将以各民族相互适应、相互涵化及友好相处为主流，矛盾会更多出现在文化领域，更加复杂，小范围民族矛盾和冲突可能会有所增加，国际关系会成为影响城市民族关系的不可忽视因素，虚拟空间中的民族关系则成为现实民族关系的重要折射区，在一定条件下可能转化，政府行政力量是构建城市民族关系的主导力量，社会组织和民间力量也将大有可为。

第一节 云南城市民族关系构建的对策建议

在经济社会发展转型过程中，影响城市民族团结的因素更加复杂。历史上形成的民族之间、地区之间的发展差距短时间难以消除，因土地、山林、水源等资源权属争端以及不同文化心理、风俗习惯引起的矛盾纠纷逐渐增多。城市民族关系的构建要坚持各民族一律平等，坚持各民族共同团结奋斗、共同繁荣发展。进一步提高认识水平，完善体制机制，健全政策法规，加强少数民族重点人群的服务和管理，营造和谐团结的社会氛围，坚持铸牢中华民族共同体意识，打牢中华民族共同体思想基础，着力构筑各民族共有精神家园，实现少数民族和民族地区全面建成小康社会，才能构建平等、团结、互助、和谐的城市民族关系。

一 提高对新形势下城市民族关系的理解和认识

城市民族工作和城市民族关系协调，政治性、政策性、群众性强，既关乎民族团结进步大局，也关乎城市繁荣稳定大局，需要进一步提高理解和认识，通过全社会共同关心、共同参与、共同努力，才能构建和谐的城市民族关系。

（一）正确认识当前民族关系重点的转向并深入理论研究

长期以来，云南省民族工作的重心在农村，对农村的民族工作有成熟的理论研究与实践经验。相比而言，城市民族工作的理论研究与实践则滞后于城市化的发展需要，特别是对城市民族关系协调还把握不够准确，工作的针对性还不够强。各级、各部门要根据本地区城市民族工作的具体情况，坚持以问题为导向，紧紧围绕思想重视、制度建设、执法依据、管理载体、配合机制、履职能力等问题，逐一进行理论研究，提出有针对性的措施，为做好新形势下云南省构建城市民族关系奠定坚实的理论基础和政策支撑。

（二）正确认识城市民族关系问题的长期性、复杂性、敏感性

改革开放30多年来，随着经济结构调整、产业升级、体制转换、城乡经济社会发展的一体化，城市少数民族人口呈现迅速上升态势。如何帮助城市少数民族更好地融入城市，过上更加幸福的生活，成为亟待研究和解决的新课题。如果进城少数民族的合法权益得不到保障，加之因为城乡差距造成的失落感，就会产生不满情绪；对其务工、经商缺乏积极引导、热情服务和规范管理，就会给城市的发展造成新的问题；涉及少数民族人员的矛盾纠纷得不到及时妥善的处理，就会影响城市和民族地区的社会和

谐与稳定。① 在城市化进程中，各民族的相互交流必将进一步广泛，城市少数民族人口必将不断增多，民族成分必将日益复杂。充分认识城市民族工作的长期性，妥善处理矛盾和冲突，做好城市民族关系协调将是一项长期而艰巨的任务。因此，随着城市化进程的推进，城市民族关系更加复杂、敏感、更易传播，影响更广，民族关系构建成为城市民族工作中最重要的工作内容，主动适应这一趋势、超前谋划应对措施，这是加快少数民族和民族地区发展的必然要求，是维护民族团结和社会稳定的必然要求，也是全面贯彻落实党的民族政策的必然要求，更是加强社会建设、创新社会管理的必然要求。②

（三）正确理解民族团结的含义对城市民族关系构建的意义

各级、各部门和干部群众应强化教育，提高认识，深刻认识到"民族工作无小事""民族问题始终是我们建设中国特色社会主义必须处理好的一个重大问题"。同时，提高对做好民族关系及马克思主义民族观、党和国家的民族理论政策法规的学习，不断提高认识和处理民族问题的能力，正确理解民族团结③的含义，构建多元化文化与民族团结大家庭的氛围，避免狭隘的或极端的民族主义倾向，营造良好的思想舆论环境。

二 加快城市少数民族和民族地区经济社会发展

加快城市少数民族和民族地区经济社会发展，实现云南各族人民共同

---

① 李正洪：《推动城市民族工作创新发展 促进民族团结进步边疆繁荣稳定示范区建设》，载《今日民族》2011年第11期。

② 李正洪：《推动城市民族工作创新发展 促进民族团结进步边疆繁荣稳定示范区建设》，载《今日民族》2011年第11期。

③ 宪法文本中"民族团结"包含民族内部的团结，各民族之间的团结，最后作为公民义务的中华民族大团结等不同维度的含义，需要不同维度之间的良性互动和协调发展。"民族团结"意在促使社会各民族、各成员的融合与团结，推动民族内部之间、各民族之间的和谐相处，塑造公平与正义的社会关系，构建循法而治、善法治理的社会机制，最终实现中华民族大团结。民族学、社会学研究领域中"民族团结"的定义侧重点有所不同。我国社会学和人类学家费孝通先生诠释民族团结："我国各民族之间经济发展和生活水平差距较大，各民族之间的隔阂仍然存在；要解决民族之间的隔阂，主要反对大民族沙文主义。"

参见胡弘弘、阿力木·沙塔尔《宪法文本中"民族团结"含义及其维度》，载《中南民族大学学报》（人文社会科学版）2018年第3期。

富裕,是构建和谐城市民族关系的根本途径。昆明市政协民族宗教委员会课题组在对昆明市主城区贫困少数民族流动人口帮扶对策进行调研后,提出要从城市民族地区实际出发,充分利用优势条件,对少数民族贫困群体进行帮扶,精准定位制订社区发展规划,提高城镇基础设施建设水平,支持特色产业培育带动社区经济发展,加强社区文化建设,提高城市民族教育质量,不断保障和改善民生,解决各族群众最关心、最直接、最现实的利益问题,让改革发展的成果更好地惠及城市各族群众。

(一)对少数民族贫困群体进行帮扶

要主动深入少数民族流动人口和失地人群中,建立少数民族群众困难帮扶机制,在少数民族人口较多的企业、学校、社区,以及与少数民族群众生产生活密切相关的基层单位、服务部门、城区清真寺、穆斯林聚居区等设立联络员,负责向上级有关部门及时反映少数民族群众生产、生活中遇到的困难和问题,及时发现影响民族团结的矛盾隐患。建立扶志气与扶智力并重的策略和承上启下的综合性的扶持措施,同时干预致贫因素,从收入、消费、资产、教育和健康等多个维度考核贫困群体的改善状况,才能从根本上斩断贫困的代际传递。

1. 关注城市新的贫困人群

体制改革后的下岗职工、失业人群、残疾人、老年人以及部分文化层次较低、社会适应能力较差的少数民族人群很可能成为城市新的贫困人群。要充分发挥社区、居民楼(院)等各基层窗口联络员的作用,建立社区定期回访和报告制度,深入少数民族较多的用工单位走访,适时动态了解少数民族务工人员的生活和工作状态,积极帮助少数民族流动人口解决好子女上学、医疗卫生、计划生育、居住证办理、经商场所、房屋租赁等方面的困难和问题,并将少数民族下岗失业人员、生活有特殊困难的人员及时纳入重点救济和帮扶范围,实施送岗位、送温暖的保底服务。在各个重大节日期间,定期不定期以座谈会或走访慰问形式,组织少数民族代表参与座谈会,慰问社区少数民族老年人、困难人群等,通过座谈会和走访慰问,了解到他们的生活需求和实际困难,将生活有特殊困难的人员及时纳入救济和帮扶范围。

2. 关注城市少数民族流动人口中的贫困人群

城市少数民族流动人口中尚有部分群体属于贫困人群,表现在技能、教育、健康、生活方式等社会文化方面的低下状况。流动人口增加是一个发展趋势，其贫困问题也是一个无法回避的事实。昆明市政协民族宗教委员会课题组在对昆明市主城区贫困少数民族流动人口帮扶政策进行调研后，提出要对少数民族流动人员进行全面调查摸底，分类登记，及时掌握少数民族流动人员的动态变化。除加强制度的顶层设计外，还应基于社区层面设计解决路径与方案、提高贫困主体的自我发展能力与行动能力、推动贫困主体的自我积极发展意愿将成为切实而重要的环节。有针对性地提供职业技能（硬技能）与生活技能（软技能）的帮扶，提升人力资本，尝试讨论金融扶贫与少数民族流动人口城市创业信贷政策有效结合的可行性。对流动经商、务工的少数民族流动人口适当给予优惠照顾，积极协调提供固定摊点，免收或减收进入市场的费用，引导依法规范从商，为少数民族流动人口就业创业营造良好的环境，改变贫困面貌。

3. 关注失地少数民族群体

高度关注城市化进程中，一夜之间农民"化"市民的无地人群。这类人尽管生活方式已城市化，但由于无地可种，无业可就，生活来源仅靠征地补偿，生活成本逐渐走高，生活水平逐渐走低（多数人生活水平比原来下降）。因此要加强失地农民的生存技能培训，包括理财计划的培训，增加其新的生计依赖途径，帮助其尽快适应城镇居民的生活，在就业、就医、就学和最低生活保障优惠政策的落实兑现上加大关注力度和政策扶持，以避免不满情绪的产生，消除不稳定的社会隐患。

(二) 加快城市民族地区经济发展

加快民族地区经济实现跨越式发展，发展城市少数民族特色产业，完善基础设施建设，明确社区发展方向，提高城镇化水平，不断缩小地区和民族之间的发展差距，是构建城市民族关系的根本保障。

1. 加快城市少数民族聚居社区经济发展

认真贯彻国家、省、市关于扶持民族地区经济发展的有关政策和措施，对社区特色产业、特色企业、少数民族特色食品生产和特色旅游文化产品给予更大的政策扶持力度，以特色产业培育带动社区经济发展。创新发展模式，对于条件具备的社区，充分利用资源等优势，可优先发展少数民族集体经济，使少数民族群众得到实惠。各级政府要搭建发展平台，各社区要结合自身条件，因地制宜地选准和拓宽集体经济发展路子，有效利用自己的资源,采取"走出去"和"请进来"的方式发展产业,发展集体经济。对回族群众较为聚居的街道,可以实行民族特色商品一条街发展模式,从税收、贷款等方面加以扶持,切实加强城市清真食品行业的监督管理,制订清真食品产业发展规划,规范清真食品经营等范围。加大社区企业的改革力度,对原有的社区自办企业进行改组、改制,盘活自有资产,增强经济发展活力。鼓励和支持少数民族民营经济业户和个体工商户办厂、搞经营,优化社区民族经济发展环境,推动社区各项事业协调发展。

2. 加快工业化和城镇化进程

实施差别化产业政策,在城市民族地区布局和扶持一批特色化、规模化、集群化、高端化产业项目,走新型工业化道路,发展经济。改造提升民族地区中心城市、重要通道节点和口岸城市功能,加快城镇建设和农民"市民化"进程。

3. 落实资金等扶持政策

对已经确定的社区建设服务项目,从资金、规划、立项、设施建设等方面给予扶持,对安置下岗职工、残疾人就业的项目,要落实好工商登记、场地安排、税减免、资金信贷等扶持政策,为社区居民营造可持续的经济发展环境。

4. 提高城镇基础设施建设水平

基础设施滞后是导致城乡一体化进程的最大障碍,也是"村"转"居"必须解决的一个难题。加大财政扶持力度,加大少数民族人口聚居区的道路、交通、水电等公共设施的投入和建设,提高城镇基础设施建设水平。要加大投入力度,形成各级财政支出向"村"转"居"倾斜机制,使这些地方的居民尽快享受到城市发展带来的实惠。要以特色产业和优势产业为依托,通过调整产业结构,延长农业产业链,发展第二、三产业,促进城镇化进程。[①] 培育乡镇企业并引导其良性和可持续发展,增强对本地区农村剩余劳动力的吸纳能力。

(三) 完善城市少数民族群众的社会保障

根据地方经济发展水平和财政状况,进一步完善社会保障制度体系和

---

① 王俊:《民族乡撤乡建镇、改办的思考:基于昆明市 6 个民族乡的案例研究》,载《云南民族大学学报》(哲学社会科学版) 2015 年第 4 期。

城镇社会医疗救助、廉租补助、流动人口保障及相关福利保障机制,加大对少数民族群众的大病救助、贫困家庭临时救助、大学生救助力度,确保少数民族成员在遭遇生活困难时免于陷入绝境。健全和完善失地少数民族群众社会保障制度,在拆迁、征地、安置等工作中尽量考虑少数民族群众的特殊需求,在社会保障各项政策落实上给予少数民族群众适当照顾。将失地农民社会保障纳入城市管理体系,建立健全失地农民的基本养老、医疗保险、失业保险制度,不断巩固、完善和加强各项补贴政策,逐步形成目标清晰、受益直接、类型多样、操作简便的补贴制度,这对于失地农民不仅是一种政策保护,而且是一种过渡措施,在一定程度上抵御失地农民抗风险的能力。切实关注城市少数民族群众的社会保障问题,以物质性救助为基础,以服务性救助、发展式救助为重要内容,将城市少数民族流动人员中的低收入群体纳入当地社区最低生活保障制度的保障范围,将少数民族流动人口纳入大病统筹医疗和大病医疗救助体系。[①]

(四) 加强社区文化建设

作为构建城市新型民族关系的重要载体,多民族社区不但是各民族人口居家安身的物质场所,是他们心理寄托的精神家园。加强社区文化建设,可以消解、平衡居民之间因文化背景、个人需求、生活习惯的多元化带来的疏离感,有利于促进社区各民族融合发展。社区居民是社区文化建设的主体之一,既是社区文化的创造者,又是社区文化的受益者。建设共同的社区文化,在小区域内形成各民族包容与共生的文化思想、文化情感和文化价值观念,形成地域共同体的精神家园,才会有温馨文明的社区生活,才会有和谐的社区民族关系。[②]

1. 构建多民族社区文化发展保障体系

构建多民族社区文化发展的保障体系,一方面需要政府不断加大对文化设施的物质投入,建设文化活动的设施载体,从硬件方面确保多民族社区文化活动有平台;另一方面还应当建立形成一系列完备的规章制度,落实社区文化建设所需要的人员和经费保障,确保多民族社区文化建设能够

---

① 李正洪:《推动城市民族工作创新发展 促进民族团结进步边疆繁荣稳定示范区建设》,载《今日民族》2011年第11期。

② 李晟赟、薛炳尧:《需求迫切与发展困境:城市多民族社区文化建设研究》,载《西北民族大学学报》(哲学社会科学版) 2012年第5期。

落地、发展。

2. 整合社区文化建设主体和资源

推进社区文化建设，把地方政府、民族工作部门、街道办事处、社区和少数民族群众等参与主体有机地联系起来，统筹整合社区文化资源，为开展丰富多彩、健康有益的文体活动，社区内各族群众相互了解、相互认知，强化社会身份意识，既能够丰富少数民族社区民众的精神需要，又能有效形成健康、文明的社区文化氛围，促进各民族融合发展。

3. 挖掘和发挥少数民族群众的技能和特长

积极挖掘和发挥少数民族群众发挥技能和歌舞等特长，引导和收纳他们参与社区活动，增加社区文化活动的多样性，增强其对党和政府的信任和理解，对城市社会的归属感和认同感。同时，消除常住居民与流动人口在文化认同上的隔阂，接纳流动人口的差异性。

4. 发挥少数民族社团联系少数民族群众的桥梁和纽带作用

建立民族联谊平台，成立少数民族经济发展促进会、少数民族教育研究会、少数民族体育协会、少数民族书画协会等少数民族群众性社会团体等团体。通过这些少数民族群众性组织，把少数民族各类人才吸纳和团结起来，开展经常性的民族联谊、文化交流和社会公益活动，发挥少数民族社团在协助党和政府宣传党的民族政策、法律法规，处理涉及民族方面的矛盾和纠纷，排查不安定因素，反映少数民族意愿，为群众办实事弘扬民族文化，培养少数民族优秀人才，活跃少数民族群众精神生活，推动社会主义文化繁荣发展方面的重要作用，营造民族团结进步的良好氛围。

（五）助推城市民族教育多元化发展

通过教育部门和民族部门密切合作，在多民族学校开展多元文化教育，加强学校、社区和家庭的沟通，促进民族学生共同参与民族文化传承，保障农转城子女平等享受教育的权利，创新学校民族团结教育和创建载体，把学习和校园建设成为民族团结的有效载体，促进城市校园和谐民族关系的构建。

1. 充分发挥教育部门和民族工作部门的作用

教育部门和民族工作部门要共同做好对城市民族地区教育的管理，加强对教育的整体规划。充分发挥教育部门和民族工作部门的归口协调作用和主管作用，建立一套行之有效的管理运行机制。根据国家中长期教育改革和发展纲要的要求,对现行的教育结构、教育内容、教学方法进行改革,调动社会各方面的办学积极性,改善办学条件,完善各种规章制度,优化教育资源配置,实现教育资源配置的科学性和公正性。

2. 提倡城市多民族学校发展多元文化教育

多民族城市民族地区教育面临多种文化共存的问题,最终要实现的是多种文化间的融合与发展。应培养学生跨文化交往的技能,帮助学生正确看待、解释、评价不同民族群体的文化。在多民族学校中,促进各城市民族学生对本民族优秀传统文化的了解,增强各少数民族发展本民族地区经济文化的信心和能力。[①] 作为传播者,教师在文化的传播中有着重要作用,应注重增强学生对中华文化的认同,并有意识地学习、了解丰富的民族文化和多元文化背景知识,加强各民族交流交往交融。

3. 加强学校与家庭、社区的合作

从城市民族地区的国家课程、地方课程和校本课程的比例来看,反映主流文化的课程在总课程中所占的比例为88%—90%,而反映民族的、地方性文化知识的课程和校本课程占总课程的比例仅为10%—12%。[②] 可见仅靠学校这一传递场是不够的,必须加强学校和家庭、社区的合作,使三者形成教育合力。在传承民族文化方面,家庭和社区发挥着关键性的作用。民间艺人和能工巧匠都是可以利用的人力资源,可以将他们整合到学校的师资队伍中来,协助教师完成相关课程,弥补学校教育在传承民族文化中的不足,形成良好的民族文化教育的生态系统[③],为城市民族地区经济社会发展提供有力的文化动力支撑。

4. 促进学生之间互相了解彼此的民族文化

在多民族学校,如果各民族之间不了解彼此的民族文化,很容易造成民族学生之间的矛盾和冲突。在城市民族地区,各民族混合编班可以使各民族学生互相了解彼此间的民族文化,相互尊重彼此的文化习俗,促进各

---

① 马晓霞:《散杂居多民族混合学校中民族文化传承的反思:基于对云南文山、大理的考察》,载《职业时空》2011年第5期。

② 杨开雨:《文化传承视角下民族地区高校学生跨文化交际能力的培养》,载《语文学刊》(外语教育教学)2015年第3期。

③ 马晓霞:《散杂居多民族混合学校中民族文化传承的反思:基于对云南文山、大理的考察》,载《职业时空》2011年第5期。

民族学生之间交往交流交融。各民族学生在相互了解的基础上,应参与学校组织的民族文化传承活动,从小打下"民族团结一家亲"的良好基础。

5. 保障农转城子女平等享受教育权利

继续开展进城务工子女就学试点工作,实现"同城同教"。实施全面改善贫困地区义务教育薄弱学校基本办学条件工程和义务教育特色学校建设工程,统筹解决农转城子女就读学校教学质量薄弱问题。落实农转城子女完全享受特殊教育各项政策的权利。实施公办学校标准化建设工程,缓解大量农转城子女进入城镇学校带来的公办学校资源紧张局面。依托管理平台,完善少数民族学生档案,加强少数民族学生管理,关爱少数民族学生,强化少数民族人才培养工作。抓好城市学校初高中少数民族招生工作,实施好少数民族人才培养骨干计划。

三 健全完善民族法律法规体系

随着社会经济的发展,各个民族之间的交往和人员的流动日益频繁,民族散居化的格局将更加突出。进一步加强城市民族工作,健全完善民族法律法规体系,更好地保障城市少数民族权益,对于增进城市民族团结、促进城市民族地区经济社会发展以及构建社会主义和谐社会具有重要的现实意义。具体可以从以下几个方面进行。[①]

(一) 完善立法层次

建议尽快起草、制定全国《散居少数民族权益保障条例》《清真食品管理条例》等,建立和完善我国宪法法律等基本法、国务院行政法规和规章以及地方性法规和规章相互配套的散居少数民族立法体系。

1. 国家应尽快制定并颁行《散居少数民族权益保障法》

民族聚居区的各项工作有基本法《民族区域自治法》作为保障,而散居区的少数民族包括城市民族工作在内,多年来只能依靠政策和行政法

---

① 关于完善立法层次、制定并颁行《散居少数民族权益保障法》、制定相应的《云南省散居少数民族权益保障条例》、适时补充和制定新的政策法规、适时修订《云南省城市民族工作条例》、加大执行和监督力度、把民族法律和法规的宣传纳入城市民族地区普法内容、加强城市少数民族政策法规理论研究等观点参见王俊《论云南散居民族的权益保障问题》,载《云南社会科学》2011年第2期。

规的指导。建议尽快出台《散居少数民族权益保障法》，以解决国家对散居民族权益保障专门立法效力层次较低的问题，将散居少数民族权益的保障提高到与自治地方少数民族的权利保障同等重要的位置，对现有一些法规已经不符合我国国情发展、变化等问题，为散居民族权益保障的实现提供坚实的法律依据。《散居少数民族权益保障法》的内容，既应当包括促使散居少数民族平等发展的政治、经济、文化、教育、卫生等方面的规定，还应有对散居少数民族风俗习惯和宗教信仰等方面权益的特殊保障措施。其中，以经济发展为内容的散居少数民族权益保障是最核心、最根本的内容。对于一些涉及散居少数民族日常生活的事项，如清真食品的生产管理、散居少数民族就业管理、散居少数民族医疗等方面，或可以在《散居少数民族权益保障法》中作规定，也可以由地方制定专门的规章制度。散居民族权益保障法拟制的重要保证是必须深入细致地研究散居民族实际存在的特殊情况，进而制定严密的、可行的、适用的条例，在国家总体的立法规划的指导和框架下，对散居民族权益保障的各个方面做统一的考虑，又要照顾到其他各个方面的统一和协调。

2. 云南地方政府制定相应的《云南省散居少数民族权益保障条例》

制定《云南省散居少数民族权益保障条例》保障本地区散居民族族籍权利、政治权利、宗教信仰自由权利、风俗习惯权利、语言文字权利、经济文化权利等具体措施和制度，规范云南散居民族权益保障工作的开展。

3. 尽快制定《国务院清真食品管理条例》及《云南省清真食品管理条例》

20世纪80年代以来，我国部分省、市、自治区相继制定了管理清真食品的地方性法规、规章，这些地方性法规、规章在一定程度上起到了尊重和保护少数民族风俗习惯、发展清真食品产业的作用。但是现有的地方性法规、规章在立法目标、清真界定、执法主体和人员构成资格等方面存在上述不足，不仅制约了清真食品产业的发展和壮大，而且在实践中也给清真食品产业带来了民族性和区域性的特点。以立法的方式在全国范围内建立统一、规范的市场竞争机制，促进清真食品管理法律法规的完善、有效实施及长远发展，在全国范围内建立统一的与国际标准相接轨的国家标准，建立严格的清真食品检测和控制体系，建全清真食品产业管理机制，妥善解决地方性法规、规章存在的这些不足之处，是解决清真食品问题的必由之路，也是促进清真食品的民族性与社会化之间协调、健康发展的重要途径之一。①

4. 应根据需要适时补充、制定新的政策法规

在民族乡撤乡建镇、改办的过程中，对涉及老百姓切身利益的具体问题，如宅基地、民宅产权、新农合转养老保险等问题要及时制定相关的政策，在工作思路、管理体制、管理方式方面及时与民族乡改镇、改办发展变迁的现实需求相衔接，才能消除有可能因政策缺位引起的不稳定因素和社会矛盾。在民族乡撤乡建镇、改办过程中，尤其要处理好失地少数民族群众的失业、养老、医疗等社会保障问题。

(二) 提高立法的操作性

法的价值是在实施中实现的，不能实施的法律只是一纸空文，不会产生任何实际社会效用。要深化理论研究，改进立法技术。加强对新形势下城市民族关系发展趋势的调查研究和理论分析，进一步认识和把握民族问题的特点和规律，总结民族工作的经验和教训，才能保证立法的时效性、科学性和创造性。② 立法内容要具有针对性和可操作性，要抓住城市民族关系中的突出矛盾及迫切需要解决的主要问题，符合立法技术规范，法条的表达准确、精练、规范，章节条款的设置、文字表述要合理、可行化。在与上位法不抵触的情况下，针对不同的城市民族法律关系，可以制定一些特殊的、具有可行性的法规，以适应地区经济社会发展的现实需要。城市民族立法要在细化、延伸上下功夫，求突破，使民族地方立法具有更强的针对性和可操作性。③

(三) 推动立法修改完善的时效性

在城市民族法律法规方面，国家出台了《城市民族工作条例》，云南省制定了《云南省城市民族工作条例》等行政法规。但是，民族法律体

---

① 刘韬、李自然：《清真食品管理立法的难点及需要处理好的几个关系》，载《中国回族研究论集》，2007年3月。

② 徐合平：《完善城市民族立法的思考》，载《中南民族大学学报》（人文社会科学版）2006年第3期。

③ 范军：《我国城市民族立法工作中存在的问题及对策研究》，载《理论月刊》2011年第3期。

系不完善，政策法规修订的时效性慢，很难真正起到保障少数民族权益的作用。只有提高立法修改完善的时效性，才能把城市民族关系的协调有效地纳入法制轨道。

1. 适时修订《云南省城市民族工作条例》

《云南省城市民族工作条例》作为一部行政法规，自1999年5月27日发布至今已20多年了，许多内容已不适应形势发展的要求。对不合时宜的内容进行需要修订，特别是围绕保障少数民族群众在传统节日、饮食、殡葬、宗教活动等方面的特定需求，加强相关政策法规的制定，推动城市少数民族合法权益保护工作走上法制化、规范化轨道。应加强以经济发展为内容的城市民族权益保障，丰富、支持城市民族经济和社会发展的平台。在市场经济条件下，要突出经济、财政、税收、投资、金融等方面的自治权，把城市民族的经济发展权最大限度地利用起来，有力推动城市民族经济的发展。对少数民族节日活动及他们所喜闻乐见的文化艺术活动，要给予必要的支持和指导，使城市各少数民族文化生活更加丰富多彩。要关注城市世居少数民族的特殊风俗习惯、宗教信仰需求，还应重点加强对清真"三食"企业的管理，通过修订规范清真饮食和清真饮食生产、经营的各个环节。修订《云南省城市民族工作条例》，要突出特色，体现可行性、适用性、协调性，以适应城市民族工作发展的需要。

2. 为保障少数民族流动人口权益提供法律和政策支持

目前，全国各省、绝大多数地、市都制定了流动人口的地方性管理法规规章。但是，专门针对少数民族流动人口的法律法规还比较缺乏。加强和改善少数民族流动人口管理，必须建立完善的法律法规政策体系。深化政府为少数民族流动人口提供基本公共服务的责任，将基本公共服务跟户口、户籍地分离，从法律上保障少数民族流动人口享受基本权益，促进基本公共服务均等化。积极探索建立符合本地实际的法规与政策。

云南有25个少数民族，仅在昆明的少数民族流动人口已超过20万人。如建立《昆明市少数民族流动人口权益保障条例》，对在昆的少数民族流动的房屋租赁、务工经商、疾病预防与健康、子女教育、民族文化和习俗保护、社会治安等方面加以规定，保障少数民族流动人口权益不被侵害。同时建立相应的执行办法，如建立《昆明市少数民族流动人口就业促进办法》，细化少数民族流动人口技能培训、知识教育、就业途径、收入保障等方面的规则；《昆明市少数民族流动人口子女教育实施办法》，针对少数民族流动人口子女义务教育阶段，对于入学的各项手续办理，形成一个统一规定。

3. 为失地少数民族提供必要的法律保障

应在失地少数民族就业、劳保、计划生育、子女入学等方面提供必要的法律保障，以保证他们的合法权益不受侵犯。

(四) 加大执行和监督力度

加大对城市民族法律法规贯彻执行情况的监督检查力度，推动国家机关、社会组织、全体人民依法维护少数民族和民族地区的合法权益，引导各族干部群众牢固树立法治思维，形成办事依法、遇事找法、解决问题用法、化解矛盾靠法的良好法治环境，在法治化轨道中推进民族团结进步事业发展。贯彻落实民族法律法规和民族政策。要使各族干部群众深刻认识贯彻民族法律法规和民族政策的重要性，从当地实际情况出发，切实把民族法律法规和民族政策落实到民族工作的各个方面、各个环节，真正转化为维护民族团结、社会稳定和国家统一、保障少数民族合法权益、促进少数民族和民族地区发展的力量。[①] 定期不定期对民族政策和相关法律法规执行情况进行监督检查，及时发现和解决问题。对民族法规中有关自治权益的条款进行清单整理，分门别类，归口进行专项督查，使法规的各项条款规定得到执行的同时，及时发现问题，不断总结经验，对不认真履行职责的部门进行问责，对违法行为进行追究。同时，启动民族法规司法实践的研究与探索工作，逐步建立违反民族法规的司法追究制度。

(五) 加强理论研究和宣传教育力度

通过加强理论研究和宣传力度，要以民族团结宣传月为载体，坚持不懈地在各级干部、各族群众中广泛开展党的民族理论、民族政策、法律法规和民族常识教育，使"三个离不开"的思想深入人心，增强各民族维

---

① 中央宣传部、中央统战部、国家民委：《中央宣传部、中央统战部、国家民委关于进一步开展民族团结进步创建活动的意见》，中华人民共和国国家民族事务委员会官网，https：//www.neac.gov.cn/seac/xxgk/201007/1075569.shtml，2010年2月1日。

护民族团结的自觉性。

1. 加强民族政策法规教育

对各级党政干部,要着重进行马克思主义民族观和党的民族宗教政策、法律法规教育,使他们学会用马克思主义的立场、观点和方法观察和处理问题,做到依法办事。对各族群众,要宣传和落实党的民族宗教政策,强化民族平等和团结意识,使各族群众树立民族平等的观念,相互尊重对方的文化传统;要着重对少数民族开展法制意识、公民意识教育,教育少数民族群众遵守国家法律法规[①],使民族团结的优良传统代代相传。加强对基层干部、知识分子和青少年的宣传教育,并把民族政策法规纳入窗口单位、服务行业和城管执法人员的业务培训,使他们进一步提高对民族工作重要性的认识,了解党的民族政策,懂得和尊重少数民族的风俗习惯,自觉把维护民族团结融入自己的思想行动。

2. 把民族法律、法规的宣传纳入城市民族地区普法内容

要在报纸、杂志、电台、电视上开辟专版、专栏、专页进行宣传;通过宣传车、印发宣传资料或上街下乡开展民族知识和民族法制宣传;也可以运用座谈会、演讲、知识竞赛、问卷调查等方式宣传民族工作和民族法制内容等。通过各种形式,有针对性地宣传,持之以恒地宣传,做到在宣传上制度化、规范化。要通过加大宣传力度,自觉维护城市少数民族权益,增强全社会依法维护散居民族权益保障的意识。

3. 加强城市少数民族政策法规理论研究

城市民族权益保障立法不完备的状态,很重要的一个原因就是缺少坚实的理论基础和知识体系,而与之相关的学术活动的开展较少,导致城市民族权益保障立法缺乏必要的理论指导,难以向深入、广阔的领域推进。加强城市少数民族法制理论研究,争取用较成熟的理论指导城市少数民族立法实践,是加强城市少数权益保障的重要环节。加大相关科研项目的资助力度和政策倾斜,组织高层次的学术交流和会议,重视专业资料和信息的收集和整理工作,是制定出质量较高、内容较完备的城市民族权益保障法律制度的基本保证。

---

① 陈珏:《城市化对城市民族工作的影响与对策》,载《中央社会主义学院学报》2007年第6期。

四 推动少数民族流动人口融入和适应城市

少数民族流动人口很大部分人是来自农村，自身知识准备、文明素质、文化差异、劳动技能很难在短时间内完全适应城市工作和生活。但是大部分少数民族流动人口有融入城市的意愿，且能吃苦耐劳，诚实守信。不断提高少数民族流动人员的服务管理水平，才能在推动少数民族流动人口融入和适应城市的过程中，为构建和谐城市民族关系创造良好的条件。在少数民族人口较多的城市加强街道社区民族工作服务职能，设立社区民族宗教工作社会服务岗位，推动城市民族工作社会化发展；建立健全少数民族群众务工、经商、就学、法律援助和社会保障等服务体系，帮助少数民族群众更好地融入城市，更好地发展；探索设立城镇少数民族创业基金，帮助少数民族群众创业就业；尊重少数民族的风俗习惯和宗教信仰，保障其在传统节日、饮食、丧葬等方面的特殊需要；加强对清真餐饮企业和清真生产企业的监管；加强对少数民族流动人员的服务和管理，制定特殊政策和措施，在就业、子女教育、社会保障等方面，努力实现享受城市均等化服务；坚决杜绝歧视和变相歧视、伤害民族感情的言行。具体建议如下。

（一）健全城市流动人口服务管理组织机构

进一步健全完善城市流动人口服务管理组织机构，社区、居委会明确相应的民族宗教工作专兼职机构和人员，打牢城市民族工作的组织基础。建立以街道、社区、企事业单位、社会组织为依托的网格化管理模式，利用网格化管理平台加强对城市流动少数民族的管理和服务，实现人在网中行，事在格中办，推动城市民族工作社会化，使民族工作层层有人抓、处处有人管。完善城市少数民族流动人口服务管理协调合作、社会服务、法律援助等机制，加快构建流出地和流入地信息互通、工作衔接、共同负责的工作格局。完善流出地与流入地的协同管理机制，流出地相关部门提供遵纪守法、民族团结、基本实用技术的培训教育及就业指导，流入地的相关部门要提升对本辖区流动人员的服务和管理水平，帮助少数民族群众变无序流动为有序流动，更好地融入城市和创业发展。

（二）加快信息管理服务平台建设

建立城市民族工作信息系统和社区少数民族人口信息台账，随时更新流动人口信息库数据，及时掌握城市民族状况和全面掌握社区流动人口情况。

1. 完善横向到边、纵向到底的网络信息工作格局

在纵线上，建立省、市（州）、县（市、区）、镇（街道）、社区五级网络信息平台，完善信息预警机制、矛盾纠纷排查上报制度。在横线上，完善政府有关部门参加的联席会议制度，及时就涉及民族方面的问题沟通信息、通报情况；加强与少数民族人口流出地联系，做好外来少数民族务工人员的管理与服务工作；加强民宗、公安、市场监督管理、城管执法等有关部门的合作联动，建立包括少数民族常住人口和流动人口的常态统计体系，实现信息共享。形成纵线由民族工作系统一级抓一级，横线通过政府抓部门，横向到边、纵向到底，上下协调、部门联动、分级负责、整体推进的网络信息工作格局。

2. 完善社区少数民族流动人口基本信息收集统计

省、州、县民宗委要系统安排一定的专项机动金，聘请临时工作人员开展少数民族人口信息资源和流动人口的统计工作，准确、及时填报云南省民族工作数据报送系统。社区工作人员要加强与社区内少数民族流动人口较多和联系紧密的企业、学校、服务部门、食品供应网点、清真寺、民宗社团等的联系，准确掌握少数民族流动人口就业的情况。各级就业创业服务机构、居住证办理机构在为少数民族流动人口办理相关业务时，应及时采集少数民族流动人口的年龄、性别、民族宗教信仰、家庭情况、文化构成、身体状况、就业愿望、职业培训意向、职业技能、创业意愿及需求等基本信息。探索推行利用政务信息平台、在社区设点办理居住证的便民化服务方式，实施部门信息层级限制管理，实现以居住证的社区办理制度完善社区少数民族流动人口基本信息收集统计。

3. 探索建立信息共享机制

加强社区少数民族流动人口管理信息化建设，加强信息管理平台和社区公共服务综合信息平台建设，完善少数民族流动人口分类信息，建立少数民族流动人口基础信息数据库和服务管理台账，跟踪掌握动态信息。加强公安、民政、人社、卫健等部门与社区少数民族专干、流动人口管理员

的联系，建立少数民族流动人口信息员队伍，探索建立一定范围内的流动人口信息共享机制，及时开展信息对接、信息补录、信息更新，避免信息滞后和重复采集。制定全省统一的社区少数民族流动人口管理信息化建设技术和信息资源采集标准，建立以社区综合数据库为支撑，覆盖社区各类业务的综合信息平台，实现信息资源在不同部门之间的无障碍共享。

（三）提升少数民族流动人口就业创业能力

提升少数民族流动人口就业创业能力，要提供就业创业政策支持，强化少数民族流动人口就业技能培训服务，提高少数民族流动人口就业招聘效率，加强少数民族流动人口创业孵化扶持。

1. 提供就业创业政策支持

制定政策鼓励国有企业、民营企业及城市管理公益性岗位招聘少数民族流动人口，对招聘达到一定数量的企业给予税收减免、财政贴息等优惠。支持少数民族流动人口创业，鼓励和引导少数民族流动人口开展个体经营、经商办企业，支持经营特色产品，对符合条件的创业人员和创业企业（个体户）在小额担保贷款贴息、创业补贴、创业岗位开发补贴、就业岗位补贴等方面给予政策扶持。鼓励人社、妇联、工会等部门探索提供创业资金借贷支持，加大贷免扶补、小微企业创业贷款、创业担保贷款、妇女就业创业补助等政策，对少数民族流动人口就业创业提供倾斜性政策支持。

2. 提供技能培训服务

组织开展社区少数民族流动人口就业创业需求调查统计工作，全面了解需求情况后由各社区向相应的培训点报送培训计划。协调公安、工商、城管等部门为少数民族流动人口提供职业技能、自主创业、法律法规、国家通用语言文字等方面的教育培训和现场授课。推动培训机构规范设置培训课程和学时，改革脱离实际需求、速成式的技能培训和课程设置，根据少数民族流动人口的工休时间灵活安排培训和课程时间，支持开设符合市场和区域用工需求、具有培训实效认证的中长期、系统性就业技能培训计划项目，切实提升少数民族流动人口完成技能培训后的就业和创业比率。

3. 提高就业招聘效率

依托人力资源市场和就业信息系统平台，设立少数民族流动人口服务窗口，根据实际开发适合少数民族流动人口的就业岗位。各级民宗、人社部门要积极联动合作，加强与辖区企业的联系协调，拓宽信息发布渠道，及时获取企业用工需求信息，完善就业招聘方式。对于少数民族流动人口相对集中的社区，在积极参加区就业局、街道办以及市人才服务中心统一组织的就业日、招聘会等活动的同时，应主动加强与人社部门、企业商会、社会组织和各类行业协会的联系沟通和协作，结合用工需求和就业需求，组织开展少数民族流动人口专场招聘会，提高就业招聘效率。

4. 加强创业孵化扶持

强化创业创新孵化服务平台建设，鼓励各类开发（产业、工业）园区、企业和社会组织利用自身资源，在少数民族流动人口相对较多的社区或是少数民族文化资源、文化企业相对丰富的区域，探索建立少数民族特色就业创业园区。

（四）培养少数民族流动人口积极融入城市的心态

社区是少数民族流动人口的主要居住、生活场所。社区工作是少数民族流动人口管理和服务的突破口和落脚点。少数民族流动人口由于语言交流存在障碍、学历层次低、信息交流圈狭窄，对健康、教育等需求差异性大、对集体娱乐文化需求高等事实，社区除及时为少数民族流动人口排忧解难，提供生活居住、劳动就业、医疗保险、子女就学、法律援助等方面的服务外，还要充分利用社区各项资源，提供必要的交流条件和培训、教育、保障等项目的服务，引导少数民族流动人口积极主动参与所居住社区各项工作和活动，培养积极融入的心态及集体意识、社区意识和法律意识，建立各民族之间的相互信任和理解，增强其认同感和归属感，使其社会适应能力和与城市社区的发展相协调，为培养少数民族流动人口积极融入城市的心态提供尽可能的便利和帮助。

（五）加强城市少数民族流动人口服务和管理体系建设

加强城市少数民族流动人口服务和管理，认真贯彻中央、云南省出台的《〈关于加强和改进少数民族流动人口服务管理工作的意见〉的通知》精神，积极探索建立流入地与流出地联动工作机制加强区域协作，采取接纳和融入的态度，更新观念，创新方式，将依法管理与高效服务有机结合，逐渐实现由注重管理向"服务与管理并重"的转化。

1. 部门密切配合加强引导和管理

各级政府民族工作部门要与公安、城管、工商、民政、旅游等部门密切配合，加强对城市少数民族流动人口的管理，积极引导和规范少数民族流动人口合法经营，依靠法律和政策妥善处理影响民族关系的问题，严厉打击违法犯罪活动。

2. 做好政策、生活、经营和权益方面的服务

在各部门职责范围内，对少数民族流动人口的生产经营、子女教育、办理证件、劳动就业、法律援助、权益保障等方面，做到政策上给予支持，经营上给予照顾，权益上给予维护，生活上给予关心。要增设有利于方便少数民族群众生产、生活的设施和机构，以增强少数民族成员对城市的认同感、归属感。

3. 加强流动人口流入地与流出地间的合作与协作

针对人口流出较多和相对集中的地区，积极探索通过签订区域协作协议、建立信息通报和区域联席会议制度等形式，建立起两地或多地相互协调、齐抓共管、合作共赢的长效协作和管理服务新机制，运用政府推动、政策引导和市场调控相结合的方法，通过地区协作、属地管理、源头协助，引导少数民族人口合理有序流入城市，保障进城的少数民族群众得到及时妥善安置，在城市得以安居乐业。将少数民族流动人员管理纳入外来人口管理体系和城市治安管理的范畴，对少数民族流动人员进行全面调查摸底，分类登记，及时掌握少数民族流动人员的动态变化，重点人员的思想状况，特困人员的不同需求，技术人员的专业特长等，为城市少数民族流动人员融入城市生产生活创造一个良好的社会环境。

五 解决少数民族失地人群的可持续发展问题

随着城市化建设步伐的加快，大量的农村土地被征用，世世代代以土地为生的农民变成了需要另谋职业的城镇居民。由于这些失地农民普遍存在文化素质不高、就业观念陈旧、劳动技能较差的实际，城市生存发展能力较弱。加之，部分失地农民拿到征地补偿款后，不会统筹安排、合理使用，除购房、买车或购置其他贵重资产外，还出现有聚众赌博、胡乱挥霍的现象，后续发展难有保障的同时，也给城市管理造成一定的不稳定因

素。失地少数民族群众可持续发展的问题牵涉社会的各个方面，要提高失地少数民族群体的生活水平，按照各级财政每年拨付一部分，街道、社区两级从征地补偿费中拿出专项资金予以补助的方式，安排专项失地少数民族群众就业经费，加强失地人员就业培训，建立创业基金，提高失地少数民族群众就业、创业率。将其社会保障纳入城市管理体系，建立健全失地少数民族群众的基本养老、医疗保险、失业保险制度，不断完善和加强各项补贴政策，将生活困难没有就业的失地人群纳入最低生活保障，使他们的基本生活得到保障。积极搭建发展平台，帮助各个社区结合自身条件，选准和拓宽集体经济发展路子，利用自身资源投资或发展产业，从根本上解决失地少数民族群众的可持续发展问题。① 创造社会文化交流平台，增强失地少数民族群众的社区归属感，实现社会融入。

（一）提高生活水平

失地少数民族群众牵涉社会的各个方面，必须站在推进城乡一体化的角度，从长远利益出发，进行系统规划和统筹兼顾，解决失地少数民族群众的生活和生存问题，提高生活水平，维护城市民族关系的和谐及社会稳定发展的大局。

（二）改善就业创业条件

通过提供就业创业政策和资金扶持条件，建立失地群众就业创业基金，加大就业培训力度，构建有效、畅通的信息服务网络，充分发挥专业合作社和致富能手的示范带动作用，切实改善失地少数民族群众就业创业条件。

1. 提供就业创业政策和资金扶持支持

调动社会各界力量关心支持失地群众就业创业，积极为失地少数民族群众提供更加宽泛的就业创业政策和资金扶持条件。积极动员国企、私企、社会团体等力量，从资金、技术、人才等方面积极支持失地群众就业，对吸纳失地少数民族群众的企业实行税收优惠。对自主创业的失地少数民族群众兴办第二、三产业，在工商登记、税收、信贷、用地、用电等方面给予优惠政策倾斜，增加其自主创业的信心和决心。建立失地群众就

---

① 李正洪：《推动城市民族工作创新发展 促进民族团结进步边疆繁荣稳定示范区建设》，载《今日民族》2011年第11期。

业创业基金,用于失地少数民族的技术技能学习培训及失地群众自主创业资金扶持等。

2. 加大就业培训力度

由于失地群众原来大多数从事比较简单的传统农业,对自身要求不高,失地后从事非农产业,在就业能力方面明显处于劣势地位,要提高失地少数民族群众素质、增强其就业技能,积极向其提供有针对性的就业培训,重点是职业技能培训,提高综合素质,增强其就业能力及竞争力。开设适合失地少数民族群众需求便于农民参加的技能培训与心理辅导课程。有特殊需要的弱势群体(妇女、大龄、残疾)也应充分考虑,在时间和地点安排上给予方便。

3. 构建有效、畅通的就业信息服务网络

建立农民就业信息指导中心,及时、准确地为失地少数民族群众免费提供准确的就业、务工信息。加强信息收集、传送、反馈等环节中的职责,规范管理,创造有利于就业的机制和环境。建立通畅的信息政策宣传通道,帮助失地少数民族群众了解现行政策,帮助其掌握获取信息的方法,创造上下通达的信息环境。

4. 充分发挥专业合作社和致富能手的就业示范带动作用

积极寻找致富项目并鼓励成立专业合作社,大力扶持致富带头人和致富能手,带领群众共同致富。具体工作中,首先,要积极争取资金对具有发展潜力的合作社给予一定的资金扶持;其次,出谋划策、确实帮助合作社共同研究制订适合其发展的长期规划,促进合作社更好更快发展,让更多群众加入合作社。发挥致富能手的作用引导失地少数民族群众转变观念,树立就业信心,树立市场竞争就业观,克服"等、靠、要"的思想,尽快完成从农民到居民的角色转变,提高自谋职业、竞争就业的自觉性和能力。通过转变了思想观念,主动获取与自己保障和生计相关的信息,成功转型就业和较快适应城市生活的失地少数民族群众和"失败"返乡的(部分人员虽然没有成功就业,但是经过"出"和"返",增长了见识,增加了感受,并不是完全意义上的失败)外出务工人员都应被纳入就业培训中,组织这些成功的、转型的典型人物与普通失地少数民族群众进行交流,对开展劳动力转移培训中缺失的内容和成功就业需要的素质畅谈体会,通过正反两方面的经验,转变失地少数民族群众的观念,提高他们的就业能力。

(三) 加强社会保障体系建设

大多数失地群众仅靠征地款来维持生计,对其后续发展和养老问题顾虑较多。对失地少数民族群众进行安置,除给予补偿金外,应替其考虑长远生计,逐步建立、规范社会保障体系,帮助失地少数民族群众解决后顾之忧。

1. 重视失地少数民族群众的最低生活保障问题

建立适合当地农民生活的最低生活保障制度,从维持失地少数民族群众基本生活需要、当地人均国民生产总值和人均纯收入、地方财政和乡镇集体承受能力、土地转让收入等多方面来综合、科学地确定最低生活保障标准并确保失地少数民族群众最低生活保障制度的资金来源。此外,确定失地少数民族群众最低生活标准时,可根据失地少数民族群众年龄、再就业机会和能力客观上的差异,进一步细化,对不同年龄段的人群给予不同的最低生活标准,年龄越大,给予的最低生活标准相对越高,以此促使年龄偏低群体积极寻找就业机会。

2. 建立失地少数民族群众的养老保障制度

失地少数民族群众的养老保险金可由三个部分组成:征地费用、政府补贴、个人出资。对五保户、孤寡老人、特困户可由村集体垫付。失地少数民族群众基本养老保险制度应实行社会统筹和个人账户相结合的模式,政府的全部缴费及占地单位缴费的一部分计入统筹账户,个人缴费和占地单位缴费的一部分及历年利息积累全部计入个人账户,由社保机构集中统一管理。待交费对象男年满60周岁、女年满55周岁开始领取养老保险金,可委托当地银行等金融部门具体办理养老金的领取事项。

3. 建立失地少数民族群众的医疗保障制度

失地少数民族群众医疗风险凸显,没有相对健全的医疗保障制度,很可能因病致贫或因病返贫。医疗风险具体表现在有病不敢就医或无法长期坚持就医,失地少数民族群众"小病硬扛,大病等死"的现象并不少见,从而严重影响着失地少数民族群众的生活质量。建立失地少数民族群众医疗保险制度。对于具备条件的地区,可与城镇社会医疗保险实行统一的制度,对于不具备条件的地区,可先参照新型农村合作医疗保险制度执行,实行占地单位、政府和个人多方筹资,以大病统筹为主的农民医疗互助共济制度，个人缴费可完全计入个人账户，由个人用于支付门诊医疗费用；占地单位和各级财政补助资金则作为大病统筹基金，用于失地少数民族群众的大额或住院医疗费用报销，大病统筹基金依然划归社保机构集中统一管理。

（四）创造社会文化交流平台

社会文化交往是失地少数民族归属感的主要影响因素之一。社区是失地少数民族群众活动的主要场域，过去以农事活动场所为主要交往的场域，在失地之后，应建立以兴趣和行业为主的交往与联系，在共同参与的过程中，两者之间的互动会减少对社区环境以及其他成员的陌生感与排斥感。通过举办社区居民的互助互惠活动、成立社区志愿服务小组、少数民族群众健康的文化体育活动、各种赛事交流活动，培养社区居民间的合作、互惠关系，培育公共精神和社区参与的新惯习，增强社区归属感，实现社会融入。

六 推进民族乡撤乡建镇、改办及"村"转"居"后的配套衔接工作

在民族乡撤乡建镇、改办及"村"改"居"的过程中，要认识到传统农村社会向城市转型的复杂性和渐进性。要克服"重拆轻管，拆管不分、重补偿轻权利，重生存轻发展"的普遍现象，要从把城镇化简单地理解为"推倒重来""拆旧建新"，让村民"住进去"，转变为"拆建并举、建管并重、共同参与"。政府应更好地把职能定位于公共管理与服务，建立制度化的社会政策，向转居居民提供医疗、失业、住房、教育和救济保障，给社区可持续发展和村（居）民的全面发展创造条件和机会。社区在政府及其职能部门的指导和帮助下，对各项公共事务和公益事业进行规划、组织、指挥、控制和协调。各司其职、各尽其责，做到"协作不越界，指导不越位"。

（一）兼顾城镇化发展需要与散居民族权益保障完善法规

随着云南一些城市周边的民族乡城镇化进程加快，云南已经有57个民族乡撤乡建（并）镇、改办。《云南省民族乡工作条例》已不能完全适应新的发展需要。由于民族乡干部群众对以往享受民族乡优惠政策

有较深的感情，民族乡撤乡设镇、改办后实施优惠政策时，应实事求是，与时俱进地完善民族政策以确保民族乡健康发展。虽然一些发展较快的民族乡提出了撤乡建镇的同时，应进一步规范和严格遵守民族乡撤乡建镇的报批程序，使民族乡与城镇化发展同步，避免非理性撤并的强烈趋势。

(二) 尽快制定转制社区的综合配套措施

民族乡改镇、改办涉及各个方面的利益调整，对改镇、改办后出现的各种新情况、新问题，各级政府要高度重视，尽快制定转制社区的综合配套措施，加大对转制社区的财政扶持和建设支持力度。

1. 妥善处理"村转居"社区集体资产和居民社会保障的衔接

对"村"转"居"社区原村民数量、原村集体资产、村办企业等情况进行调查走访，根据《中华人民共和国村民委员会组织法》和《中华人民共和国城市居民委员会组织法》相关规定，结合当地实际制定出切实可行的综合配套政策，经村民会议讨论同意后付诸实施。对涉及老百姓切身利益的具体问题，如宅基地、民宅产权、新农合转养老保险等问题要及时制定相关政策，在工作思路、管理体制、管理方式方面及时与民族乡改镇、改办发展变迁的现实需求相衔接，才能消除有可能因政策缺位引起的不稳定因素和社会矛盾。"村"转"居"后的集体资产、债权债务要进行全面的清查核实，界定权属明确产权关系，经原来村民代表大会讨论同意，在处置好债权债务的前提下，把集体资产量化到人，可以采用入股分红，也可以按照资产公开拍卖，用于支付原村民的社保、医保、培训、教育等个人保障性支出。集体土地，在"社区不像社区，村庄不像村庄"的过渡时期，除去一定土地确保村民生活外，应考虑无房户的建设用地，剩余全部转化为国有土地出让，土地出让收益要确保所有者的合法权益。

2. 加大对转制社区的财政扶持和建设支持力度

基础设施滞后是导致城乡一体化进程的最大障碍，也是"村"转"居"必须解决的一个难题。一些转制社区由于基础设施建设滞后，社会公共服务从零起步，各个方面需要投入大量资金，因此区级和市级财政要加大投入力度，形成各级财政支出向"村"转"居"倾斜机制，使这些地方的居民尽快享受到城市发展带来的实惠。与此同时，居民委员会的工作经费和来源及工作人员生活补贴,居委会办公用房,公共服务实施等应由公共财政统筹解决。所需要经费特别是居委会的工作经费和居委会成员的补贴,应该与城区居委会同等对待或者高出1%—2%,以调动基层干部的工作积极性。

(三)积极推进农民市民化和社区民族文化保护

要推进农民市民化,促进农民生产生活方式转变和完成角色转换,同时,应通过社区民族文化保护,开展有益身心的活动,为转居居民提供参与公共活动的机会,推动生活方式和交往方式的转变。

1. 推进农民市民化

首先,要加快经济发展,多渠道、多形式扩大农民就业机会,使其获得相对稳定的职业和收入,这是加快农民生产生活方式转变和完成角色转换的重要保证。其次,要引导农民转变传统观念,通过发展多层次、多形式的成人教育体系,提高农民文化素质。最后,倡导科学、文明、健康的生活方式和行为习惯,引导农民转变生活方式和行为习惯。

2. 积极保护和发展社区民族文化

在民族乡城镇化的过程中,要把民族文化的保护纳入城镇建设规划之中。充分尊重历史传统,在城镇规划中注意保存老建筑、老街、老城墙等,以修旧如旧的方式,保存历史人文风貌;城镇化应该充分发掘和展示民族特色,保留民族民间工艺、美食等。地方党委、政府应保证经费的正常投入,重视民间艺人的生活,保护其知识产权,授予民间艺人荣誉称号和进行适当的生活补贴并重,并引导年轻人传习民族民间文化。积极引导广大群众参加民族民间文化活动,发挥教育和舆论的导向作用,增强民众的保护意识,将有的民族文化,如民族音乐、民族舞蹈、民族体育、民族语言等引进课堂,开办一些特色兴趣班,使民族文化后继有人。[1]

---

[1] 兼顾城镇化发展需要与散居民族权益保障完善法规、尽快制定转制社区的综合配套措施、积极推进农民市民化和社区民族文化保护等观点,参见王俊《民族乡撤乡建镇、改办的思考——基于昆明市6个民族乡的案例研究》,载《云南民族大学学报》(哲学社会科学版)2015年第4期。

七 构建维护城市民族团结和社会稳定的长效机制

进一步健全城市民族关系协调工作机制、广泛参与机制，完善民族团结示范、总结、宣传机制和民族矛盾的监测、预警和调控机制，推动形成民族工作社会化工作机制，正确对待和处理各族群众的合理诉求和特殊需求，加强和创新社会治理，不断提高服务各族群众的能力和水平，培育民族团结的社会共识，营造民族团结的社会氛围，夯实民族团结的社会基础。依法打击破坏民族团结和社会稳定的违法犯罪活动，构建维护城市民族团结和社会稳定的长效机制。

（一）进一步健全城市民族关系协调工作机制

动员全社会力量共同做好城市民族关系协调工作，党委和政府要从加强社会建设，创新社会管理的高度分析研究当前城市民族工作所面临的新情况、新问题，加强对城市民族关系协调工作的领导，切实加强各部门之间的协调配合，强化城市的服务和管理功能，凝聚最大共识，调动各方力量，形成做好城市民族关系协调工作的强大合力。

1. 完善党对城市民族工作的组织领导机制

习近平总书记指出：民族工作能不能做好，最根本一条是党的领导是不是坚强有力。各级党委、政府要坚决按照习近平总书记的要求，进一步完善党对城市民族工作的领导机制，努力构建完善党委领导、政府负责，各相关部门协同配合、全社会通力合作的工作格局。在多民族聚居地区，建立省、州市、县区、乡（镇、街道办）、社区各级民族工作领导小组，把城市民族工作纳入重要议事日程，把城市民族工作情况作为党政领导干部考核的重要内容。定期不定期对民族政策和相关法律法规执行情况进行监督检查，及时发现和解决问题，把落实民族政策，依法保护少数民族合法权益，作为监督检查的出发点和落脚点，在全社会营造自觉维护民族团结、促进社会和谐稳定的良好氛围。[①]

---

① 马泽：《创新社会服务管理方式推进云南城市民族工作》，载《今日民族》2011年第10期。

2. 建立健全城市民族关系协调联系工作机制

由省民宗委牵头，包括民族、宣传、统战、公安、工商、财政、民政、教育、人社、新闻出版等部门组成成员单位，定期不定期召开联席会议，研究解决城市民族工作中的突出问题，制定联动工作制度各级财政要调整支出结构，加大对城市民族工作专项经费的投入，确保有机构负责、有条件管理、有能力办事。

3. 实行基层网格化管理

以乡镇（街道）、社区、企事业单位、社会组织为依托，建立横向到边、纵向到底的网格化协调处理涉及民族关系问题的工作机制，实现基层全覆盖、干部全覆盖、责任全覆盖和考核全覆盖。

（二）建立广泛的参与机制

通过建立团结联谊机制等，充分吸引和团结广大的社会组织和群体参与民族团结长效机制的构建，发挥党和国家联系少数民族的桥梁和纽带，增进各民族相互间的理解、尊重、包容，促进民族团结进步、社会和谐，提高预防和处理有关矛盾纠纷的工作能力和水平。

1. 建立城市少数民族代表人士团结联谊机制

民族工作部门可面向基层社区、各社会组织，建立少数民族代表人士联系制度，及时掌握各行各业有重大贡献和影响的少数民族代表人物情况。通过定期开展宣传联谊活动和重大节日走访，加强对城市少数民族代表人士的管理和联系，发挥其在参与城市民族关系协调方面的积极作用和主动性。

2. 建立城市少数民族社团联系参与机制

建议各级党委、政府适当配套增加各民族学会、协会等民族宗教群众性社团组织工作补助经费，协助其开展好活动，把少数民族各类人才吸纳和团结起来，开展经常性的民族联谊、文化交流和社会公益活动，营造民族团结进步的良好氛围。充分发挥伊斯兰教协会对于协调处理涉及回族、维吾尔族等我国10个信仰伊斯兰教的少数民族群众矛盾纠纷中的重要作用。

3. 发挥各级人大代表、政协委员的作用

积极探索在城市民族社区设立"人大代表之家""政协委员之家"等，推动人大代表、政协委员进社区开展工作，及时收集整理社区群众普遍关注的热点难点问题，以建议、提案或资料形式提出，人大、政协委员

还可利用在社区的声望,帮助社区处理好民族宗教、环境、交通整治、拆违治乱、治安等重大事项。

(三) 完善城市民族团结进步示范、总结、宣传机制

要站在党和国家事业发展全局的战略高度,充分认识开展民族团结的重要性,制订阶段性计划和长远规划,加强城市民族团结进步示范、总结、宣传,推动城市民族工作创新发展和民族关系和谐发展。

1. 推动城市民族团结进步示范创建活动

把民族团结进步示范社区创建活动与和谐社区建设有机结合起来,建立纵向到底,横向到边的省、市、区、街道、社区五级民族工作网络。以创建民族团结进步社区活动为载体,形成示范带动作用,使民族团结进步真正进机关、进企业、进社区、进乡镇、进学校、进医院、进军营、进寺观教堂、进旅游景区,形成和谐的城市民族关系。[1]

2. 强化宣传教育机制

以各级各类学校为阵地、重点社区为基础,用群众喜闻乐见的形式生动活泼地开展民族团结宣传教育活动。要以各种民族节日和民族宣传月为载体,以培训为手段,广泛开展党和国家的民族理论、民族政策、法律法规等知识的教育,特别是要加强对窗口服务行业以及教育、医疗卫生、劳动就业、城市管理等与少数民族群众生活密切相关的部门人员的宣传教育,切实增强广大干部群众维护民族团结的自觉性和坚定性。依托中央主流媒体,策划重大主题宣传,增强示范区建设宣传的高度和广度,借助中央主流媒体的平台和技术支撑,使示范区建设的新举措、新成效、新亮点、新经验得到及时高效的传播,发出云南声音,讲好云南故事。从国家层面、以国家视角总结示范区建设成效和做法,提炼工作经验,帮助分析存在困难和问题,提出推进工作的意见和建议,使示范区真正发挥示范全国的作用。[2]

3. 建立表彰激励机制

广泛开展民族团结进步表彰活动,适时对民族团结进步事业做出积极

---

[1] 李正洪:《推动城市民族工作创新发展 促进民族团结进步边疆繁荣稳定示范区建设》,载《今日民族》2011年第11期。

[2] 赵新国、毛燕:《新时代云南建设全国民族团结进步示范区的新探索》,载《北方民族大学学报》(哲学社会科学版) 2019年第6期。

贡献的单位和个人给予表彰和奖励，激发和调动各族群众对民族工作的热情和关注，扎扎实实把创先争优不断引向深入，为构筑和谐城市民族关系搭建平台。

（四）建立完善民族矛盾的监测、预警和调控机制

为有效防范和化解城市涉及民族因素的矛盾纠纷，应全面推行民族团结目标管理责任制，探索科学的民族关系监测体系，建立健全民族关系分析、研判、评价指标，逐步完善涉及民族方面突发事件的预警、应急机制，加强矛盾排查调处，防范和妥善处理涉及民族因素的矛盾纠纷和突发性事件，为切实维护团结稳定、指导城市民族工作和协调城市民族关系提供科学决策依据。

1. 不断完善民族团结目标责任制

坚持关口前移，重心向下，做好事前防范，加强对民族团结和社会稳定形势的分析研判，加大对影响民族团结矛盾纠纷隐患的调研排查和调处化解，一周一分析，一月一排查，一事一化解，把问题解决在基层，化解在萌芽状态。[1]

2. 构建完善预警机制和风险评估、防范化解机制

逐步建立多层次、覆盖整个社会面的情报信息网络系统，完善群众意见诉求反映沟通机制，及时了解少数民族群众的呼声和要求。设立专职或兼职信息报告员，负责应急突发事件管理有关信息的收集、整理、汇总、报告，并建立信息员台账档案，对苗头性、敏感性的信息及时上报，确保报送渠道畅通。探索建立社区安全稳定信息平台，将流动人口协管员、交通协管员、城管人员、停车管理员、街面协警力量等纳入社区安全稳定信息平台，使之在日常工作中能够通过手机、对讲机等向社区反馈安全稳定信息[2]，实现情况线索及时发现报告。

3. 建立隐患排查、矛盾化解和应急处突机制

定期排查、研判矛盾纠纷隐患，把涉及少数民族群众的矛盾纠纷和不稳定因素处理在基层，消除在萌芽状态。制定和落实应急预案，明确有关

---

[1] 云南省民族宗教事务委办公室：《推进民族事务治理体系和治理能力现代化的对策建议》，载《今日民族》2015年第5期。

[2] 昆明市民族事务委员会、昆明市政府研究室：《城市少数民族聚居社区治理问题研究》，载《今日民族》2015年第4期。

部门和人员职责,明晰横向协作、上下联动职责。不断创新矛盾化解机制和应急处突机制。大力加强基层人民调解、行政调解和司法调解工作,加强涉民族矛盾化解工作。成立社区维护民族稳定工作领导小组,明确由社区居委会书记负责民族工作,实行责任追究制。办事处与社区签订《维护辖区稳定,做好民族宗教工作责任书》,要求社区居委会遇到突发的敏感性问题要在第一时间赶到事发现场,并及时向街道办事处及有关部门汇报,共同处理解决好问题,保证民族问题不出社区、不出办事处、不出县区。① 强化社区群防群治队伍建设,加强治安巡逻,及时发现涉及民族、宗教问题的纠纷和突发事件,随时向社区居委会反馈社区的不稳定因素和问题,协助各级组织依法化解民族矛盾,维护社区稳定和民族团结。

4. 坚持在法律范围内、法治轨道上处理涉及民族因素的问题

用法治思维和手段来规范和协调民族关系,综合运用政策、法律、经济、行政等手段和教育、协商、调解等方法化解矛盾纠纷,防止事态扩大和矛盾激化,凡属违法犯罪的,不论涉及哪个民族、来自哪个地区,都要依法处理。

(五) 推动形成民族工作社会化工作机制

城市民族关系协调,是一项系统的社会工程,涉及面广、工作量大、政治性和政策性强,需要从党政主导、部门协作、社会参与、民间配合四个层面入手建立协调配合的长效机制。对城市民族工作任务进行科学的"分解"和"转移",实现民族事务治理从政府一元单向治理向政府、社会、民众多元交互共治的转变,充分发挥各种民间社团组织的作用,形成"党委政府领导、部门协同、社会支持、群众参与、合力推进"的格局。建立城市民族工作协调领导小组,定期研究加强城市民族工作的有关政策;相关部门协调配合,落实做好城市民族工作的具体措施;发挥社团作用,搭建各民族团结互助的联谊平台。利用各类民族学会、宗教团体、行业协会等社团组织在协调城市民族关系中的特殊作用,增进各民族相互间的理解、尊重、包容。充分发挥各级民族工作部门的牵头作用,积极引导各相关部门切实加强民族团结示范社区建设,作理念从过去"单一部门

---

① 昆明市民族事务委员会、昆明市政府研究室:《城市少数民族聚居社区治理问题研究》,载《今日民族》2015 年第 4 期。

工作"向"社会化民族工作"转变。

八 进一步加强城市民族关系协调工作的条件保障

各级党委、政府要从健全民族工作机构入手,强化其职能,赋予必要的工作手段,在各级民族工作部门专设具体负责城市民族工作的机构(处或科室)。城市社会管理、公共服务和新闻宣传部门应当配备适当数量的少数民族干部,或者懂得少数民族语言文字、了解少数民族风俗习惯的干部。要注意团结、培养城市中的民族、宗教代表人士,充分发挥他们在联系少数民族群众、协助党委和政府妥善处理民族问题方面的重要作用。[1] 要不断提高城市民族工作信息化水平,充分调动工作人员的积极性,从人员、经费等方面予以切实保障。

(一) 加强民族工作部门和社区场地建设

要加强城市民族工作部门和社区工作场地建设,充实工作力量,各级财政要调整支出结构,确保有机构负责、有条件管理、有能力办事。

1. 加强职能部门建设

民族工作部门作为政府管理民族事务的职能部门,是做好民族工作的先锋队,针对县级民族工作部门科室、人员编制不足、工作任务繁重、工作经费短缺的实际,建议由适当增加城市民族工作任务较重的县级民族工作部门科室、人员编制,对口省民宗委城市民族宗教工作处成立城市民族工作科室。

2. 加强社区办公场所建设

将社区办公和服务用房建设纳入城市基础设施建设规划,采取新建、改扩建等多种方式,解决社区办公用房紧张狭小、设施落后陈旧和困难居民危房的问题。县区、街道应加强对社区办公用房的选址、规划、建设和场地租用等工作,确保社区公共服务用房达标,为社区开展服务工作创造条件。推进少数民族聚居社区规范化、标准化建设,确保每个社区有场所议事,基本实现"六有一化",即有党员活动室、有图书阅览室、有康复

---

[1] 李正洪:《推动城市民族工作创新发展 促进民族团结进步边疆繁荣稳定示范区建设》,载《今日民族》2011年第11期。

活动室、有办事大厅、有会议室、有警务室，社区党建工作区域化，使社区真正成为联系群众、服务居民的主阵地。

(二) 加强城市少数民族干部人才队伍培养和使用

坚持"在云南，不懂民族工作的领导干部不是合格的领导干部"的要求，大力培养、大胆选拔、充分信任、放手使用少数民族干部，使其成为推进民族团结进步事业的中坚力量。既要扩大数量，又要提高素质、改善结构；既要强调一定比例，又要不受比例限制地培养使用少数民族干部。

1. 适当增加各级城市民族工作部门的人员编制

通过公开招录、选调等方式，选拔优秀年轻干部充实到民族工作队伍，逐步优化年龄结构、专业结构和民族结构。注重从基层培养选拔少数民族干部，倾听统战、民族工作等部门意见建议和少数民族代表人士、民族群众的呼声，把在政治上合格、在少数民族群众中有威信，能做实事的少数民族干部人才大胆培养使用起来。建议街道、社区配备一定数量的民族宗教干部。加大对民族工作部门干部民族政策、法律法规和业务能力的培训，不断提高自身素质和在新形势下处理民族问题的能力。建立健全民族工作部门干部上下挂职锻炼、系统外交流等机制，增加流动性，提高干部的适应能力和整体素质。

2. 壮大社区工作者队伍

建议制定出台新的社区工作人员管理办法，逐步提高社区工作人员薪酬待遇，原则上不低于上年度城镇居民人均可支配收入，针对少数民族聚居社区增设专项民族工作岗位津贴，加大少数民族聚居社区工作人员的培训，尤其是加大少数民族政策、文化、宗教、风俗习惯等方面的培训力度，努力改善社区工作者的知识结构，不断提升社区工作人才队伍综合素质。确保每个少数民族聚居社区配备1—2名民族专职工作人员，同等条件下优先聘用少数民族人员。

3. 发挥志愿者队伍的作用

鼓励社会各界人士，尤其是心理咨询、社区矫正方面的专业人士或其他有专业特长、民族特长的人士，在社区成立服务社、民族工作室、心理辅导站、民族技艺传承点等服务载体，有针对性地开展志愿者服务工作，协助社区对少数民族群众开展定期或不定期的走访慰问与帮扶活动，巩固民族感情，提升对所在社区的认同感。

4. 加强民族专业人才储备

借助已有的民族学会、地方商会、行业协会等资源，参与推动少数民族经济发展的工作，根据少数民族人口的构成，有针对性地配备相应的法律、文化、语言人才和具备民族学专业知识的人才，并对民族专干进行相关知识培训，将其纳入民族工作人才储备，推动其介入社区管理，缓解因贫富快速分化、资源获取能力不一、生活水平差距拉大对城市和谐民族关系的冲击和影响。

5. 充分发挥和利用少数民族联络员的作用

社区建立少数民族流动人员联系制度后，执行联系工作的联络员基本上都是已进入城市社区多年，有创业基础，在创业初期和发展时期都得到过社区工作人员的帮助，对社区工作和民族团结工作有一定的理解，能联系最低层的少数民族群体的人员。要充分发挥其在社区矛盾、纠纷排查上的职责，及时发现、化解问题。要充分发挥国家机关、企事业单位工作的少数民族干部、民族代表、知识分子、经济发展领军人物和各类民族学会、宗教团体、行业协会在民族关系协调中的特殊作用，妥善解决发展中的问题。

6. 发挥少数民族流动党员的作用

根据少数民族流动人口进城后以同乡、同民族形式聚居，带有明显的地域性和民族性的分布居住特点，在不同的聚居区域建设少数民族流动人口党支部，以协助和支持社区的流动人口服务与管理。建议推广会泽驻昆工委建立流动人口党支部、柯渡镇驻昆办"自我管理，自我约束"协助管理民族事务的经验。

(三) 进一步加大经费投入

加大对城市民族工作专项经费的投入，建议省财政进一步增加城市民族工作的经费投入，州市财政设相应的城市民族工作经费。各级财政应按照一定的比例，逐年增加民族机动金、少数民族发展资金、民族文化抢救保护经费、民族工作经费等专项经费，对民族工作助理员和信息员给予一定的经费补助。为确保城市民族工作的正常开展，建议省级民族工作专项资金要单列城市（社区）民族工作专项经费，并要求各级政府把城市（社区）民族工作经费纳入政府财政预算，确保专款专用。加大对城市民族进步示范社区创建经费的投入，解决基层民族工作部门开展城市民族工作中经费短缺的问题。

（四）不断提高城市民族工作信息化水平

建立城市民族工作信息系统建设，及时掌握城市民族状况的第一手资料，不断提高城市民族工作信息化水平，发挥对城市民族工作的积极推动作用。

1. 加强城市民族工作网络舆情监测分析

着力推进少数民族信息资源数据库、城市民族关系监测评估系统、城市民族事务综合信息管理系统及民族政务事务工作应用系统的建设完善，加强城市民族工作网络舆情监测分析。省、州、县民宗委系统要安排一定的专项机动金，聘请临时工作人员开展少数民族人口信息资源和流动人口的统计工作，准确、及时填报云南省民族工作数据报送系统。

2. 构建完善的信息工作格局

建立"纵向"和"横向"结合的信息网络工作格局。在纵向上，建议省民委建立省、市、区（县）、乡（镇、街道）、社区五级网络信息平台，完善信息预警机制、矛盾纠纷排查上报制度。在横向上，完善政府有关部门参加的联席会议制度，及时就涉及民族方面的问题沟通信息、通报情况；加强与少数民族人口流出地联系，做好外来少数民族务工人员的管理与服务工作；加强与公安、工商等有关部门的合作，建立包括少数民族常住人口和流动人口的常态统计体系，实现信息共享。形成纵线由民族工作系统一级抓一级，横线通过政府抓部门，横向到边、纵向到底，上下协调、部门联动、分级负责、整体推进的网络信息工作格局。

3. 加强资源信息共享，全面提升管理服务能力

加强各部门之间资源信息共享，建立少数民族流动人口信息共享平台，改变此前单一数据统计与管理，实现信息互通，资源共享，工作联动。探索运用大数据参与少数民族流动人口服务管理，细化、优化少数民族流动人口信息数据采集、录入等环节，着力提高服务管理的针对性、实效性和精准度。

4. 建立健全社区公共服务信息平台

通过开辟社区公共服务网站、开通微信客服端、开通服务和维权热线电话，设立"民族之家"等方式，为各族群众提供方便畅通的办事和沟通联系渠道。研制开发城市少数民族聚居社区民族工作基础数据管理系

统,逐步实现社区民族工作台账电子化管理。

5. 建立各基层单位信息联系点

在城市民族社区设立民族宗教信息员(联络员)的基础上,在少数民族人口较多的企业、学校、社区,以及与少数民族生产生活密切相关的基层单位、服务部门、清真网点、清真寺等设立信息联系点,设一名民族宗教信息员(联络员),分片定点,责任到人,向当地群众进行经常性的民族政策、民族团结和道德法制宣传教育;向上级有关部门及时反映少数民族群众生产、生活中遇到的困难和问题,提出建议和意见;协助上级有关部门做好落实民族政策、协调民族关系的工作;及时发现各类影响民族团结的苗头性问题,做好化解矛盾、维护稳定的工作。[①] 建议补助民族宗教信息员(联络员)适当的工作经费,切实推进社区民族工作健康有序发展。

第二节 云南城市民族关系构建的趋势展望

改革开放以来,云南城市民族地区经济社会快速发展,民族团结进步事业取得辉煌成就。但由于民族特点和民族差异将长期存在,城市民族关系呈现出新的阶段性特征。在城市民族地区综合实力提升、自我发展能力增强的同时,发展不平衡、发展差距拉大相互并存;在社会事业长足发展、民生改善显著的同时,基础设施薄弱、基本公共服务体系不完善相互并存;在社会保障事业取得巨大进步的同时,特殊群体民生问题突出,可持续发展困难相互并存;在各民族你中有我、我中有你、谁也离不开谁的关系更加紧密的同时,大量影响民族团结的矛盾纠纷频发相互并存;在城市民族关系重要性认识得到普遍增强、民族工作社会化进程稳步推进的同时,部分干部做好新形势下民族关系协调工作的能力和水平不足相互并存;在各民族交往交流交融日益加深、城市民族关系稳中向好的同时,城市少数民族维权困难、城市少数民族服务管理体系薄弱相互并存。展望未来,各民族相互适应、相互涵化及友好相处是主流,但小范围民族矛盾和

---

① 周健:《关于少数民族流动人员权益保障问题的研究》,载毛公宁、吴大华主编《民族法学评论》(第七卷),民族出版社 2011 年版,第 94—107 页。

冲突增加，多发生于文化领域，现形式更为复杂化，在一定的条件下可能转化，国际关系成为影响民族关系的不可忽视因素，虚拟空间中的民族关系则成为现实民族关系的重要折射区，政府部门和民间组织将形成更有效的城市民族关系构建的互补力量。

一 各民族相互适应、相互涵化及友好相处是主流

云南长期以来形成了民族大分散、小聚居、相互杂居或交错聚居的格局。在城市中，以汉族为主体，少数民族分散居住，有的地方形成相对聚居的城市民族社区。城市民族关系的主流与我国业已建立的平等、团结、互助、和谐的社会主义民族关系相一致，城市民族团结、社会稳定、和谐发展。民族之间政治上、经济上、文化上紧密联系，互相学习、互相帮助、互相理解、互相尊重、友好共处。不同民族的人员之间发生矛盾，实事求是，就事论事，是什么问题就按什么问题处理，尽量疏导和缓解矛盾，不激化扩大矛盾。在广泛联系、交往过程中，各民族共同团结奋斗、共同繁荣发展，增强文化认同，共建精神家园，共建所居城市已成共识。随着民族间相互影响的加深和族际婚姻现象的增多，家庭成员中包括多个民族成分非常多见。民族之间不断增加对彼此文化的了解，共同性因素逐渐增加，民族特点出现趋于减少、淡化的趋势。虽然民族差别和民族特点将在一定时期内长期存在，但是在城市化的冲击下民族社区有形的边界会被逐渐打破，各民族文化有可能被统一的城市文化所逐渐吸收和涵化，在城市民族关系发展中，各民族之间相互适应、相互涵化和友好相处占主流。

二 小范围民族矛盾和冲突增加

在云南省的城市化进程中，少数民族群众从农村来到城市，使各民族在城市场域进一步加深了多层次的交流与合作，"三个离不开"的民族关系更加巩固。但是，少数民族从农村到城市的过程，也是从相对封闭社会进入更加开放的社会，从熟人社会进入异质性社会的过程。在这一过程中，因经济利益、文化差异、风俗习惯、宗教信仰引起的风波在城市会有

所增加，城市会成为民族关系问题的主要引发区，城市民族关系也会进入"矛盾冲突的多发期"。随着各民族之间交往的日益扩大，民族意识将会不断增强，也将进一步强化民族问题的敏感性。与民族利益表达和利益追求常态化相伴的是，相关调节制度的缺位或不完善的现实状态，城市建设、改造或拆迁中不能妥善安置少数民族群众而引起的问题，或是城市少数民族的民族特点和合法权益等被忽视的问题都会导致小范围民族矛盾和冲突增加。

三 城市民族问题多发生于文化领域

少数民族群众在衣着、饮食、居住、婚姻、丧葬、节庆、礼仪等物质和文化生活方面有独特的喜好、习俗和禁忌等，这与各民族经济、政治、文化生活是紧密相连的，是各民族在长期的生产生活过程中形成的。随着民族交往的增多，民族理论与政策宣传、民族团结进步创建事业的广泛深入开展，因不尊重少数民族风俗习惯和宗教信仰伤害少数民族感情的事会逐渐减少，但在短时间内不会完全消失。少数民族对本民族的民族文化和风俗习惯有着强烈的认同感，容易因为民族风俗习惯、宗教信仰、语言文字问题等敏感因素引发矛盾和冲突。极少数作者对民族知识和宗教政策缺乏了解，在报刊、出版物或网络中还会出现不尊重少数民族文化习俗和宗教信仰的描述和报道。发生在城市的少数民族问题，或侵犯民族利益的行为，由于共同的民族心理素质和便捷的现代通信业和传媒，会在城市和民族聚居区之间一呼百应，造成较大影响。

四 民族关系表现形式更为复杂化

在城市民族关系中，既存在经济利益关系，也有文化利益关系；既有世居民族问题，也有少数民族流动人口问题，特别是城市少数民族流动人口问题成为影响民族关系的一个重要因素；既有群体性问题，也有个体之间的纠纷；既有少数民族与汉族的，也有少数民族与少数民族之间的关系问题；既有直接的民族关系问题，也有间接的民族关系问题。民族问题往往与宗教问题联系在一起，使问题更加复杂化。少数民族有自己特有的风俗习惯，特别是我国10个信仰伊斯兰教的民族，对饮食等更有特殊的要求，因此清真食品的生产经营，涉及广大穆斯林群众的切身利益，也是关系到贯彻党的民族政策、维护社会稳定的大事。但在社会上，因风俗习惯的差异而引起的纠纷、冲突不断发生，甚至有部分企业和个人受利益驱动，违规生产销售假冒清真食品，引起穆斯林群众的强烈不满，对社会稳定产生了不利的影响。民族成员之间的民事纠纷、刑事案件处理与民族问题纠缠在一起，使问题的性质出现复杂化。部分少数民族群众担心处理不公，抱有聚众向有关部门施压的想法，往往使简单的问题复杂化，增加了处置民族关系问题的难度。[1]

五 问题的性质和规模在一定的条件下可能转化

民族关系的转化性特点，在社会结构转型各种思想激荡的时代，在民族关系发生的实践中表现得比较突出。这种转化，主要表现为在一定时间和场景下问题性质和规模的转化。首先是性质的转化。当前，民族关系总体上是良好、和谐的，但不可否认也存在一些不稳定、不和谐的因素，特别是在国外敌对势力的渗透破坏下，属于人民内部矛盾的民族关系问题有可能被激化甚至酿成冲突，其性质有可能转化为暴力事件或敌对矛盾。其次是规模的转化。从宏观上看，民族关系是民族与民族之间的关系，由于城市改造、工作、生活需要，流动人口增多，少数民族分散在城市的各个角落，城市民族之间尤其是汉族与少数民族之间互动加强。这种互动关系一方面增进了各民族的相互了解，有利于民族关系的和谐、良性发展；另一方面在某些时候难免产生矛盾和摩擦。虽然个体成员之间的矛盾不等于民族矛盾，但这种民族个体之间的矛盾处理不好会转化为族际之间的矛盾，演绎为民族之间的关系问题。特别是少数民族在城市是"弱势群体"，遇事容易"抱团"，对涉及个别民族成员的事件，往往看成是"本民族"的事情，在一些人的组织、串联或极少数别有用心的人的煽动下，动员民族力量，用上访、聚集、静坐、串联、游行等方式，演绎成群体性事件，达到个人的目的。从总体上看，我国民族问题是劳动人民内部之间

---

[1] 李吉和：《中、东部地区城市民族关系研究》，民族出版社2013年版，第142—144页。

的矛盾，民族问题是非对抗性的。但是，在某一时期，这种矛盾和问题的对抗性因素在增长，矛盾激化的程度在提高。少数民族成员与当地群众之间的矛盾和冲突，在一些因素的影响下，特别有关部门官僚主义严重，处置不当或不及时，加上群众法制观念不强，出现封桥堵路，冲击要害部门，要挟党委和政府，甚至出现冲击党政机关的严重群体性事件。①

六 国际关系成为影响民族关系的不可忽视因素

国际社会是一个充满矛盾和利益争夺的社会，也是一个人类文明不断积累和发展的社会，在这个社会中，人们由于利益、意识形态、文化差异而结成错综复杂的关系。城市民族关系也日益受到这种复杂关系的影响，国内一些民族问题的国际化对民族关系正在产生着直接或间接的影响，有些已形成相当的破坏力量，一些境外势力利用宗教进行渗透，阻碍着平等、团结、互助、和谐民族关系的发展方向。② 云南省毗邻南亚东南亚国家，境内外敌对势力利用民族利益诉求和宗教信仰等问题实施渗透破坏只会加强、不会削弱，特别是暴力恐怖主义在全球蔓延，城市成为犯罪分子实施暴恐袭击的重要场所。城市民族工作与毒品走私、艾滋病传播等各种因素交织在一起，城市反恐维稳的任务越来越重、难度越来越大。因此既要坚持扩大对外开放，又要坚决防止境内外敌对势力的渗透破坏，这是云南城市民族关系协调必须处理好的重大现实问题。

七 网络和社交媒体中的民族舆情与现实中的城市民族关系联系紧密

网络、博客、微博、微信等的广泛应用，使人们的工作和生活更加便利、快捷。中青年是城市中网络和社交媒体使用的主流人群，虽然网民并非单纯的民族成员，也较难以区分职业、地域等信息，但其中包含有各民族中青年人群，是城市民族关系的主要建构者和参与者。网络和社交媒

---

① 李吉和：《中、东部地区城市民族关系研究》，民族出版社2013年版，第142—144页。
② 周竞红：《改革开放三十年中国民族关系观察》，载《北方民族大学学报》（哲学社会科学版）2009年第1期。

体，具有虚拟、开放、实时、反映现实、快速传播等特点，成为许多人生产生活中紧密的一部分，也为不同身份的群体参与民族类事件的传播与民族问题的思辨提供了新平台。网络和社交媒体的民族舆情在社会转型期，往往呈现矛盾集中凸显的特点，带来积极影响的同时，也会催生社会矛盾，扮演推波助澜的角色。网络话语权的不平等、恶意攻击、民族偏见与误解的无序与违法传播、散布民族歧视或仇恨言论等，是现实城市民族关系中出现的新问题的折射和反映，与网络社会中民族交往互动有着密切关联，是现实中城市民族关系在网络社会中的延伸。云南传统的城市民族交往模式，即直接接触的经济、社会、政治、文化等交往、交流对于城市民族关系依然很重要，但网络和社交媒体对城市民族关系的发展也将起到举足轻重的作用，处理不当，可能引起误解加深、交流受阻、矛盾激发等严重问题，应加强网络媒介素养教育和网络民族舆情的治理，线上、线下形成紧固链条，推动网络、社交媒体与现实社会城市民族关系协同、和谐。

八 国家力量和民间力量将形成更为有效的构建互补

中华人民共和国成立70年来，民族关系发生了千年未有之巨变。改革开放40年来，随着云南经济社会的转型，城市少数民族人口不断增多，城市民族关系日趋复杂和敏感。党和政府不断致力于深化对城市民族关系的认识，促进城市少数民族和民族地区发展，健全城市民族法律法规体系，解决特殊少数民族群体的生存发展问题，构建维护城市民族团结和社会稳定的长效机制，改善城市民族关系协调的工作条件，深入实践各民族共同团结奋斗、共同繁荣发展，不断创新推进各民族团结进步，不断开拓平等、团结、互助、和谐民族关系发展，国家力量成为构建城市民族关系的主导力量。同时，随着民间组织的不断发展壮大，国家权力与群众意志、正式制度和日常生活的有机结合，会进一步促使国家政策和地方自主性之间的关系、建构秩序和自发秩序之间的关系都更加互补，在民族关系的国家建构力量之外，充分发挥出多民族群众能动性，彰显出公共生活中的内生性特征、强大的生命力以及民族群众的创造性和生存智慧。

主要参考文献

苍铭:《"分而不离"与"和而不同"——云南双河、户撒民族关系考察》,载《中央民族大学学报》(哲学社会科学版)2011年第1期。

陈纪:《论城市化进程对民族关系发展的作用与影响》,载《广西民族研究》2012年第3期。

陈建樾:《民族团结进步与边疆繁荣稳定:处理民族问题的"云南经验"》,载《兰州学刊》2014年第10期。

陈永亮:《试论城市少数民族社团在民族关系发展中的作用——以成都市满蒙人民学习委员会为例》,载《满族研究》2011年第2期。

陈珏:《城市化对城市民族工作的影响与对策》,载《中央社会主义学院学报》2007年第6期。

陈云:《关键词五:城市民族教育》,载《中国民族教育》2015年第12期。

陈智慧:《论我国城市化进程中的民族关系》,载《浙江社会科学》2011年第3期。

辞海编辑委员会:《辞海》(第六版彩图本),上海辞书出版社2009年版。

辞海编辑委员会:《辞海》(普及版下),上海辞书出版社1999年版。

崔明德:《中国民族关系思想的有关问题》,载《烟台大学学报》(哲学社会科学版)2012年第4期。

崔明德:《中国民族关系思想史研究范围和方法的探讨》,载《民族研究》2006年第2期。

丁江伦:《曲靖市城市民族关系协调工作调研报告》,载《今日民族》2009年第7期。

都永浩:《论民族关系与民族发展》,载《民族理论研究》1990年第

1 期。

段成荣、迟松剑:《我国少数民族流动人口状况研究》,载《人口学刊》2011 年第 3 期。

范锋亮:《城镇化进程中和谐民族关系的构建:一种制度分析的路径》,载《广东省社会主义学院学报》2017 年第 1 期。

范军:《我国城市民族立法工作中存在的问题及对策研究》,载《理论月刊》2011 年第 3 期。

范振军、温军:《民族关系预警研究述评》,载《民族研究》2007 年第 5 期。

费孝通:《中华民族多元一体格局》,中央民族大学出版社 1999 年版。

冯润:《对民族关系的社会学考察——以云南昭通青岗岭乡为例》,载《云南民族大学学报》(哲学社会科学版)2015 年第 5 期。

付明银、付杰:《党的民族政策与边疆多民族地区和谐民族关系的构建》,载《学术探索》2014 年第 1 期。

付晓华:《关键词五:城市民族教育》,载《中国民族教育》2015 年第 12 期。

付亚冰:《当地俄罗斯民族理论和民族政策研究》,硕士学位论文,山东大学,2015 年。

高宏、王小波:《近十年云南民族关系史研究综述》,载《保山师专学报》2007 年第 6 期。

高向东、余运江、黄祖宏:《少数民族流动人口城市适应研究——基于民族因素与制度因素比较》,载《中南民族大学学报》(人文社会科学版)2012 年第 2 期。

高永辉:《城市化进程对民族关系的影响研究》,载《贵州民族研究》2015 年第 11 期。

高永久、郝龙:《变迁与重构:少数民族失地农民的社区认同更新路径探析》,载《新疆社会科学》2012 年第 6 期。

高永久、杨建超:《论世界民族关系的发展趋势》,载《西南民族大学学报》(人文社会科学版)2012 年第 12 期。

高永久、左宏愿:《适应我国城市民族关系和谐发展态势的利益协调机制研究》，载《西北民族大学学报》2011 年第 6 期。

高志英、徐俊：《元明清"藏彝走廊"西端滇、藏、缅交界地带民族关系发展研究》，载《民族研究》2008 年第 6 期。

宫静：《昆明市少数民族流动人口管理与服务问题研究》，硕士学位论文，云南大学，2015 年 6 月。

关凯：《民族关系的社会整合与民族政策的类型——民族政策国际经验分析（上）》，载《西北民族研究》2003 年第 2 期。

管卫江、李青：《云南边疆民族地区杂居民族关系问题刍议》，载《中共云南省委党校学报》2011 年第 6 期。

郭家骥：《地理环境与民族关系》，载《贵州民族研究》2008 年第 2 期。

郭家骥：《改革开放三十年云南民族关系的发展演变》，载《学术探索》2009 年第 3 期。

郭家骥：《民族文化推动民族关系亲密融洽的云南经验》，载《云南社会科学》2016 年第 6 期。

郭家骥：《生计方式与民族关系变迁——以云南西双版纳州山区基诺族和坝区傣族的关系为例》，载《云南社会科学》2012 年第 5 期。

郭家骥：《云南民族关系的历史格局、特点及影响》，载《云南社会科学》1997 年第 4 期。

郭家骥：《云南民族关系调查研究》，中国社会科学出版社 2010 年版。

郭家骥：《云南民族关系现状与未来发展的思考》，载《云南社会科学》2010 年第 5 期。

郭家骥：《云南省城市民族关系面临的问题与对策》，载《云南民族大学学报》（哲学社会科学版）2012 年第 6 期。

何博：《云南的民族和谐及其影响因素》，载《保山学院学报》2011 年第 1 期。

何俊芳：《国外多民族国家语言政策与民族关系》，载《中南民族大学学报》（人文社会科学版）2011 年第 4 期。

何乃柱：《社会工作介入城市散杂居社区民族工作的新探索——上海样本的启示》，载《广西民族研究》2013 年第 4 期。

何生海:《论地理因素与民族关系》,载《中央民族大学学报》(哲学社会科学版) 2009 年第 1 期。

何晓薇、于海峰:《论少数民族文化发展与民族关系和谐的互动》,载《民族论坛》2012 年第 2 期。

和跃宁、罗琼芳:《论构建云南民族地区和谐民族关系》,载《云南行政学院学报》2010 年第 6 期。

贺琳凯:《新中国民族关系与民族政策的互动研究》,博士学位论文,云南大学,2010 年。

洪伟:《网络民族舆情与网络民族关系刍议》,载《广西民族研究》2017 年第 6 期。

胡弘弘、阿力木·沙塔尔:《宪法文本中"民族团结"含义及其维度》,载《中南民族大学学报》(人文社会科学版) 2018 年第 3 期。

胡洁:《民族互嵌式社区的变迁轨迹和变迁机理——来自国际经验的启示》,载《西藏研究》2016 年第 4 期。

胡锦涛:《在中央民族工作会议暨国务院第四次全国民族团结进步表彰大会上的讲话》,载《今日民族》2005 年第 6 期。

黄彩文:《试论明代云南民族关系的特点》,载《中南民族大学学报》(人文社会科学版) 2003 年第 1 期。

黄丽、徐烈鹏:《湖北少数民族流动人口就业创业调查》,载《三峡论坛》(三峡文学) (理论版) 2019 年第 3 期。

贾东海:《城市化进程中影响民族关系的因素》,载《贵州民族报》2016 年 1 月 4 日第 A03 版。

蒋立松:《中国西南地区民族关系基础结构及影响因素分析》,博士学位论文,中央民族大学,2004 年。

蒋连华:《当代中国城市民族关系研究》,民族出版社 2011 年版。

蒋守红:《昆明城市民族工作的思考》,载《今日民族》2009 年第 11 期。

蒋颖荣:《族际伦理:民族关系研究的伦理学视野》,载《思想战线》2010 年第 3 期。

金炳镐、陈丽明:《民族关系本质特征——民族关系理论研究之三》,载《黑龙江民族丛刊》(双月刊) 2008 年第 3 期。

金炳镐:《和谐民族关系与和谐社会构建》,载《西南民族大学学报》(人文社会科学版) 2007 年第 9 期。

金炳镐:《民族关系通论》,中央民族大学出版社 2007 年版。

昆民:《昆明:积极探索城市民族工作社会化之路》,载《中国民族报》2016 年 3 月 22 日第 002 版。

雷振扬:《民族利益与民族关系初探》,载《中南民族大学学报》(人文社会科学版) 2006 年第 6 期。

李大健:《发展和谐的民族关系与完善民族政策的和谐取向》,载《民族研究》2006 年第 4 期。

李大健:《论民族关系与民族经济》,载《黑龙江民族丛刊》(双月刊) 2007 年第 1 期。

李红杰:《试论民族关系的功能》,载《民族研究》1997 年第 2 期。

李吉和、周彩云:《我国中、东部地区城市民族关系特点刍议》,载《中南民族大学学报》(人文社会科学版) 2007 年第 4 期。

李吉和:《我国中、东部地区城市少数民族特点探析》,载《云南民族大学学报》(哲学社会科学版) 2008 年第 1 期。

李吉和:《武汉市民族关系研究》,载《中南民族大学学报》(人文社会科学版) 2008 年第 4 期。

李吉和:《中、东部地区城市民族关系研究》,民族出版社 2013 年版。

李静:《和谐民族关系与社会参与》,载《贵州大学学报》(社会科学版) 2018 年第 1 期。

李立纲、王志雄:《城市化理论与实践——云南城市化进程的若干研究》,云南人民出版社 2007 年版。

李丽萍:《对引导宗教发挥积极作用的思考——以促进新疆城市民族关系发展为视角》,载《山西社会主义学院学报》2016 年第 2 期。

李若青:《以和谐发展推动民族团结稳定示范区的建设》,载《云南民族大学学报》(哲学社会科学版) 2011 年第 6 期。

李晟赟、薛炳尧:《需求迫切与发展困境:城市多民族社区文化建设研究》,载《西北民族大学学报》(哲学社会科学版) 2012 年第 5 期。

李晟赟:《共同社区文化:城市多民族社区和谐的纽带》,载《昌吉学院学报》2012年第2期。

李扬：《我国城市散居少数民族立法实证研究》，载《云南行政学院学报》2014年第5期。

李正洪：《推动城市民族工作创新发展 促进民族团结进步边疆繁荣稳定示范区建设》，载《今日民族》2011年第11期。

李志农、顿云：《云南藏区和谐民族关系构建内源性动力研究——以迪庆藏民族发展演变为分析视角》，载《思想战线》2017年第5期。

李智环：《论"一带一路"语境中的"民族走廊"及民族关系——基于云南的研究》，载《贵州民族研究》2016年第1期。

李忠斌：《论城市民族关系的特点、结构与功能》，载《贵州民族研究》2003年第2期。

廖杨、付广华：《桂林市城市化进程中的民族问题及其对策研究——南宁、桂林市城市化进程中的民族问题及对策研究之一》，载《广西民族研究》2008年第4期。

廖杨、覃卫国：《关于族群关系、民族关系与社会关系的关系》，载《黑龙江民族丛刊》（双月刊）2006年第3期。

林钧昌、赵强：《城市化进程中和谐民族关系的构建——以威海市为例》，载《贵州社会科学》2008年第7期。

林钧昌：《城市化进程中的城市民族问题研究》，中央民族大学出版社2009年版。

刘国军：《协调民族关系、促进社会和谐的若干国际经验探讨》，载《大连民族学院学报》2011年第4期。

刘吉昌、金炳镐：《城市民族工作是当前民族工作的重点》，载《中国民族报》2016年12月30日第005版。

刘韬、李自然：《清真食品管理立法的难点及需要处理好的几个关系》，载《中国回族研究论集》，2007年3月。

刘有安、张俊明：《影响多民族城市族际交往的因素及对策建议——以青海省西宁市为例》，载《贵州民族研究》2014年第2期。

柳建文：《转型时期的新疆民族关系：现状及相关研究的实证检视》，载《西北民族大学学报》（哲学社会科学版）2009年第3期。

龙晓燕：《中华人民共和国成立初期云南民族关系述论》，载《云南财经大学学报》（社会科学版）2010年第5期。

陆永耀：《在"六个方面"着力推进城市民族工作》，载《民族时报》2018年10月18日。

路宪民：《民族关系的结构性因素分析》，载《中南民族大学学报》（人文社会科学版）2012年第2期。

路宪民：《社会文化变迁中的西部民族关系》，博士学位论文，兰州大学，2008年。

马光选、刘强：《民族关系的"互嵌——共生模式"探讨——对云南省民族关系处理经验的提炼与总结》，载《云南行政学院学报》2016年第6期。

马明龙主编：《广西回族历史与文化》，广西民族出版社1998年版。

马戎：《关于当前中国城市民族关系的几点思考》，载《西北民族研究》2009年第1期。

马戎：《民族社会学——社会学的族群关系研究》，北京大学出版社2004年版。

马戎：《民族与社会发展》，民族出版社2000年版。

马戎：《研究新形势下中国边疆地区的民族关系问题——2017年12月17日在教育部政治学-社会学-民族学学部"深入学习贯彻党的十九大精神，加快推进中国政治学社会学民族学发展"研讨会上的发言》，载《中央民族大学学报》（哲学社会科学版）2018年第2期。

马燕：《地理环境对民族文化形成及民族关系发展的影响——以青藏地区为例》，载《青海民族大学学报》（社会科学版）2012年第4期。

马泽：《在创新社会服务管理中推进云南城市民族工作》，载《中国民族报》2011年11月4日第005版。

马仲荣：《社会转型期的甘肃藏区社会矛盾与民族关系相互作用问题研究——以甘南藏族自治州为例》，博士学位论文，兰州大学，2012年。

毛公宁：《对当代中国民族关系的几点认识》，载《西北民族研究》2006年第2期。

宁亚芳：《我国民族关系现状评价及其影响因素——基于7341份问卷的实证检验》，载《贵州民族研究》2016年第8期。

盘龙区民宗局：《盘龙区城市民族工作社会化的"五五五"模式》，

载《今日民族》2009年第4期。

彭冠雄、王锐、沈常玲:《昆明城市民族关系问题研究》,载《民族论坛》2014年第2期。

彭谦、李晓婉:《加强城市民族工作法治化建设》,载《中国民族报》2015年6月12日第005版理论周刊。

青觉:《当前我国民族关系的主要内涵和发展趋势》,载《中南民族大学学报》(人文社会科学版)2005年第5期。

石硕:《中国西部民族宗教格局与民族关系新趋势》,载《西部发展研究》2013年第00期。

束锡红、聂君:《党的十九大报告为构建和谐民族关系提供了根本遵循》,载《中国民族报》2017年12月22日第006版。

束锡红、聂君:《西部地区民族关系的实证研究》,载《民族研究》2012年第5期。

孙乔婧、李佳金:《居住格局:当代民族关系建构的重要因素》,载《贵州民族研究》2018年第3期。

孙淑秋:《幸福广东建设背景下少数民族流动人口聚居社区精细化"智"理研究》,载《中南民族大学学报》(人文社会科学版)2015年第2期。

汤夺先:《城市少数民族流动人口问题论析》,载《中南民族大学学报》(人文社会科学版)2009年第2期。

汤夺先:《城市少数民族流动人口问题与城市民族关系》,载《黑龙江民族丛刊》(双月刊)2008年第1期。

汤夺先:《论城市民族通婚与城市民族关系——以兰州市为例》,载《中南民族大学学报》(人文社会科学版)2007年第4期。

汤夺先:《试论影响城市民族关系的几个因素》,载《黑龙江民族丛刊》(双月刊)2003年第6期。

唐志君:《民族关系发展的内生变量及其优化》,载《贵州民族研究》2011年第5期。

唐志君:《世界民族关系格局的嬗变及其启示》,载《内蒙古民族大学学报》(社会科学版)2013年第2期。

陶斯文、杨风:《加强社区民族工作 构建和谐民族关系》,载《江苏省社会主义学院学报》2007年第6期。

田锋：《影响我国民族关系的国际因素论析》，载《广播电视大学学报》（哲学社会科学版）2008年第4期。

田孟清：《试论民族关系的调节方式》，载《黑龙江民族丛刊》2001年第1期。

汪春燕：《文化濡化背景下的西北城市民族关系》，载《黑龙江民族丛刊》（双月刊）2012年第2期。

王德强、史冰清：《民族区域自治制度与民族关系和谐的实证研究——基于云南藏区的问卷调查》，载《民族研究》2012年第2期。

王俊：《论云南散居民族的权益保障问题》，载《云南社会科学》2011年第2期。

王俊：《民族乡撤乡建镇、改办的思考——基于昆明市六个民族乡的案例研究》，载《云南民族大学学报》（哲学社会科学版）2015年第4期。

王文光、龙晓燕：《中国西南民族关系研究散论》，载《思想战线》2001年第2期。

王延中、管彦波：《云南建设民族团结示范区与和谐民族关系的基本经验及启示》，载《民族研究》2014年第3期。

王延中、宁亚芳：《云南民族关系现状调查与评价》，载《云南社会科学》2014年第4期。

魏丽萍：《加强民族工作机制建设构建和谐城市民族关系——以湖北省武汉市为例》，载《广西社会主义学院学报》2011年第2期。

魏新春：《城市化进程中少数民族居住格局及民族关系的调适——以成都市为例》，载《西南民族大学学报》（人文社会科学版）2013年第5期。

温士贤、沈萍：《族际交往与城市民族关系研究——以珠三角地区为例》，载《黑龙江民族丛刊》（双月刊）2017年第5期。

吴钦敏：《构建新型民族关系评价指标体系之初探》，载《贵州民族研究》2007年第4期。

吴晓亮：《建国以来云南城市化问题探讨》，载《思想战线》1994年第6期。

吴月刚、中和：《民族关系影响因素——民族关系理论研究之五》，载《黑龙江民族丛刊》（双月刊）2008年第3期。

伍雄武：《对多样性的宽容——论云南民族关系的历史经验之一》，载《思想战线》2005年第6期。

伍雄武：《多元一体——论云南民族关系的历史经验之一》，载《云南师范大学学报》（哲学社会科学版）2005年第5期。

武汉市民族事务委员会专题调研小组：《关于武汉市构建城市和谐民族关系调控机制的调研报告》，载《民族研究》2001年第6期。

熊坤新、胡琦：《试论民族关系调控中的政策调控》，载《西藏民族学院学报》（哲学社会科学版）2010年第5期。

徐合平：《完善城市民族立法的思考》，载《中南民族大学学报》（人文社会科学版）2006年第3期。

徐杰舜：《中国民族关系发展大趋势论》，载《学术探索》2011年第10期。

徐黎丽、陈建军：《论风俗习惯与民族关系的互动影响》，载《新疆大学学报》2005年第2期。

徐黎丽：《甘宁青地区民族关系发展趋势》，兰州大学出版社2001年版。

徐黎丽：《论民族关系与民族关系问题》，民族出版社2004年版。

徐黎丽：《论民族文化与民族关系的互动影响》，载《西北师范大学学报》（社会科学版）2005年第2期。

徐黎丽：《论民族心理对民族关系的影响》，载《青海社会科学》2005年第4期。

徐黎丽：《论民族意识对民族关系的影响》，载《广西民族研究》2005年第2期。

徐黎丽：《再论民族关系含义》，载《甘肃社会科学》2001年第3期。

薛莉：《宗教视阈下论思想政治教育对城市民族关系的调和作用》，载《云南社会主义学院学报》2014年第1期。

亚州、中和、栾爱峰：《民族关系调控机制——民族关系理论研究之八》，载《黑龙江民族丛刊》（双月刊）2008年第4期。

严庆、姜术容：《基于人口流动产生的城市民族问题机理浅析》，载《中南民族大学学报》（人文社会科学版）2016年第3期。

杨侯第主编：《散杂居民族工作概论》，民族出版社2001年版。

杨侯第主编，沈林、张继焦、杜宇、金春子：《中国城市民族工作的理论与实践》，民族出版社2001年版。

杨剑波：《云南少数民族的城市化特点及发展趋势》，载《今日民族》2005年第11期。

杨军：《论民族关系预警系统的建立》，载《满族研究》2012年第3期。

杨林兴：《云南民族关系的历史形成与现实发展》，博士学位论文，云南大学，2015年。

杨顺清：《中国少数民族政治关系分析》，云南人民出版社2008年版。

尹素琴、史界：《流动的力量——和谐民族关系视野下的少数民族流动人口探析》，载《黑龙江民族丛刊》（双月刊）2011年第5期。

禹紫灵：《多民族社区和谐民族关系建设研究——以云南为例》，载《学术探索》2016年第10期。

袁年兴：《试论民族关系的概念及内涵——对民族关系理论框架的共生学考察》，载《黑龙江民族丛刊》（双月刊）2009年第4期。

云南省社会科学院课题组：《新中国70年云南跨越发展的历程、成就及经验启示》，载《云南社会科学》2019年第5期。

岳天明、魏冰：《现代化进程中调适我国民族关系的几个基本问题》，载《内蒙古社会科学》（汉文版）2010年第3期。

张继焦：《少数民族移民在城市中的跨族婚姻——对蒙古族、朝鲜族、彝族、傣族、白族、回族的调查研究》，载《广西民族研究》2011年第4期。

张劲松：《经济转型期城市民族关系的影响因素及预警调控研究》，载《广西民族研究》2010年第2期。

张劲松：《民族关系监测评价模型及其信息处理研究》，载《中南民族大学学报》（人文社会科学版）2010年第3期。

张劲松：《民族关系监测预警的实践策略和保障机制研究》，载《贵州民族研究》2010 年第 4 期。

张立哲、马幸荣：《城市多民族社区民族关系和谐问题研究——以伊宁市 A 社区为例》，载《伊犁师范学院学报》（社会科学版）2015 年第 1 期。

张媚玲、张曙晖：《近 20 年来中国西南边疆近代民族关系史研究述评》，载《思想战线》2009 年第 3 期。

张庆松：《云南多元宗教对民族关系的影响》，载《学园》2010 年第 6 期。

张兴堂、中和：《民族关系核心问题——民族关系理论研究之四》，载《黑龙江民族丛刊》（双月刊）2008 年第 3 期。

张幸琪、杜皓、冯建新：《少数民族流动人口与城市民族关系探究》，载《内蒙古民族大学学报》（社会科学版）2017 年第 4 期。

张雪松：《城市化进程中失地少数民族市民化研究——以昆明彝族和回族聚居社区为核心的考察》，博士学位论文，云南大学，2017 年。

赵世林、赵瑛：《云南民族关系与构建社会主义和谐社会》，载《云南民族大学学报》（哲学社会科学版）2006 年第 4 期。

赵野春、马太江：《民族关系和谐发展的实现条件》，载《中央民族大学学报》（哲学社会科学版）2008 年第 3 期。

郑杭生：《民族社会学概论》，中国人民大学出版社 2005 年版。

郑双怡、张劲松：《民族关系评价指标体系构建及监测预警机制研究》，载《民族研究》2009 年第 1 期。

郑信哲、周竞红：《少数民族人口流动与城市民族关系研究》，载《中南民族大学学报》（人文社会科学版）2002 年第 4 期。

郑信哲：《论新时期城市民族关系发展态势》，载《满族研究》2013 年第 2 期。

周家瑜：《近十年云南民族关系史研究综述》，载《边疆经济与文化》2007 年第 12 期。

周竞红：《改革开放三十年中国民族关系观察》，载《北方民族大学学报》（哲学社会科学版）2009 年第 1 期。

周竞红：《历史与现实：当代中国民族关系的基本态势》，载《满族研究》2007 年第 3 期。

周竞红:《民族关系的结构变化与调整》,载《中央民族大学学报》(哲学社会科学版) 2001 年第 6 期。

周竞红:《民族关系和谐的保障:加快推进以改善民生为重点的社会建设》,载《民族研究》2008 年第 5 期。

周竞红:《中华人民共和国民族关系史研究》,博士学位论文,中国社会科学院研究生院,2002 年。

后 记

本书是在我主持的2015年度西部项目"云南城市民族关系调查研究"（批准号15XMZ008）结项成果的基础上修改出版的。这也是我主持完成的第二项国家社会科学基金项目。

项目立项后，从2015年6月开始启动研究，到2019年12月形成最终研究报告，历经4年余。2020年1月开始，因受到春节及疫情的影响，在征求有关部门和专家意见的基础上，我再一次对研究报告进行了全面修改、校订，在确保质量的前提下，于2020年3月正式提交结项。2020年5月全国社科规划办审核了结项报告，以"免于鉴定"等级通过鉴定验收结项。

本书研究过程中，进行了预备调查（2016年）、专题调查（2017—2018年）、重点调查（2019年）三次全面深入的田野调查，范围涉及省、市（州）、县（区、市）、街道办事处、社区五个层面及世居民族社区、村转社区（翻牌社区）、移民安置社区、流动少数民族社区等不同类型的城市民族社区，对城市民族关系的考察、调研的范围和深度大大超出了原计划。通过综述相关学术文献并阐明本书的意义和方法，分析云南城市民族关系的历史基础和现实状况，梳理云南城市民族关系协调的主要做法和主要经验，分析云南城市民族关系发展中面临的主要问题和影响因素，提出云南城市民族关系构建的对策建议和趋势展望，本书研究内容更加全面，体系更为合理，也尽量体现出研究的应用性、理论性、系统性、创新性。

研究期间，我在《云南社会科学》《云南民族大学学报》《贵州民族研究》《西南边疆民族研究》《广西民族大学学报》等CSSCI、核心期刊和省级公开刊物上发表多篇论文。其中，2篇论文分获第19次、第22次云南省哲学社会科学评奖优秀成果奖，1篇被"人大报刊复印资料（民族问题研究）"全文转载，多篇被国务院发展研究中心中国智库网、中国社会科学网转载。10余项科研成果被云南省委、省政府、宣传部采用，6

项科研成果被省委、省政府主要领导肯定性批示，充分发挥了学术研究为党委、政府和现实服务的作用，产生了较好的社会效益。

由于研究时间跨度较长，本书中的数据在修改时，已经更新到出版稿提交的时间，但一些数据由于再次调研、更新的难度较大，仍沿用了研究时获得的数据。报告的写作方式立足全面、深入、系统呈现云南城市民族关系的现状特点、协调经验、发展问题、影响因素、构建路径和发展趋势，在这个框架中展现分类群体及社区与城市民族关系的互动关系，反映主体认识、经济社会发展、城市民族法律法规、机制体制及工作条件对民族关系的影响，充分展示了国家力量在建构城市民族关系中的作用。在写作上对于微观的个案呈现的方式，主要是穿插在相关的内容板块中，单独、完整地呈现个案研究的方式处理难度较大，对民间力量参与构建城市民族关系的视角呈现有一定影响。对于这个遗憾，将以提炼形成单篇论文的方式加以弥补。

不过值得欣慰的是，作为我主持的第二项国家社会科学基金项目，支持着我继续跟踪长期以来坚持的散居民族研究领域，并且从关注散居民族研究领域中的民族乡、民族村转向城市民族问题的研究，使得我对散居民族研究的关注视野进一步拓展，也正是这一项目开启了我对城市民族问题的研究，也将成为我未来继续跟踪、关注的主要研究领域。

在本书的研究过程中，我要感谢在项目申报过程中给予我指导、帮助的郭家骥研究员。感谢调研过程中给予我帮助和提供资料的各级民族工作部门、基层社区及其工作人员。感谢在田野调查过程中受访的少数民族同胞，他们中的大部分人在城市的奋斗经历，虽也伴着阵痛，却体现出乐观、积极、诚信的良好品质。感谢在本书写作过程中所引文献的作者，公开发表的文献都进行了页下注，同时列入主要参考文献。不能一一列举所要感谢对象的姓名，但正是他们的讲述、观察、思考点亮了我的研究，我要真诚地道一声"谢谢"。中国社会科学出版社的任明老师，以专业的出版知识，丰富的出版经验，为本书的出版编辑工作付出了大量的心血，也要一并致以最真诚的感谢！

王　俊
2020 年 10 月 24 日于昆明